대답하는 공동체

대답하는 공동체

초판 1쇄 발행 | 2018년 9월 14일

지은이 | 정갑신
펴낸이 | 이한민
펴낸곳 | 아르카

등록번호 | 제307-2017-18호
등록일자 | 2017년 3월 22일
주   소 | 서울 성북구 숭인로2길 61 길음동부센트레빌 106-1805
전   화 | 010-9510-7383
이메일 | arca_pub@naver.com

홈페이지 | www.arca.kr
블로그 | arca_pub.blog.me
페이스북 | fb.me/ARCApulishing

ⓒ 정갑신, 저자와의 협약으로 인지는 생략되었습니다.
이 출판물은 저작권법에 의해 보호받는 저작물이므로 무단 전재와 무단 복제를 할 수 없습니다.
이 책 내용의 일부 또는 전부를 재사용하려면 반드시 저자와 출판사의 동의를 얻어야 합니다.
잘못 만들어진 책은 구입하신 서점에서 교환해 드립니다.

책   값 | 뒤표지에 있습니다
ISBN | 979-11-89393-00-7 03230

아르카ARCA는 기독출판사이며 방주ARK의 라틴어입니다(창 6:15).
네가 만들 방주는 이러하니 … 새가 그 종류대로, 가축이 그 종류대로,
땅에 기는 모든 것이 그 종류대로 각기 둘씩 네게로 나아오리니 그 생명을 보존하게 하라 _창 6:15,20

대답하는 공동체

정갑신 지음

하나님의 말 걸어 오심과   세상의 질문에 대하여

아르카

저는 건강한 교회 세우기를 꿈꾸는 목회자와 평신도, 건강한 교회를 개척하려는 꿈을 꾸고 있는 모든 이들, 그리고 하나님 나라의 본질과 확장에 마음을 쏟으려는 모든 분들을 위한 필독서로 정갑신 목사님이 쓴《대답하는 공동체》를 추천합니다. 교회가 하나님과 우리 사이에서 이어지는 끝없는 소통의 사건이라는 관점은 우리가 다시 생각해야 할 중요한 대목입니다. 소통을 통해 시작되는 우리의 모험이 사실 처음부터 우리를 향한 하나님의 모험에 의지해 있는 것임을 알게 될 때 우리의 두려움과 고통은 견딜만한 양식이 되고, 이 모든 것은 복된 여정이 된다는 사실을 일깨워주는 그의 시선에 기쁨을 느낍니다.

김인중, 안산동산교회 원로목사

상황에 따라서 자기 이름도 꾸며낼 수 있는 저자의 '충동'이 하나님의 부르심에 '응답'하는 몸부림으로 인하여 글에서 피가 뚝뚝 떨어진다. 말에서 눈물이 솟구친다. 동역자들을 찌르는, 결단코 피해갈 수 없는, 개척의 길에서 야망을 부추기는 충동을 다스리고 하나님의 일하심에 '응답'하려는 저자의 갈라진 틈새 사이로 우리는 목사다워지고, 성도다워지고, 교회다워진다. 하나님 앞에서, 성도들 앞에서 용서를 구하는 '형편없이 연약'한 목사가 생명을 낳고 세상을 치유한다. 양심적인 사람은 목회가 괴로워도 회개하는 사람은 목회가 즐겁다. 몸을 세우는 사람의 이야기가 그리운 시대에 꼭 필요한 책을 만났다.

김병년, 다드림교회 담임목사, 〈복음과 상황〉 이사장

　아직도 갈 길이 많이 남은 정 목사가 자신의 목회 이야기를 책으로 출판한다기에 의아스럽게 생각했다. 목회 회고록은 일반적으로 은퇴를 앞둔 목사들이 평생의 목회 사역을 돌아보면서 남기는 글이기 때문이다. 그러나, 원고 초록을 읽고 난 후 책을 저술한 정 목사의 심정을 이해할 수 있었다. 이 글을 쓰지 않고는 더 이상 앞으로 갈 수 없는 실존적인 강박감이 그를 억누른 것 같다. 다시 말하면, 한 번 토해내야 다시 출발할 수 있었던 것이다. 즉, 한번 토해내고 새로운 목회를 위한 재충전이 필요했던 것 같다.

　본서는 목회 전략을 말하지 않는다. 목회 철학을 논하지도 않는다. 목회 성공담과는 물론 거리가 멀다. 목회 현장의 담론도 아니다. 목회 안내서는 더욱 아니다. 교훈집도 아니다. 그냥 저자 자신의 미화되지 않은 약점과 실수들이 고스란히 기록되어 있다. 그리고, 이 약점과 실수들이 오늘날의 정 목사를 만들었다는 식의 전형적인 반전 이야기도 아니다. 책을 읽어보면 그의 목회적 삶 속에 녹아 있는 인간적인, 너무

나 인간적인 살 냄새를 맡게 된다.

본서는 금수저는 고사하고 제대로 된 흙수저도 없이 태어난 정갑신 목사의 목회적 과정에서 녹아내린 하나님의 부르심과 자신의 응답이 엮어낸 스토리다. 그래서 본서는《대답하는 공동체》라기보다 끊임없이 대답해가는 공동체에 관한 이야기다. 왜냐하면 교회란 '예측 불능의 일'이 끊임없이 발생하는 곳이기 때문이다. 이 모든 일을 목회적 차원에서 갈등하고, 상처받고, 좌절하고, 살아남기 위해 몸부림치고, 그러면서 헤쳐나가는 정 목사의 목회 지혜는 우리 모두에게 큰 감동을 주고 있다. 본서는 이 시대의 목회자들과 신학생들에게는 목회 지침서로, 평신도들에게는 교회 생활의 안내서로 읽혀야 할 역작이다.

심창섭, 전 총신대신대원 원장 겸 부총장

얼마 전 방영된 한 드라마가 제 마음을 사로잡았습니다. 구한말 격변을 온몸으로 겪으며 살았던 이들의 이야기였습니다. 여주인공이 이렇게 말합니다. "어제는 멀고 오늘은 낯설며 내일은 두려운 격변의 시간이었다. 우리 모두는 그렇게 각자의 방법으로 격변하는 조선을 지나는 중이었다." 정갑신 목사님의 책《대답하는 공동체》를 읽으며 그 말이 생각난 것은 우연이 아닐 겁니다. 지금 우리는 또 하나의 격변의 시대를 지나는 중이기 때문이니까요.

이 격변 속에서 세상은 우리에게 묻습니다. 교회는 대체 왜, 그리고 무엇을 위해 존재해야 하는가? 그 질문을 통해, 때론 그것을 넘어서 하나님께서도 말을 걸어오십니다. 우리는 무어라고 대답해야 할까요? 정 목사님은 이 질문들을 끌어안고 몸부림쳐왔습니다. 이젠 답을 하고 있고요. 그가 나누어주는 답엔 그의 눈물과 피땀이 진하게 배어 있기에, 진한 감동이 책 전체에 가득합니다.

제가 정 목사님을 처음 만난 것이 1985년 총신대학교에서였으니 벌써 33년이 흘렀습니다. 저는 다시 공부를 하러 떠났고 목사님은 졸업 후 목회를 했고요. 다시 만났을 때 대표적인 교회의 담임목사가 되어 있어 정말 반가웠습니다. 그간에 그가 겪었던 일들을 듣게 된 것은 시간이 지난 후였습니다. 그 이야기는 책 속에서 만나 보실 수 있으니 말하지 않겠습니다. 제가 감사하는 것은 그런 과정을 겪으면서도 변하지 않은 그의 진실하고 열정적인 삶의 모습입니다. 작은 것도 그냥 지나치지 않고 철저히 자기를 돌아보며, 하나님과 교회 앞에서 참으로 많은 것을 치열하게 겪으면서 말입니다. 그 시간의 자취가 이 책에 진솔하게 담겨 있어 참 좋습니다.

언젠가 그가 겪은 일과 받은 은혜의 고백적 간증을 들으며 눈물을 쏟은 적이 있습니다. 그 모든 것들은 한국교회가 답해야만 하는 시대적 질문들이기에 우리의 심금을 울리지 않을 수 없습니다. 특히 최선을 다했음에도 사랑과 존중을 받지 못한 아픔을 철저한 자기 성찰과 처절한 씨름을 통해 큰 은총의 기회로 받아들인 그의 목회 경험담은 너무도 귀합니다. 특히 날로 척박해져가는 목회 현장에서 분투하고 있는 동역자들에게 큰 위로와 도전을 주리라고 믿습니다.

신국원, 전 총신대 신학과 철학 교수

'홍수가 나면 마실 물이 없다'는 말이 요즘처럼 딱 들어맞는 때도 드물지 싶다. 대도시 밤 풍경을 가득 채우는 빨간 네온사인 십자가들이 썩 은혜롭지 못한 광경으로 비쳐진 지 오래고, 기독 서점에 산적한 책들에 대한 기대감을 내려놓은 지도 오래되었다. 그토록 교회들이 많지만 진지하게 신앙에 입문하려는 구도자에게 자신있게 소개할 공동체가 쉽게 떠오르지 않는 현실이 안타깝고, 매일같이 쏟아지는 신앙 서적들에도 불구하고 진지한 독서모임에 소개할 만한 책이 드물다는 사실이 고통스럽다. 주님의 교회가 이래도 되나 싶은 경우가 너무 많고, 책을 이리 함부로 써도 되나 싶은 생각이 드는 경우도 잦다.

그런데, 지역교회를 섬기는 목회자가 쓴 또 하나의 책, 그것도 교회를 주제로 다룬 신간을 추천하는 이유는 크게 두 가지다. 우선 사서 읽어볼 만한 충분한 가치가 있는 좋은 책이고, 더 중요한 이유는 글쓴이에 대한 신뢰감 때문이다. 가뭄에 단비같이, 요즘 보기 드문 저자와 책이란 의미다.

좋은 책은 수차례 거듭해서 읽어야 하고, 두 번 이상 읽을 필요가 없는 책은 한 번도 읽을 가치가 없다는 게 내 지론이다. 좋은 책은 독자의 생각을 도전하고 자극하여 사색을 통한 지혜와 분별력을 함양해주는 법이다. 성경이 가장 탁월한 사례이고, 장구한 기독교 역사를 통해 우리에게 전승된 고전들이 그렇다. 그래서 양서(良書)는 한 번만 읽고 덮어 버려서는 안 되고, 반복적 독서와 사색을 통해 행간의 의미와 저자의 의도를 읽어내는 과정이 필요하다. 이 책은 그렇게 읽을 만하다. 성공적 목회나 교회 성장에 관한 또 다른 '그 나물에 그 밥'이 아니라, 저자의 깊이있는 신학과 치열한 실존이 진솔하게 버무려져, 오늘날 제도 교회의 타락과 누추함에 깊은 절망감을 느끼는 사람들에게 새로운 가능성과 희망을 던져주는 책이다.

좋은 책은 좋은 저자로부터 나온다. 언젠가부터 나는 사람들에게 책 소개와 더불어 저자를 소개하기 시작했다. 특정한 주제나 내용의 책을 소개하는 것도 필요하지만, 특정 저자의 책이라면 무조건 다 읽으라는 식이다. 책은 저자의 생각과 가치관, 그리고 인간됨을 드러내는 통로여서, 신뢰할 만한 저자가 쓴 책이라면 내용과 가치를 신뢰할 수 있기 때문이다.

지난해부터 진지한 독서모임을 통해 알게 된 저자는 오랜만에 만나보는 진실한 그리스도인이자 고뇌하는 목회자다. 홍수가 나서 온통 구정물이 되어버린 교계에 절망하기보다 소량의 생수를 흘려보내는, 바알에게 무릎 꿇지 않은 7천 명 중 한 사람을 만나는 기쁨과 감사로 추천사를 쓴다.

정민영, 전 국제위클리프(Wycliffe Global Alliance) 부대표

이 책은 저자의 독특한 신학 작업을 담아낸 귀중한 자료라고 여겨집니다. 이 책은 교회에 대한 이야기이지만, 일반 신학서적에서 볼 수 있는 교회에 대한 보편적 신학 담론과 비교해서 상당한 방식의 차이가 있습니다. 분명 교회에 대한 본질적이고 심각한 질문들을 던지고 있는데, 그 질문에 응답하는 방법은 자서전적이며 동시에 현장 관찰적입니다. 그렇다고 신학과 무관하게 지극히 주관적으로 또는 경험적

으로 아무 이야기나 늘어놓은 것은 아닙니다. 마치 기도의 언어로 신학을 했던 아우구스티누스 또는 안세르무스의 발자취를 따라가듯, 저자 역시 무척이나 긴밀한 언어(intimate language)로 신학적 작업을 하고 있다고 느꼈습니다. 그래서 더 듣고 싶고, 더 읽고 싶어지는 내용이 아닌가 생각해 봤습니다.

자신이 '종말적 현재를 사는 자로서 개종'을 경험한 자라고 소개하는 저자는, 뜨거운 마음으로 지금의 부족한 교회라는 현실 속으로 자신을 던질 수 있으면서도, 동시에 주변인 또는 비주류의 자유를 맛보기 시작했다는 고백을 합니다. 개척을 한 자가 아니라 개척을 당한 자, 그러므로 목회를 하는 자가 아니라 목회를 당하는 자로서, 교회의 중심축이 주님이라는 '교회의 머리 되신 그리스도'의 교리를 이론보다 실제로 경험해 나가는 과정을 그려내고 있습니다.

신학적 숙고가 없는 목회나, 신앙 공동체를 상실한 신학은 다 공허합니다. 그래서 제 손에 들린 이 한 권의 작은 책이 귀하게 느껴집니다.

박성일, 필라델피아 기쁨의교회 담임목사, 웨스트민스터신학교 변증학 겸임교수

평소 사랑하고 존경하는 정갑신 목사님의 진솔한 고백을 통해 그의 이야기를 들을 수 있어 너무 좋았다. 좋아하는 사람의 비밀 이야기를 듣는 기분이랄까? 그의 글을 읽다 보니 그의 감정에 동화되고 내 이야기인 것처럼 빨려 들어간다.

목회자로서의 부름과 갈등, 그 길을 가면서 느끼는 고뇌, 그것은 분명 내 경험과 다르지만, 그 느낌만큼은 충분히 내 이야기처럼 공감된

다. 그가 인용한 폴 틸리히의 말, "가장 거룩한 것이 가장 악마적인 것이 될 수 있다"의 의미를 그의 이야기를 통해 보게 된다. 그 어두운 터널을 지나면서 겪어야 했던 몸부림, 그리고 다시 토해내는 처절한 자기반성은 우리의 자아를 깊은 무덤으로 데려간다. 그리고 '나는 죽고 그가 살아나는' 그의 골고다의 경험은 오늘의 그가 누구인지, 그의 아름다운 향기의 원인이 무엇인지를 알게 해준다. 이해할 수 없을 만큼 순발력 있고 창의적이며, 모험적이고 싱그런 바람 같은 삶의 원동력이 그가 날마다 그분으로부터 듣는 데 있었음을 발견한다. 그렇게 한 목회자를 빚으셔서, 그를 통해서 시작한 새로운 교회 이야기는 그의 이야기만큼이나 흥미진진하다.

만물 안에서 만물을 충만케 하시는 주님의 몸으로서의 교회를 향한 그의 여정은 우리로 하여금 교회가 무엇이어야 하는가에 대해 깊은 통찰과 대안을 제시한다. 진정한 교회를 향해 그가 부단히 들으면서 순종하는 그 걸음은 '내가 따라 할 수 있을까' 싶을 정도로 모험적이고 급진적이다. 그래서 더 많이 나를 돌아보게 한다.

그의 이야기는 여느 다른 책처럼 자기 교회의 성장론이 아니다. 자신을 깨뜨리며 써가는 하나님의 이야기다. 그래서 순간 순간 가슴 설레는 탐험처럼 그의 목회 이야기가 펼쳐진다. 그래서 그저 남들이 갔던 그 길을 답습하며, '이게 목회의 길이려니' 하면서 생각이 없이, 바쁘게 성찰 없이 달려가던 나를 멈춰 세우고 반성하게 한다.

그의 생각은 시종일관 나를 그의 세계로 깊이 빨아들인다. 한번 손에 들었는데 놓을 수가 없었다. 그와 내가 함께 CTCK(City To City

Korea)에서 동역하며, 함께 꿈을 꾸며 걸어가고 있음이 아주 자랑스럽다.

이인호, 더사랑의교회 담임목사, CTCK 이사장

이렇게 솔직하게 자신의 모습을 보이며 투명하게 교회의 스토리를 들려주는 정갑신 목사님이 너무 고맙습니다. 복음 안에서 담대함과 겸손이 어우러지는 고백입니다. 자신의 한계를 알고 고뇌하며, 동시에 예수님의 충분하심을 알고 소망하는 목회자의 복음 이야기입니다.

분명 복음의 능력이 없이는 설명이 안 되는 이야기로서, 교회에 마음 아파하는 사람들에게 위로와 신뢰를 회복시켜주는 책이 너무 반갑습니다. 이 책을 읽으면서, 정 목사님의 목소리가 들리는 것처럼 생생하고 리얼하게 느껴졌습니다. 책을 읽고 하나님이 우리 교회에 물으시는 말씀에 어떻게 대답할까 생각하며, 하나님의 손길을 바라보게 도와주셔서 고맙습니다.

노진산, 뉴욕 믿음으로 사는 교회 담임목사, CTC Korea Catalyst

《대답하는 공동체》는 그 삶이 복음으로 형성되어온 한 목회자의 신선한 교회 이야기입니다. 그리스도와의 연합을 통해 그 정체성이 형성되고 성령을 통해 빚어져가는 한 개인이 얼마나 취약할 수 있는지를 솔직한 고백으로 듣게 되는 동안 큰 격려를 받게 됩니다.

제가 정갑신 목사님을 존경하는 이유 중 하나는 자신의 성품을 초과하는 영향력이 나타나는 것을 원치 않기 때문이고, 단지 하나님의

부르심에 응답하는 교회를 섬기는 겸손한 하나님의 종으로 남기를 갈망하기 때문입니다.

모든 목회자는 성공의 우상에 쉽게 굴복할 수 있고 격하게 경쟁적인 문화에 자신을 쉽게 내어주는 연약함을 간직하고 있습니다. 그 와중에, 정갑신 목사님은 이 책을 통해 하나님 나라의 고유한 속성인 '반전의 본질'(a nature of upside-down)이 목회 현장에서 어떻게 드러나는지를 생생하게 일깨우고 있습니다.

이 책은 우리를 둘러싼 세계가 추구하는 힘과 인정욕구에 관해 자연스럽게 생각하는 방식을 완전히 뒤집습니다. 우리는 우리를 부르시는 하나님의 부르심에 대하여, 이렇게 복음 중심적인 급진적인 돌이킴을 통해 대항문화적 공동체를 잘 일으킬 수 있기를 열망하고 있습니다.

스티븐 엄, 보스턴 시티라이프장로교회 담임목사, 고든콘웰 교수, 미국 TGC(복음동맹) 부총재

목 차

추천사 004

preface 1 '나'는 교회다 016

preface 2 질문과 대답의 교회 019

| 1부 |
너는 무엇으로
대답하려는가?

prequel 다가온 교회의 얼굴 030

01 가려졌던 얼굴이 드러나다 036

02 너는 교회 안 나오면 좋겠다 048

03 무슨 얼굴로 대답하려는가? 064

04 리더의 거울을 발견하다 081

05 목회 미생의 열망과 대답 093

06 자기 대답을 이미 가진 공동체 107

07 깨뜨려짐으로 듣고 대답하다 121

| 2부 |

대답하는
공동체로
자라가다

08 '살인의 추억'으로 간 교회 136

09 예수 냄새를 내는 교회 144

10 예측할 수 없는 교회의 탄생 160

11 기쁨과 야망 사이에 끼이다 177

12 지어야 할 집짓기의 두려움 192

| 3부 |

깨어짐으로
그리스도의
몸에 답하다

13 뜻 대신 현실에 답할 것인가? 206

14 깨어짐으로 대답하는 공동체 215

15 중심을 잡는 교회를 배우다 228

| 4부 |

다음세대를
위한 답을
준비하다

16 교회를 떠나라고 가르치는 공동체 240

17 직접 다음세대 교육을 책임지다 254

18 사람이 사람을 키우다 262

epilogue 대답하는 공동체는 예측할 수 없다 273

Preface 01

'나'는
교회다

1

안산동산교회에서 '나름' 최선을 다하려 했던 당회 서기장로를 향해, 부교역자의 정체도 잊은 채 맞장뜨며 언성을 높였던 사건이 부끄럽다. 벌써 15년도 지난 일이건만, 보잘것없으면서도 공의의 명분을 빌어 존재를 입증하려 했던 그 시간이 내 가치추구의 본질을 보여주는 게 분명함으로 잊을 수 없다. 더구나 그 전의 모든 시간은 그 사건에서 드러난 나의 실체보다 하찮았다. 무용한 존재로 끝나는 인생이 되지 않을까 초조하였다. 설교와 목회의 모든 형태를 사용하여 자신이 누구인지 입증하려는 열망으로 가득한 시간이었다. 더 나아가, 그보다 이전의 모든 시간은 그 모든 어두운 열망에 붙어 있는 육욕적 탐심에 불이 붙은 세월이었다.

야심 이전에는 흑심이 지배했다. 흑심 위에 얹힌 야심으로 오랜 세월 황폐하였다. 계산적으로 이해관계에 따라 움직이되, 그건 들키지 않은 채 개혁적인 이슈에 대해선 관심있는 듯 행하려 했다. 예민한 이들은 나의 비열을 놓치지 않았으리라. 그리하여, 두려움에 떨고 있는 이 작은 책은 교회에 관한 것이라기보다 고백에 관한 것이다. 쓰레기장도 마다하지 않으시고 자신의 거처로 삼으신, 의아함으로 가득한 예수에 대한 질문이기도 하다.

모두가 이미 답을 알고 있는 듯한 그 질문에, 나를 불러 그가 되게 하신 신비함에 대하여 대답하고 싶었다. 언제부턴가 '내가 죽고 그가 살면'이 편하고 고마운 현실적 주제가 되어 내 안에서 뿌리 내리기 시작한 것도 말하고 싶었다. 지금 나에게 그보다 더한 '생생한 현실'은 없는 게 분명하다. 나는 여전히 내 무엇을 자극하는 흑심과 야심의 급한 방문을 수시로 받고 있지만, 다만 그것과 깊이 대화하는 시간은 조금씩 줄고 있다.

2

예수께서는 우리를 불러 그의 몸이 되게 하시고 '교회'라 하셨다. 교회는 '그의 몸'이며 동시에 '우리'라고 하는 성도들의 모임이다. 그 모임에서 나는 분리되지 않는다. 따라서 아버지가 아들을 향해 '너'가 바로 '나'라고 절규할 수 있듯이, 우리 각자는 '그 모임'이 바로 '나'라고 말할 수 있다. 그가 나를 불러 그가 되게 하셨기 때문이다. 그리하여 자동적으로 내가 곧 교회라 주장하는 것은 어감이 이상할지 모르나, 그리 말하지 못할 이유도 없다.

우리는 종종 교회가 어떻고 저떻고 하는 성도에게 "당신이 말하는 교회의 실체가 대체 뭐냐?"고 묻고 싶어질 때가 있다. 이유는 그렇게 말하는 그가 곧 교회라고 생각하기 때문이다. 그런 의미에서 우리는 예수께서 나를 불러 교회가 되게 하셨다고 말할 수 있다.

나는 시간이 갈수록 내가 교회에 속한 자로 살아간다는 사실이 놀랍다. 영원에 잇닿은 시간을 흐르고 무한에 담긴 공간을 사는 교회의 이상한 형식이 가장 치열한 현실로 와닿기 시작하면서부터다. 영원과 무한을 향한 확고한 미소로 사선을 넘는 수많은 성도들의 영광에 참여하면서, 죽음을 이미 넘어간 자로, 그리스도의 몸으로 존재한다는 사실이 버겁고 엄연한 현실이라는 사실이 느껴지기 시작하면서부터다. 수년 전 〈월간목회〉로부터 예수향남교회에 관한 이야기를 연재하면 좋겠다는 제안을 받았을 때, 분수를 모른 채 개척 5년 차 교회 이야기를 적어가기 시작했던 것은 바로 그 이유 때문이었다. 예수향남교회 이야기가 아니라, 하나님께서 한 사람을 불러 교회가 되게 하시는 과정에 대한 놀라움과 그 한 사람의 지독한 연약함이 어떻게 거룩한 교회의 본질에 맞닿아 가게 하시는지를 적어보고 싶었기 때문이다. 가장 겸손하고 부끄럽게 말해야 하지만, 모든 감시자를 잊은 듯 담대하고 감격스럽게 '나는 교회다'를 읊조리고 싶었다.

질문과
대답의 교회

3

교회는 시작하는 것이기도 하지만, 좀 더 바르게 말한다면 시작당하는 것이다. 교회를 시작하거나 시작당하려 할 때는 반드시 먼저 이것을 물어야 한다는 것을 느낀다.

"배부름으로 시작하는가? 배부르기 위하여 시작하는가?"

"배부름의 넘침이 흐르게 하려는가? 결핍을 채워 배부르려 갈 망하는가?"

배부름에 대한 부정적 어감이 염려되기는 하지만, 나는 우리가 왜 거의 항상 결핍에서 시작하려 하는지를 묻고 싶었다. 지금보다 더 나은 무엇을 성취하는 내일이 있어야만, 그리고 최소한의 상대적 결핍에서 비껴갈 만한 물리적 채움이 있어야만 비로소 만족할 수 있을 것 같은 '결핍의 현재'에서 교회를 시작하고 목회를 펼쳐 가는 것에 대하여 의심하고 싶었다. 목회는 복음의 충만함과 배부름이 흘러넘친 결과라고 믿게 되었기 때문이다. 교회는 목사와 몇몇 성도들의 복음에 대한 넘치는 배부름의 확장이라 확신하게 되었기 때문이다.

이미 현실적 배부름을 성취한 후 꽤 그럴듯해 보이는 복음적 당백정을 입히려는 수작이 아니냐는 질문에 대하여 아니라고만 말할 수 없다. 다만, 내가 또다시 그런 누추함에 빠지지 않기를, 그리하여, 하려는 말이 그런 이야기로 들리지 않기를 열망할 뿐이다.

4

교회를 누가 세우는가? 우리 현실에서 대부분의 교회는 목사가 세운다. 하지만, 우리는 교회를 하나님이 세우신다고 고백한다. 그래서 우리는 하나님께서 목사를 통해 교회를 세우신다는 안전한 말로 정리한다. 물론, 하나님이 오직 목사를 통해서만 교회를 세우시는 것은 아닌 게 분명하다. 중요한 것은 하나님이 세우신다는 거다. 하지만 하나님께서 목사나 성도를 통해서 예수 그리스도의 몸을 세우시는 건지, 목사나 성도가 하나님을 통해서 자기 교회를 세우려는 건지 누가 알겠는가?

우리는 신앙생활의 핵심을 우리를 통한 하나님의 일하심이라 말하면서도, 실상은 우리가 하나님을 통해 우리의 일을 하려는 쪽으로 변심한다는 사실을 잘 알고 있다. 우리가 하나님께 사용받는

대답하는 공동체

대신 하나님을 사용하는 경우가 많다는 것을 인정해야 한다. 내가 기대하는 것에 하나님의 뜻이라는 명찰을 붙이고 그 명찰의 권리로 하나님 집을 자유롭게 드나들며 하나님을 사용하려는 것을 신앙이라 부르는 허위가 우리 안에 가득한 것을, 조금이라도 예민한 영혼이라면 쉽게 알 수 있다.

교회는 하나님이 시작하신다. 목사와 성도들은 하나님께서 이미 시작하신 그 일에 초대받아 참여하는 영광을 누릴 뿐이다. 하나님은 성도와 목사의 생각과 마음속에서, 구체적인 상황들 속에서 이미 일하고 계시고 그 일을 드러내고 계신다. 그리고 끝없이 우리에게 말을 걸어오신다. 그 '말 걸어오심'에 대답하는 과정을 통해 현실의 교회들이 세워진다. 그에 따라 교회는 처음부터 끝까지 하나님의 이야기다. 하나님은 하나님의 때에 하나님의 방식으로 하나님의 일을 행하신다. 사실이기를 바라는 고백이 아니라 사실이다.

5

나는 개척하지 않은 게 분명하다. 개척을 당했다고 말하는 게 합당하다. 나는 개척할 만한 믿음의 사람이 못되고 막연한 현실과 충돌할 담대함도 없었다. 애초부터 나는, 칠십여 년간 교단과 교단 신학에 성실했던 교회, 목회자들에게 곱게 순종하며 자신의 자리를 잘 지켜온 교회, 일제시대부터 21세기 초입에 이르는 격변의 세월을 성실하게 살아온 교회의 필요와 요청에 적절한 대답을 할 그릇이 못 되었다.

교회의 밝음과 어둠과 그 중간 어디 쯤에 남모르게, 하지만 모두에게 익숙하게 깔려 있는 밑바닥 정서를 잘 읽어낼 수 없었다. 바닥과 벽과 예배실과 식당 구석 어딘가에 오래 묻은 때가 이미 익숙하고 편안하여, 심지어 향수를 불러일으키는 그리움이 되기까지 한 그 교회의 규칙과 질서를 품기에는 내가 너무 얇고 가벼웠다. 그 오랜 옛 질서를 이해하려는 성실한 기다림이 내 안에 자리 잡기까지는, 목회를 안다는 마음이 지나치게 성급했다. 젊은 목사를 아비로 받은 이들의 두려움과 긴장과 어색함을 존중하고, 그곳을 단지 구닥다리라 생각하는 자만을 각성하고, 예수의 옳으심을 붙들어 순종하기에는 자기 확신에 대한 집착이 너무 강했다.

한 마디로 자신을 옳다 여기는 자기 의와 존재를 증명하려는 욕망으로 나는 실패했다. 그제야 내가 '교회'에 대하여 얼마나 무지한가를 알기 시작했다. '교회'의 첫걸음을 내 두 발로 직접 떼어보지 않고는 못 견딜 열망을 고통스레 느끼기 시작했다. 그 힘이 나를 밀어냈다. 그 격렬함에 의해 나는 교회 개척을 '당했던' 거다. 그것을 하나님의 손길이라 말할 수 있다면 좋겠다.

교회를 모른다고는 할 수 없었다. 하지만, 교회를 안다고 할 수도 없었다. 알지만 몰랐다. 나 혹은 우리 모두는 그 중간 어디쯤에서 새롭게 보이는 무엇을 발견할 때마다 앎과 모름 사이에 끼인 자신을 발견한다. 갈릴리 어부들이 죽음의 위협을 느끼게 하는 파도와 바람을 잠잠하게 하신 예수를 향해 '이분이 누구시길래…'라고 중얼거린 건 예수를 알았지만 몰랐다는 고백이었다. 우리도 그들과 함께 거기에 있었던 거다.

우리는 알면서 모르고 모르면서 안다. 이 얄궂은 긴장은 어쩌면 우리를 위한 선물인지 모른다. '네가 다 알아서 아는 게 아니라' 하시는 그의 은혜로 오늘을 살 뿐이다. 따라서 그의 은혜로 오늘을 사는 것은 알아서 사는 것도 몰라서 못 사는 것도 아니다. 다만, 오늘 그분께 대답함으로 사는 것뿐이다. 대답하기 위해 들어야 하고, 듣기 위해 내 안의 시끄러운 소리를 내보내야 한다. 자신의 존재를 증명하려는 열망에 갖다 붙인 소위 수많은 명분과 전제의 소리들을 내보내야 한다. 그렇게 하여, 여전한 나의 욕망으로 인해 더 희미해진 소리에 더 귀 기울이며 걸음을 떼는 거다. 그게 목회가 되고, 교회는 그렇게 형성되는 거였다.

6

화성으로 갔다. 경기도 화성으로 간 것에는 제법 의미가 있었다. '살인의 추억'이라는 단어가 역설적인 매력으로 작동한 것은 사실이었지만, 그보다 더 큰 동력은 '이끄심에 대한 단순한 대답'이라는 힘이었다. 하나님은 내 안에서 자기 전제의 프레임이 얼마나 교묘하게 오랜 세월 나를 지배했던가를 들추어내셨으므로, 이제는 이끄심을 따르는 단순한 대답만이 중요하게 되었다. 그에 따라 나는 화성이 아니라 명동이라 하셨어도 가야만 했을 것이다. 물론 공동체적 들음과 사회적 들음에 대한 존경심을 잊으면 안 되겠으나, 문맥상 더 과격하게 말한다면 세습하라 하셨어도 해야 했을 것이다. 우리 시대에도 예레미야가 필요하다면 그 자리에 기꺼이 가야만 하는 것이 목회적 부르심에 대한 대답일 것이기 때문이다.

당시 나는 사람들의 보편적 인식과 요구가 하나님의 이끄심을 능가할 수 없음을 뼛속 깊이 느끼고 있던 시기였으므로, 어떤 것이라도 하나님의 뜻이라면 순종하리라는 생각뿐이었다. 리처드 니버가 《그리스도와 문화》(IVP 간)에서 "그리스도의 삶을 두고 수많은 수식적 명제들을 끄집어낼 수 있으나, '충성'(단순한 순종)보다 앞설 수는 없다"고 말한 걸 반복적으로 묵상하던 시기였다.

우주의 엠(M) 분의 일로 자기를 인식하기 시작한 한 점이 어떻게 만물의 통치자를 만나 '한 주체적 존재'가 되고, 만물을 만물 되게 하시는 그 영광된 몸을 인식하며 구체적으로 '그 몸'을 형성하는 일에 참여하게 되는지, 그 신비한 여정이 막 시작되려 하고 있었다. 그 몸을 세우라는 음성이 사실이었는지 환상이었는지, 내 밖에서 내 안으로 들어온 소리였는지 내면이 내면에게 소리친 열망이었는지 어떻게 알 수 있는지가 과제였지만, 다만 나의 연약함을 잘 아는 이들의 마음과는 소통하려 했다. 가급적 내 육체는 심히 부담스러워하나 하나님의 명분은 더욱 뚜렷해지는 쪽을 선택하려 하였다. 그리고 그 이끄심을 따라 갈대아 우르를 떠난 후 아브람처럼 부르심의 사실성과 확실성을 확인해가고 있을 뿐이다.

7

교회가 세워지고 어느 정도 모양이 갖춰지면 그 교회는 모든 사람이 볼 수 있는 형태로 거기에 존재한다. 그건 분명 객관적인 현실이다. 하지만, 난 여전히 그 객관적 현실 밖에 서 있는 것 같다. 누가 보더라도 내게 일어난 게 분명한 모든 일이 실은 나와 관계없는 일인 것만 같다. 누군가에게는 나의 현실인 양 이야기하곤 하지만, 그 후에는 더욱 남의 이야기를 늘어놓고 있었다는 생각에 사로잡히곤 한다. 여전히 나는 어디론가 몰려가고 있고 누군가에 의해 끌려다니고 있는 중이다.

2007년 그때, 깊고 깊은 우울증과 극단적 불안의 터널을 지나온 이후, 나는 언제부터인가 종말적 현재를 사는 자로 '개종'되어 가고 있는 중인 것 같다. 주님에 대한 현재적 인식과 주님과의 소통을 통해 과거와 현재와 미래의 구분이 사라졌다는 신학적 주장이 어느 정도는 나의 현실이 된 것 같다.

J. I. 패커의 말처럼, 내가 지금 '영존의 한 가운데 존재한다는 인식'이 사실로 느껴진다. 나는 그 어떤 것이 내 것이 아니어도 되는 국외자의 자유, 나여야만 하는 자리에서 제외된 주변인의 자유, 책임지지 않아도 되는 비주류의 자유를 아주 조금 맛보기 시작했다. 아마도 그 맛을 향한 여정을 끝내 포기하지 못할 것 같다. 주님이 주인공이 되시는 삶의 맛이 이토록 깊을 줄 몰랐다. 처음부터 말씀하셨던 바로 그것이 그렇게 깊은 진실인 줄 미처 몰랐었다.

본래 양보하는 방식으로 주도하고, 자기주장을 안 하는 것 같은 방식으로 주장하고, 무심한 듯 장악하고 싶어하는 나로서는 의외의 국면을 맞고 있는 중이라고 할 수 있다. 현실로부터 분리된 존

재로서 현실에 참여함으로 좀 더 대담해질 수 있게 하는 손길의
지배를 받고 있는 느낌이다. 무엇이 어떻게 될 것인지 알 수 없을
뿐 아니라 알고자 할 필요를 느끼지도 않으므로, 현실에 훨씬 더
강렬하게 뛰어들 수 있게 하시는 이끄심을 받고 있는 느낌이다.
그 정점에 예수 그리스도와 그의 깨뜨려진 몸과 그 몸으로 존재하
는 교회가 있음을 배워가고 있다.

그리하여 나는 마스터플랜이 없는 교회, 수식어가 없는 교회를
향하려 한다. 과거에 대한 치유행위로서의 오늘, 미래의 현재적
경험으로서의 오늘, 단지 하나님의 질문에 대답하는 오늘, 그리하
여 오늘이 전부인 오늘을 사는 교회, 예측할 수 없는 교회, 동시에
그리스도의 몸으로 세상을 위해 깨뜨려지는 교회를 그리게 되었
다. 그것은 단지 그림이고 꿈이고 어쩌면 환상이다. 하지만, 그것
이 주님으로부터 온 것이라면, 그 순간 그것은 현실이 된다. 단지,
그 희망을 품고 걷고 싶다.

8

개척 전후의 시간이 설레임과 긴장과 두려움과 막연한 희망의 편
린들로 모자이크되는 것은 일반적이다. 그 각 이야기의 내밀한 얼
굴이 모두에게 보편적인 것은 아니다. 하지만 누구의 각별한 이야
기는 또한 모두의 이야기여야만 한다. 모두의 이야기가 누구의 이
야기가 되는 순간 모든 이야기는 각별해지고, 그 이야기는 다시
모두의 이야기가 될 수 있다. 나는 어느새 누구의 이야기를 가지

대답하는 공동체

고 모두에게 말하려는 애매한 자리에서 긴장을 느낀다.

　행여 이 책이 가까운 친구 혹은 궁금해하는 후배에게나 사사로이 가볍게 나눌만한 이야깃거리인지 모른다. 하지만 어떤 이들에게는 이미 공적 영역을 통해 공개된 이야기이므로, 지극히 사적인 대화로만 숨겨둘 수는 없게 되었다. 그리하여 몇 사람의 격려에 힘입어 빨고 말리고 잘 개어 놓는 마음으로 다시 정리하게 되었다. 다만, 나를 교회로 부르셔서 교회 되게 하신 여정, 나와 나의 현실의 지독한 연약함이 어떻게 그리스도의 완전함에 접촉하게 되었는지, 그리하여 교회가 약함의 얼굴과 깨뜨려지는 몸을 가지는 것이 왜 생명을 향한 몸짓인가 하는 것을 정리하고 싶었다.

　졸필을 격려하여 집필의 자리에 앉게 하신 〈월간목회〉 박종구 목사님, 출판의 수고가 기쁨과 설렘일 수 있음을 보여주신 아르카 이한민 대표님, 예수가 전부임을 가르쳐주신 평생의 은인 고 차영규 선교사님, 목회의 역동과 기쁨을 선물해주신 김인중 목사님, 목회자의 향기를 알게 해주신 박은조 목사님, 토론과 동역으로 수많은 가르침을 주신 모든 선후배 동료들, 그리고 결정적인 순간마다 나의 무지한 마음을 깨우는 나침반이었던 사랑하는 아내와 가족들, 예수향남교회의 모든 동지 여러분께 마음 깊은 감사와 사랑을 전한다.

정갑신

너는 무엇으로
대답하려는가?

다가온
교회의 얼굴

9

무심코 라디오 음악방송을 틀었다. 진행자의 코멘트가 자연스러웠다.

"비가 오면서 꽃이 떨어졌습니다. 꽃이 떨어지고 나니 그동안 꽃에 가려져 보이지 않던 연둣빛 나뭇잎들이 파릇파릇 보이기 시작합니다. 아름답고 신선합니다."

의미를 담은 따뜻한 코멘트였다. 막 세상을 향해 얼굴을 내미는 이파리들을 격려하고 응원하고 있었다.

"세상에는 꽃처럼 화려한 사람들도 있지만, 나뭇잎처럼 꽃에 가려져 있다가 꽃이 질 때 그제야 제 모습을 드러내는 사람들이 있습니다. 그들이 결국 온 세상을 푸른 숲으로 물들입니다."

아름다운 이야기와 함께 여린 이파리들이 파릇한 봄 내음을 가져오는 듯 즐거워졌다. 그런데, 이야기가 갑자기 과속으로 정류장을 지나쳐 버린 듯 어색해졌다.

"어쩌면 진짜 주인공은 화려한 꽃이 아니라 나뭇잎 같은 사람들이 아닐까 생각됩니다."

마음 아래로 쓸쓸한 바람이 불었다.

10

우리는 찬바람에 잔뜩 웅크렸던 대지의 고통을 뚫고 꽃이 얼굴을 내밀기 시작했을 때, 온기와 희망을 알리는 그 꽃들에 대하여 얼마나 고마워하며 칭찬을 아끼지 않았던가? 그런데 이제 와서 꽃은 더 이상 주인공일 수 없다고 한다. 새싹처럼 올라오는 나뭇잎을 추켜세우기 위한 추임새일지라도 슬펐다.

진행자 혹은 작가는 왜 그런 대립적인 가치를 그 아침에 담아냈을까? 오히려, "이제 꽃들은 자신의 화려한 시간을 멈추기로 하였습니다. 그리고, 잠시의 화려한 수고를 끝으로 여린 이파리들의 탄생을 한껏 드러내려 자신을 던집니다. 그리하여 비 맞아 땅에 떨어진 꽃잎들을 향해 여린 이파리들은 밝게 몸을 흔들며 소리칩니다. 고마웠어요. 참 고마웠어요…."

이런 식으로 코멘트를 이어갔더라면 얼마나 좋았을까? 가뜩이나 비 맞고 처절히 흩떨어져 상한 얼굴로 밟히는 꽃들에게, 이젠 지나간 존재일 뿐이라고 그리 쉬이 멸시해도 되는 거였을까? 우리는 왜 새로운 무엇을 강조하기 위해 아름다웠던 과거를 무화(無化)시키려는 강박에 사로잡히는 것일까? 나는 그날 아침 땅바닥에 떨어져 하얀 눈처럼 쌓인 채, 이미 여러 번 밟혀 상하고 더럽혀진 꽃들에게 미안했다. 동시에 그 처절함이 더욱 아름다웠다. 막 올라오는 여린 연둣빛 나뭇잎도 참으로 사랑스럽지만, 이파리들에게 자리를 내어주는 그 꽃들의 처연함이 아름답기 그지없었다.

사람들은 각기 아름답다. 시작을 앞두고 순진한 설레임으로 긴장할 때, 이제 막 새싹을 틔울 때, 그리고 자신의 때를 알아 고요히 내려놓을 때, 자기의 한계를 받아들여 고개 숙일 때, 뒤에 오는 이들을 위해 길을 내어줄 때, 각기 지극히 아름답다. 이것이 교회를 말하려 할 때 자연스럽게 마음에 담기는 생각이다.

우리는 새것을 경험하고자 한다. 새것에 열광하고 새것을 취하는 '특권'을 누리고 뻐기고자 한다. 그리고 욕심을 부려 새것을 새것 되게 하기 위해 헌것을 멸시하려 한다. 내게도 그 연약함이 있다. 새것을 말하기 위해 이전 것을 뭉개버리려는 비천함이 나에게 가득하다. 나는 틀림없이 그 길을 걸어왔다. 따라서, 내가 부디 새것만을 말하려는 자가 아니기를 바란다. 다만, 주님께서 내게 걸어오신 말씀에 대하여 나로 하여금 어떻게 대답하게 하셨는지를 말하고 싶다. 그것이 진실이기 때문이고, 그래야만 누군가의 이야기가 모두의 이야기가 될 수 있기 때문이다.

11

스테픈 씨맨즈(Stephen Seamands)는 《하나님 형상으로 이뤄지
는 사역 : Ministry in the Image of God》(IVP Books)에서 "하나
님은 이미 오래 전부터 어디선가 일해오셨고, 우리는 단지 그 일
에 참여할 뿐이다"라고 하였다. 하나님은 알려지지 않은 어디에선
가, 알려지지 않은 누군가를 통해 지금 바로 그 일을 하고 계신다.
하나님이 말씀하시고 우리가 대답하는 가운데, 하나님이 하나님
의 때에 하나님의 방식으로 하나님의 일을 행하시는 바로 그 일이
다. 가만히 있는 것 같으나 무책임하지 않고, 모든 것을 내려놓은
것 같으나 모든 필요한 것들이 저 뒤에서 따라오게 되는 그 일이
다. 취하지 않았으나 손에 있고, 숨었으나 드러나는 그 일이다. 하
나님은 그 일들을 통해 사방에서 교회의 얼굴을 드러내고 계시고,
우리로 하여금 그 일들이 빚어가는 교회의 얼굴을 보게 하신다.
하나님의 일하심이라는 렌즈로 갈아 끼우기만 하면 언제든 볼 수
있을 것이다.

　　나는 내게 고통의 시간을 겪게 했던 교회와 함께 걸었던 여정,
교회로부터 거절당했고 또 내가 교회를 힘들게 했던 모든 여정을
하나님의 일하심이라는 렌즈로 그립게 바라보고 싶었다. 내가 선
해져서가 아니라, 내가 받았던 모든 고통보다 교회들에게 준 상처
가 더 클 수 있다는 생각이 간절해졌기 때문이다.

12

교회는 내가 그려가는 그림이 아니다. 하나님의 그림이다. 내 그림에는 언제나 존재를 증명하려는 욕망과 시대적 편견이 가득하여 겉은 주님의 몸이나 속은 욕망과 시대의 요구에 부응한 잡동사니들로 채워진다. 내 그림은 자기주장과 욕망과 겸손해 보이는 비전들이 묘하게 결합된 형태의 이상한 그림이다. 어울릴 수 없는 어둠과 빛, 허위와 진실을 교묘하게 섞어 놓은 일그러진 그림이다. 하지만, 개척 후 그 허약한 그림의 치명적 약점들은 여지없이 드러났다.

나는 성경적이고 개혁적인 교회를 꿈꾼 게 아니라, 성경적이고 개혁적이라는 이미지를 가진 성공적이고 승리주의적인 교회를 형성해가고 있었다. 생각과 추구가 어떠했든지 간에 현실에 부딪혀 반응하는 내 몸과 세포는 안전과 인정과 통제 등 온갖 자기중심적 우상들을 향하고 있었다. 내 욕망을 관철시키려 하나님의 비전을 이용하는 거칠고 미숙한 면모를 숨길 수 없었다. 나는 여전히 그것들과 사투를 벌여야만 하고, 사투를 벌이는 동안 틈을 타고 들어오는 숱한 어둠의 그림자로 내면에 총상을 입고, 나로 인해 공동체를 떠난 이들을 서러움으로 간직해야만 한다.

나는 목회를 잘 모르는 게 분명하다. 하지만, 목회가 주님의 몸 안에서 일어나는 하나님의 행동과 질문에 대한 우리의 대답이라면, 누가 목회를 제대로 안다고 말할 수 있겠는가? 각 교회를 향한

대답하는 공동체

하나님의 행동과 질문에 담긴 인격성은 결코 상투적이지 않고 상투적일 수도 없다. 따라서 중요한 것은 하나님과의 맑은 소통이다. 동시에 그만큼 또 중요한 것은 내가 맑은 소통을 지속할 수 없는 자라는 사실이 요청하는 바, 몸의 지체들 모두가 함께 듣고 함께 대답할 수 있는 공동체라는 요소다. 홀로 맑게 듣는 것과 함께 겸손히 듣는 것이 잘 결합해야 하나님의 행동과 질문에 대하여 근사치적 대답이라도 가능할 수 있을 것이다. 그때 교회는 우리가 키워가는 '조직'이 아니라, 하나님께서 친히 빚어가시는 '하나님의 사건으로서의 그리스도의 몸'이 될 것이다.

가려졌던 얼굴이
드러나다

아득한 만화경 속의
교회 얼굴들

가정 외에 교회보다 쉬이 익숙해질 수 있는 곳이 또 있을까? 적지 않은 이들이 주일학교를 다녔거나 다니면서 교회의 냄새를 알고 있다. 주일학교 경험이 없다 해도 괜찮다. 교회는 타 기관이나 집단에 비해 생각보다 쉬이 익숙해질 수 있는 구조를 가졌다. 형식적으로라도 모든 이들에게 열려 있다. 모임이나 조직이 돌아가는 상황은 감추어져 있지 않다. 다른 종교에 비해 보더라도 회중에 대하여 훨씬 개방적이고 거의 모든 목회 상황이 공공연히 노출된다. 당회의 은밀한 결정은 당일 저녁 대다수 중직자에게 알려진다. 목회자의 의중은 스치는 얼굴과 선포되는 말끝에 묻어 드러난다. 식당과 소그룹과 카페에서는 공공연한 비밀에 관한 말이 무성하고 풍성하다.

하지만 역설적으로, 어쩌면 교회의 얼굴은 이런 과도한 개방성 때문에 감추어져 있는지도 모른다. 교회의 진짜 얼굴은 사교적 익숙함과 소문의 무성함에 가려졌는지도 모른다. 몸에 밴 습관과 그 습관을 지지하는 규칙들이 뚜렷해지는 만큼, 교회의 민낯에 대한 성실한 질문은 사그러들었는지도 모른다.

감추어졌던 교회의 얼굴은 마치 깊은 산 중에 드문드문 걸렸지만 그 길을 따라가면 결코 길을 잃지 않을 게 분명한 이정표처럼, 뚜렷이 떠오르는 기억을 통해 우리에게 간헐적으로 그러나 확실하게 자신의 얼굴을 드러낸다. '그때'도 그랬지만 그것은 사뭇 크고 선명한 이정표였다.

어느 한 순간, 더 이상 목회를 할 수 없을 것이라는 확신에 사로잡혀 있을 때였다. 추구했던 모든 이상적 질문들이 무의미해지고, 존재를 증명하려는 열망이 버림받은 여인처럼 초라해졌을 때였다. 교회의 거룩함으로부터 점점 분리되는 누추한 존재만 보이고 있었다. 그때 불현듯 교회가 내게 얼굴을 드러냈다. 그 얼굴을 볼 때 나는 신음하듯 이 말을 내뱉었다.

'아… 교회가 서는 것을 보고 싶다….'

내뱉는 막막한 한탄 아래로 어떤 묵직한 확신이 지나가는 느낌이었다. 교회가 나의 사건이 아니라 하나님의 사건이라면, 단지 하나님께 대답하기만 하면 되는 사건이라면, 가장 원색적이고 본질적인 교회의 얼굴을 조금이라도 볼 수 있을 거라는 은밀한 확신이 모든 걸 포기하려는 한탄 아래를 흐르고 있었다.

고상하며 진지하고 거룩한, 저절로 마음이 끌리는 매력으로 가득한, 어줍잖은 오만과 편견으로 그 진가를 알아보지 못했던, 섬세하게 아름다운 그 얼굴은 내가 찾은 것이 아니었다. 그때 그렇게 선명하게 묵직한 확신으로 나를 찾아 내 앞에 선 거였다.

하지만 그 얼굴이 아주 낯선 것은 아니었다. 이미 오래 전부터 나를 찾곤 하여 내 기억의 여러 단편들을 형성한 얼굴이었다. 그리하여 기억의 저편에 머물렀던 몇몇 스팟(spot)들을 통해 내 안에 형성된 만화경 속 교회의 얼굴들을 추적해 보기로 했다.

신앙촌에서
태어나 자라다

그는 힘주어 꼿꼿이 세운 검지와 중지로 내 두 눈을 짓눌렀다. 나는 참아보려 애쓰기를 멈추고, 악을 쓰고 울면서 그의 손을 치워버렸다. 그리고는 거룩한 은혜의 손길을 거절한 큰 죄인이 되어 도망치듯 그 자리를 떠났다. 초등 2학년 때였다. 그날은 일생 한 번 있을까 말까 한 거룩한 날로 손꼽아 기다리던 신흥 이단 전도관의 대 축제일이었다. 하나님의 대리자를 자처한 '영모' 박태선이 경기도 남양주 덕소에 자리잡은 제2 신앙촌에 입주한 신도의 자녀들을 위해 친히 안수 혹은 안찰기도를 해준다는 날이었다.

차례를 기다리는 줄은 수십 미터 밖으로 길고 길었다. 초저녁부터 한밤중까지 기다리는 동안 끝날 줄 몰랐던 줄이 조금씩 줄었고 나는 설렘으로 가슴이 터질 것 같았다. 드디어 그 앞에 다가갔을 때, 나는 두려움으로 그의 얼굴을 차마 쳐다볼 수 없었다. 다만, 은단 냄새로 기억되는 민트향이 코를 찔렀던 것 같다. 그의 목소리는 영험하게 들렸고, 보지 못한 그의 얼굴에서는 빛이 나는 게 틀림없다는 생각이 들었다. 그의 두 손가락이 내 눈에 접촉한 시간은 2,3초뿐이었지만, 나는 거룩한 인내보다 고통의 본능에 더욱 충실한 '믿음 없는 어린애'였다. 이러다 눈이 멀겠다 싶은 두려움에 너무 아프다고 소리 지르며 도망쳤던 것이다.

박태선에게 매료되었던 아버지에게 이끌려 우리 가족은 전도관으로 들어갔고, 나는 경기도 부천에 있던 소위 제1 신앙촌에서 태어났다. 태어나면서부터 그는 나에게 영모님이었고, 나에게 있어서 교회는 오직 전도관뿐이었다. 하지만, 제2 신앙촌으로 이전한 후 맞게 된 그 안찰사건은 일 년 후 일어난 그 집단과의 결별의 전조였는지도 모른다.

불행과 다행 사이 어디쯤이겠지만, 그 시절을 채우고 있는 기억의 편린들은 이단집단의 종교적 광란과는 거리가 멀었다. 오히려 그 어린 시절 졸린 눈을 비비며 새벽마다 오간 집과 교회 사이의 신선한 공기 냄새, 사람들의 노랫소리에 대한 아련하고 서러운 그리움, 오랜 반질거림으로 정겹게 빛나는 낡은 마룻바닥의 촉감과 냄새, 알지 못하는 수많은 사람들의 밀물과 썰물, 그리고 모두가 떠난 공간의 적막함과 창 한 켠으로 비껴 들어온 소박한 빛줄기의 외로움 같은 것들이 내 기억의 지하 1층쯤을 아련하게 채우고 있다. 그리워하기에는 은밀한 두려움으로, 밀어내기에는 너무 밀착한 그리움으로 내 존재의 일부가 된 기억이다.

일상으로 돌아와서는 남한강의 거대한 물줄기, 강 건너편의 땅콩밭, 높은 바위에서 강물로 뛰어드는 긴장된 즐거움, 강가의 조개 줍기, 강기슭에서 땅콩 캐기, 형을 좇아가 강으로 흐르는 시냇물 끝자락에 견지낚시를 풀고 당기며 하염없이 서 있기, 강가에서 버들피리 불기, 한겨울 얼어버린 강에서 썰매 타기 등 예배당과 강을 둘러싼 이미지들이 가슴에서 지워지지 않는다. 너무 정겹고 그리워서 굳이 지우려 하지 않았다.

낯선 나그네로 언덕에 서서 그때의 영상들을 다시 들여다보고 싶다. 필시 설명하기 어려운 눈물이 고일 것이다. 그 눈물은 설명하기 힘든 이상한 외로움 같은 것이리라. 나의 어린 시절 추억을 고이 담고 있는 정겨운 공간이 이단집단의 마을이었기 때문일까.

거기에
교회가 있었던가?

그 '사이비 이단 집단'을 끌고 가는 지도부가 뭐라 하든, 집단의 담장 밖으로 나가는 것이 사탄이 지배하는 어둠의 세상에 자신을 방치하는 것이라고 강조하든 말든, 복숭아를 선악과라 가르치든 말든, 나는 집단의 경계선을 뚫고 나가 메뚜기를 잡고 먹을 감았다. '사탄이 지배하는 어둠의 세상'을 돌아다녔고, 과수원을 하는 작은집에 가서 복숭아를 먹었다. 일요일마다 '제단'이라 불리던 예배당에서 모든 순서를 마치고 마당에 나섰을 때, 가끔씩 교주 박 씨의 입에서 나오는 쳇소리와 손동작을 통해 수돗물이 생명의 물로 바뀐다는 희극을 사뭇 경이롭게 바라보곤 했지만 그뿐이었다. 나는 박 씨의 의도가 무엇이건 관계없이 유년 시절의 정겨움을 만끽하느라, 딱지와 구슬을 움켜쥔 채 이리저리 뛰어다니느라 바쁘기만 했다.

다만 놀라운 사실은, 사람들의 마음을 조종하는 그 '사악한 설교'가 남발되는 와중에도 나는 '예수님의 실제성'을 느꼈다는 점이다. 나는 그때 예수께서 나를 보신다는 생각에 사로잡혀 살았던 기억이 생생하다. 친구와 다투었을 때도 예수님 마음을 느끼고자 했다. 따라서, "바리새인 공동체가 사람을 구원할 힘을 가졌는가?" 하는 질문과 "그가 바리새인이라는 사실로 인해 그는 구원받을 수 없는 것인가?" 하는 질문은 구별될 수 있다. 그는 바리새인이기 때문에 구원받지 못하는 게 아니라 예수를 믿지 않기 때문에 구원받지 못하는 것이다. 그러면 바리새 집단 안에 있으면서도 예수를 믿을 수 있는가? 우리는 그렇다고 말할 수 있다. 이단 사설이 난무하는 전도관 안에도 라합과 룻은 있었으리라.

거기에 교회가 있었던가? 알 수 없다. 아니 없었다고 말해야 옳으리라. 하지만 교회를 느끼게 하는 사람은 있었다. 춘자 누나. 신앙촌 집단은 자체로 빵공장과 간장공장 등을 가동하고 있었는데, 수많은 청년들을 불러 모아 결혼을 멀리하라는 교리와 더불어 박봉의 노동력을 강요했다. 그녀 역시 그곳 어디선가 힘겹게 일해야 하는 상황이었지만, 전도관 내 교역자로 헌신한 우리 아버지를 기억하여 그 가정을 섬기는 마음으로 공장 식당에서 얻은 누룽지와 빵 등 본인이 할 수 있는 최선을 다해 간식을 가져다주었다. 그녀의 얼굴이 구체적으로 생각난 적은 없다. 다만 좋은 느낌은 매우 선명했다. 밝고 긍정적이고 친절하고 사랑이 넘쳤던 게 분명하다.

몸이 기억하는 인상과 느낌은 무서울 만큼 정확하고 깊을 때가 있다. 40여 년이 흐른 후 만나게 된 그녀의 얼굴은 과거 내 마음에서 느꼈던 그 느낌 그대로였다. 밝았고 진실하고 신실해 보였다. 좋은 가정을 이루어 자녀들을 명문대학에 진학시켰고, 대구의 장로교회에서 신실하게 예배하고 있었다.

그 시절과 연관하여 아득한 기억 저편에 '교회'가 있다면, 그곳에는 그곳으로 향하는 파란 새벽공기 냄새와 가끔 녹음기를 틀어놓고 가족끼리 돌아가며 찬송을 불렀던 추억과 춘자 누나가 있다. 적지 않은 이들의 기억 속에서 교회는 유소년의 추억과 견고하게 결합되어 있으나, 그 목가적 추억이 '내가 죽어 그가 사는 그의 몸'인 교회의 얼굴이 되기까지는 여전히 많은 시간이 필요했다.

대답하는 공동체

이상한 부르심,
'예수 나를 오라 하네'

온 가족이 남양주 덕소를 떠나 서울 신당동으로 이사 온 후에는 모두 두문불출이었다. 이단 집단을 떠난 후 누구도 갈 곳을 찾지 못했다. 또한 각자가 낯선 서울 생활에 적응하느라 바쁘고 고단했다. 아버지가 총각 시절 살았던 곳이라고 했지만, 아버지는 서울의 삶을 자세히 지도해줄 만큼 자상한 스타일이 아니었을 뿐 아니라, 이미 딴 살림을 차리고 있었다. 어느새 나에게 이복 여동생이 태어났다는 슬프고 두려운 소식이 들렸다. 내 안에서는 작은 적개심이 일어나기 시작했다.

어머니는 빈 지갑과 함께 하루하루를 버티느라 힘겨웠고, 녹음기를 틀고 함께 찬송을 부를 기회를 영원히 잃은 듯한 우리 가족은 무엇을 함께 할만한 연대를 찾지 못했다. 불현듯 나를 지배하기 시작한 정서는 지독한 외로움이었다. 나는 더욱 소심해졌다. 막내 소년의 눈에 갓 청소년기를 통과하고 있던 것으로 기억되는 큰 누이와 형은 자기들의 세상 속으로 숨어버렸고, 작은 누이조차 어딘가에 숨어 헐떡거리고 있었던 것 같다.

신당동에 정착하여 장충동을 거쳐 구의동에 이르는 초등학교 시절은 잦은 이사로 동네 친구를 사귈 기회를 주지 않았다. 친구를 사귈 만한 마음의 힘도 없었다. 형제들과 함께한 기억의 조각들을 찾기도 쉽지 않다. 다만 학교에서 집까지 먼 길을 걸어 다니던 기억, 동네 아이들 노는 모습을 홀로 멀찍이 서서 구경하던 기억, 지금은 동대문디자인플라자가 된 서울운동장 주변을 홀로 두리번거리며 주사위 놀음판을 벌이는 야바위꾼들의 손동작을 눈여겨보던 기억, 경마장과 수영장 울타리를 홀로 넘겨다보던 기억이 선명하다.

물론 육상부 친구들과 은밀한 사진들을 깔깔거리며 돌려 보고 그들의 집들을 방문하기도 했으나, 외로운 웃음이었고 더 외롭게 만드는 방문이었다. 그 시절 나의 내면을 가득 채운 정서는 오직 외로움이었다. 서럽고 슬프고 메말랐다. 그 정서와 함께 중학 시절을 맞이했다. 가깝고 살가워진 친구들이 몇 명 생겼어도 그 깊은 우울의 정서는 가실 줄 몰랐다.

그러다 그 이상한 날이 왔다. 중학 3학년으로 진학하기 전 겨울 방학, 1월의 첫 일요일 아침이었다. 나는 여전히 깊은 외로움 혹은 서러움을 느끼며 이불을 둘둘 말아 몸을 감싼 채 온기 없는 다락방에서 떨고 있었다. 가난은 추위를 더하고 추위는 가난을 확인한다. 하지만 가난도 추위도 잠시 잊게 한 '그 소리'가 내 귀에 큰 울림으로 들린 것이 그때였다. 500여 미터 떨어진 앞산 중턱 사찰에서 울려 퍼지는 불경 읊는 소리였다. 그런데 역설적이게도, 그 아득한 불경 소리 틈새로 오래전 들었던 찬송가 가사가 틈틈이 들려오는 듯했다.

"예수 나를 오라 하네. 예수 나를 오라 하네…."

그 멜로디에는 가슴을 저미는 그리움과 왠지 모를 외로움에 대한 대답이 함께 있는 느낌이었다. 가난과 추위와 외로움에 몸과 마음을 떨고 있던 소년의 마음을 강렬히 잡아끄는 초대였다. 그

대답하는 공동체

울림이 어찌나 깊었던지 40여 년이 지난 지금까지도 생생하다. 설레었고 심지어 흥분했다. 서울로 이사 온 후, 초등 3학년 2학기 때 시작되어 5년여 지속되어 온 그 무미건조한 외로움을 불현듯 몰아내는 매우 새롭고 신비한 반가움이었다. '교회'는 그렇게 설명되지 않는 이상한 초청으로 내 앞에 다가왔다. 적막한 외진 공간에 갇힌 듯한 쓸쓸함, 이유를 알 수 없게 저며 오는 가슴으로 울고 싶은 충동, 굶지는 않았지만 허전하고 텅 빈 속, 먹을수록 배고픈 뻥튀기를 한 보따리 안고 있는 듯한 헛헛한 갈망이 한순간에 증발하는 시간이었다. 그에 따라 나는 들리지 않는 찬송 소리를 들으며, 거의 의식할 틈도 없이 이불을 내던진 채 밖으로 나가 교회를 찾아다녔다.

송파구 마천동, 서울의 끝자락. 당시만 해도 토착민들을 제외하고는 어찌어찌하여 서울 중심부에서 밀려난 자들과 지방에서 서울로 진입하려는 자들이 임시 거처로 여기며 모여든 동네였다. 문화라야 저녁마다 누군가의 술기운 가득한 노랫소리와 어떤 이들의 악쓰며 싸우는 진한 욕지거리와 시시껄렁한 농담으로 시끄러웠던 것뿐이었다. 그 사이사이로 막연히 밤길을 떠도는 걸 자랑스레 여기는 십대들의 깔깔거리는 소리가 끊이지 않았다. 그 소음 속에서도 내 귀에만 들렸던 그 찬송은 여전히 가끔 신비롭게 울린다. 그 소리를 들으며, 나는 그야말로 발길 닿는 대로 바로 저곳이라고 할 만한 교회를 찾아 온 동네 골목을 뒤졌다.

사무치는
그리움으로

　　큰길을 두세 번쯤 건너 정한 마음 없이 이리저리 다니다, 한 시간 넘어 찾고 찾은 끝에 드디어 눈과 마음을 꽉 채운 교회를 만났다. 멀찍이 교회 간판이 눈에 선명했다. 동현교회. 작은 언덕이랄 것도 없는 다소 높은 지대 위에 세워진 빨간 벽돌 교회였다. 앞쪽에서 보면 언덕이고 옆에서는 평지인 형태였다.

　　지극히 소심했던 나로서는 매우 예외적이게도 주저 없이 들어가 눈에 처음 들어온 사람에게 교회 다니고 싶어 왔다고 말했다. 하지만 장애물이 있었다. 등록카드를 받아 든 순간 이름을 적을 수 없었다. 그때까지만 해도, 또 그 후로도 당분간은 내 이름 석 자가 나의 열등함을 드러내는 표식처럼 여겨졌기 때문이다.

　　지금은 간혹 다소 정겹게 느끼는 이들도 있기는 하지만, '갑신'은 당시 전파사의 길거리 스피커나 버스 라디오 방송을 통해 손쉽게 들을 수 있었던 유행가대로 늘 갑돌이와 갑순이가 될 수밖에 없었다. 나는 그 이름의 '촌스러움'을 심히 부끄러워하고 있었다.

　　나는 나중에 다시 오겠다는 말로 그 자리를 떠나고 싶었지만, 교회에 들어가고 싶었고 그들에게 속하고 싶었고 그들 중 하나가 되고 싶었다. 그에 따라 즉흥적으로 이름을 지어냈다. 아버지 함자 가운데 자인 '현' 그리고 형 이름의 마지막 자인 '진', 그렇게 해서 나는 갑자기 정현진이 되었다. 아직 하나님의 부르심에 제대로 대답할 줄 몰랐던 거다. 내 모습 그대로를 기뻐하는 교회의 얼굴을

　　　　　　　　　　　　　　　　대답하는 공동체

배우기에는 많은 시간이 필요했다. '정현진'이라는 이름은 태생적으로 부끄러움과 두려움의 산물이었고, 부끄러움이 고백으로, 두려움이 담대함으로 바뀌기까지는 특정한 계기들이 필요했다.

집과 교회에서 각각 다른 이름으로 지내는 이중생활의 기술이 조금씩 완성되어가고 있었고, 그것은 내면으로 기어들어 괜찮아 보이나 불안하기 그지없는 중고생 시절의 일부가 되었다. 물론 불안 속에서도 행복했으므로, 그 시절은 사무치는 그리움으로 교회로 달려가는 즐거움과 거짓 이름에 가린 내 존재에 대한 불안이 깊이 교차하는 시간이었다. 어떻게 그리 기쁠 수 있었는지 모르겠다. 일주일 내내 교회 가는 날만 기다렸다.

월요일 아침, 왕십리에 있는 중학교로 가는 버스를 타기 위해 집을 나설 때마다 교회가 보이는 정류장까지 가려고 한 정거장을 더 걸었다. 교회를 바라보는 것만으로도 가슴이 설레었다. 외로움에 떨던 나를 가족으로 받아준 마음 좋은 사람들과 몇몇 예쁜 여학생들이 내 마음을 사로잡은 게 틀림없었다.

02

너는 교회
안 나오면 좋겠다

무언가
채워지지 않은 채로

외로움을 받아들여짐의 기쁨으로 바꾸어 준 교회에 대한 고마움과 설렘이 익숙해질 무렵 위기가 찾아왔다. 여전히 남은 미해결 과제 중 가장 강력했던 아버지를 향한 인정욕구가 책임지지 않는 가장에 대한 분노와 만나면서였다.

시작은 여섯 살 때였다. 어느 순간 어머니를 힐난하는 아버지 목소리를 가슴에 담았다.

"저 녀석을 왜 낳아서 이 고생을 하는지 참⋯."

그날부터 아버지에 대한 서운함을 복수로 답하려는 초라한 몸부림이 시작되었다. "널 안 낳았으면 어떻게 할 뻔했는가"라고 말하게 하고 싶었다. 방법은 오직 공부뿐이었다. 아마도 시험을 앞두고 코피를 쏟으며 공부한 초등학생은 많지 않았으리라. 하지만 청소년기를 통과하며 모든 게 시들해졌다. 단 한 번도 인정하고 긍정하는 손길을 내밀지 않는 아버지를 향해 코피 쏟으며 인정받을만한 성과를 내는 일이 더 이상 흥미롭지 못했다. 아버지에 대한 실망과 분노가 모든 에너지를 빼앗아가는 느낌이었다.

어느새 일탈의 무리에 참여하게 되었다. 분노와 복수심으로 드러나는 본능에 대답하는 시기였다. 긴장과 두려움이 섞인 일탈은 즐거웠다. 우리끼리의 세상, 우리를 당할 자 없을 거라는 확신으로 때로는 버스 안에서 패싸움을 벌였고, 멀찍이 떠돌다 더 크고 강한 무리에게 얻어맞기도 했다. 책임지지 않는 가장에 대한 반감이 일탈에 자격을 부여하는 듯, 그 길이 아닌 것을 느끼면서도 그 길에 머물 자격이 있다고 느끼려 애썼다.

어머니 외에는 주어지는 감정에 충실하려는 나를 통제할 자격을 가진 자는 아무도 없었다. 하지만 불쌍한 어머니는 생계를 책임지느라 자녀를 살필 여력을 가지지 못했다. 술, 담배, 악쓰며 떠들기, 여자아이들에 대한 싸구려 잡담과 개중에 특출난 비행을 저지른 친구들의 영웅담 듣기로 가득한 시간이었다. 과도히 큰소리로 떠들 듯 웃는 웃음이 가득했다. 늘 시끄러웠다. 늘 다소 흥분해 있었다. 늘 허전했다. 항상 무언가 채워지지 않은 채였다. 그 일말의 느낌 때문이었을 거다. 나는 거의 한주도 빠지지 않고 교회를 찾았다. 교회를 찾아야 비로소 살 것 같았다. 비행 청소년의 복장과 껄렁한 태도를 유지한 채, 때로는 그 일탈의 무리마저 이끌고 교회를 찾았다. 일탈의 무리 중 나에게서 그 일말의 허전함을 발견한 친구들은 가끔 이렇게 말하곤 했다.

"넌 아냐. 넌 우리랑 달라. 다른 길을 갈 녀석이야."

나는 그 말을 이해하기 어려웠다. 동시에 그 말을 통해 소외되는 감정을 느꼈으나 좋은 쪽으로 듣기로 했다. 하지만 그들만 나에게서 다른 냄새를 맡은 게 아니었다. 교회의 담당 교역자도 나에게서 교회 문화에는 도무지 어울릴 수 없는 고약한 냄새를 맡고 있었다. 고2 때였을 것 같다. 나는 여전히 교회가 좋았다. 받아주시는 성도들을 즐거워했다. 반면 무언가 '창피한' 교회 문화에 길들여지기를 본능적으로 싫어했으므로, 그보다는 대다수 청소년이 취하게 되는 '개성 가득한 복장'을 선호했으므로, 불량하고 자유로운 표시로 역력한 복장과 태도를 늘 유지하려 했다. 교회 안에서 어떤 친구들은 봐 주었고, 어떤 친구들은 드러내어 경계했다.

너는 교회를
왜 다니는 거냐?

나는 교회 문화에 코드를 맞춘 예뻐 할 만한 학생이 아니었으므로 담당 교역자의 심경을 어렵게 했을 게 분명하다. 특히나 공부 잘 하는 여학생과 교제하며 그녀의 부모에게 큰 우려를 일으킬 만한 자였기 때문이다. 어느 날 담당 교역자가 나를 따로 불렀다. 아마도 그 여학생과 함께 어딜 한참 돌아다니다 예배에 늦은 날이었을 거다. 그가 말했다.

"너는 교회를 왜 다니는 거냐? 이런 식으로 교회를 어지럽힐 거면, 너는 다음 주부터 교회 안 오면 안 되겠니?"

그의 말은 단호하고 강렬했다. 듣기에 따라서는 대단히 충격적인 상처로 남을만한 말이었다. 하지만 당시 나에겐 대수롭지 않게 들렸다. 그의 존재를 하찮게 생각한 것은 아니었지만, 나의 태도가 교회에 선선히 받아들여지지 않는다는 것쯤은 알고 있었기 때문이다. 나는 말했다.

"죄송합니다. 생각해볼게요."

그 말이 어떤 경로를 통해 누구에게 전달되었는지는 모르겠으나, 나를 담당하던 반사 선생님은 눈을 크게 뜬 채 이렇게 말했다.

"나는 너를 나쁘게 보지 않아. 너는 정말 기대가 많이 되는 친구야. 그러니 아무 걱정하지 말고 열심히 (교회) 다녀야 된다. 알았지?"

그 순간, 그녀가 나의 교회가 되었다. 아니, 그분이 줄곧 나의 교회였다는 걸 새삼 깨닫는 시간이었다. 신림동에 거주했던 그 여선생님이 나의 교회였던 거다. 내가 교회를 좋아하고 즐거워하고, 나를 경계하는 눈빛들 속에서도 여전히 교회 이곳저곳을 씩씩하게 돌아다닐 수 있었던 것은 바로 교회가 된 그 선생님 같은 몇몇 분들 때문이었다는 것을 알게 되는 시간이었다.

그 후로 나는 대학을 졸업할 때까지 동현교회의 주일예배를 빠지지 않았다. 무슨 대단한 은혜라고 할 만한 특별한 일이 있어서가 아니었다. 하나님의 부르심이 뚜렷한 것도 아니었다. 교회가 어느새 나의 삶이 되었기 때문인 게 분명하다.

나는 단 한 번도 교회를 떠난다는 생각을 해보지 못했다. 심지어 집이 안양으로 이사한 후에도 버스를 두세 번 갈아타고 안양에서 잠실까지 오가는 그 길을 멀다 여긴 적이 없었다.

나에 대한 타인들의 느낌이 어떠하였는지, 어떠했을 것인지 기억은 도무지 가물가물하다. 나는 종종 소수의 어떤 이들로부터 수군거림의 대상이었을 것이다. 대다수의 성도로부터는 무관심의 대상이었을 거다. 호감을 가지고 나를 받아주는 이들도 더러 있었던 것을 기억한다. 하지만 중요한 것은 내가 '그들' 모두를 가족으로 인식했다는 거다. 나는 그야말로 '가족들에게 대답하고 싶어서' 교회를 빠질 수 없었던 거였다. 그리스도의 몸으로서 교회 가족에게 적절히 대답하는 것이 매우 중요한 일이라는 것은 늘 사실이지만, 내가 정작 '누구'에게 먼저 대답함으로써 그들에게도 대답하게 되는 것임을 알기까지는 아직 더 많은 시간이 필요했다.

흔히, 목회자들은 성도들을 교회에 머물게 하는 일차적 힘이 설교라고 생각한다. 그런 면이 있을 것이다. 하지만, 나 자신의 여정을 돌아보니 항상 그런 것인지는 확신할 수 없다. 그 민감했던 청소년 시기를 보내면서 들었던 설교 중 기억에 뚜렷이 남는 설교나 문장은 없다. 물론 어떤 분이 설교를 좀 더 잘했거나 못했다는 느낌은 선명하다. 하지만 그보다 더 강렬하게 남은 것은 설교하는 어떤 분이 더 따뜻했고 누구는 덜 따뜻했다는 감정의 흔적이다. 그것을 설교자가 청중에게 설교하느냐 가족에게 설교하느냐의 차이라 말할 수 있는지도 모른다. 성도들은 설교를 듣는 동안 타인에게서 받는 훈계인지 가족에게 듣는 충고인지를 자기도 모르게 가려내는 것 같다. 어쨌거나 그때까지 중요했던 것은 '가족으로 받아들여지는 것'이었다. 나에 대한 수군거림이나 무관심보다 누군가를 통해 받아들여졌다는 느낌이 나로 하여금 항상 그곳에 있게 했다. 그리고 가족에게 대답하고 싶은 마음을 불어 넣었다.

날 선 말씀 앞에서
돌아서다

소위 말씀이 '들리고' 그것이 삶을 위한 요청으로 작동하여 분투하게 하는 에너지가 되기 시작한 것은 청년부 새내기 때였다. 교회는 해군장교 제대 후 교회 청년부 부장으로 임명된 20대 후반의 K집사에게 청년부 지도와 말씀 사역을 부탁했다. 그가 전하는 말씀은 이전에 들어온 말씀들과 차별되었다. 귀 대신 가슴으로 곧장 들어왔고 마음의 어두움을 들추어 부끄럽게 하였다. 그에 따라 그 말씀은 종종 나로 하여금 울부짖고 버겁게 번뇌하게 했다. 내 존재와 죄와 어두운 구석들을 들쑤시며 종횡무진 내 마음을 가로질렀다. 그리하여 교회는 어느 순간부터 말씀을 듣기 위해, 아니 말씀을 받기 위해 가는 말씀의 공급처가 되었다.

하지만 냉정히 돌아보면 그 버거운 세월 동안 상대적으로 밝음의 에너지는 부족했다. 복음은 좌절과 기쁨의 변주곡이 아니던가? 좌절을 통해 기쁨에 이르는 영광이 아니던가? 하지만 당시 이유를 명확히 알 수 없는 무거움은, 죄에 대한 각성과 마음을 새롭게 해야 한다는 격렬한 몸부림에 비하여, 예수 그리스도를 향한 열정 어린 꿈과 그리스도와 그 사랑의 아름다움에 대한 각성과 자신을 기꺼이 내어드리고 싶은 사랑의 지배가 상대적으로 미미했던 것에서 일어나는 현상이었다.

과도하게 무겁고 진지했다. 그에 따라 말씀에 대한 배타적 독점의식의 집착이 강화되기 시작했다. 결과적으로 청년 공동체는 교회 혹은 교회의 보편성과 분리되는 자기들만의 공동체로 구별되기 시작했다. 나쁘게 말하자면, 진지했던 만큼 힘들었고 힘들었던 만큼 무거웠다. '각성'의 공동체 안에서 '서로 함께 그리스도와 함께'의 은혜가 서서히 증발해가는 느낌이었다. 그건 물론 전적으로 나의 지극히 개인적인 내면의 문제와 결합된 무거움일 수도 있었다.

그 후 K집사는 청년들에게 잘 알려지지 않은 어떤 이유들에 의해 교회를 떠나 성경공부 그룹을 형성했다. 적지 않는 청년들도 그와 함께하려는 목적으로 교회를 떠났다. 나는 갈등했지만 함께하지는 않았다. 당시 교제 중이던 선배(현재의 아내)가 동의하지 않았다. 물론 그녀가 동의하지 않음으로 내 마음의 갈등이 극심했던 것도 아니었다. 나는 다만 모든 걸 내려놓고 함께 떠날 만큼 뜨겁거나 감정적이거나 혹은 의리 있는 사람이 아니었다. 게다가 고등

대답하는 공동체

부 교사와 찬양대 지휘자로 섬기고 있었던 터라 결정하기 어려웠다고 말할 명분이 있었다.

나는 이후 잠시 더 동현교회에 다니며 교회학교 교사로 봉사하던 중, 별 계기 없이 홀로 교회를 떠났다. 계기가 있다면 안양에서 잠실까지의 거리가 의식될 만큼 공동체에 대한 소속감이 식었기 때문이기도 하고, 그것은 청년 공동체 내에서 시작된 선배와의 이성교제와 연관이 있었던 게 분명하다. 하지만 안양에서 잠실까지의 거리가 교회를 떠날 만큼 충분히 멀다고 의식하게 된 것은 너무나 갑작스러워서 쑥스럽기까지 했다. 다른 한편으로는 새로운 교회 문화를 경험하고 싶은 기대에 눈을 뜬 면도 있었을 것이다.

내 삶에 개입한
결정적 사건

안양에서 다시 한번 교회 순례를 해야 했지만 앞산도 없었고 불경소리도 없었다. 설레는 계시적 부르심도 없었으므로 순례는 간단히 끝났다. 눈에 들어온 첫 교회, 집에서 가까운 동네 작은 교회에 출석하기로 했다. 작고 가족적인 그 동네 교회에서는 당당히 정갑신으로 등록하였다. 교회 이름은 남부중앙교회였고 교단은 통합이었으나, 등록할 당시에는 알지 못했고 알고자 하지도 않았다. 담임목사가 사역을 권하면서 알게 되었을 뿐이다. 나는 기질상 새로운 도전이라는 흥미로움과 용돈이 생긴다는 기대감에 주저 없이 응했다. 목회적 소명은 생각할 여력도 없었다. 신학대학에 다니는 동안 내내 불편하였던 미자격자라는 자의식이 여전했고, 게다가 이미 어설픈 열망을 품고 일간신문 기자가 되기 위해 일반대학원에 진학하여 사력을 다해 공부하는 중이었기 때문이다.

하지만 교역자로서 첫 사역지였던 남부중앙교회는 나에게 많은 현실적 선물들을 안겨주었다. 사역 기간 내에 대학원을 마쳤고 결혼을 하게 되었다. 큰 아이 출산 후에는 18개월간의 방위복무도 마쳤다. 총 4년에 걸쳐 인생에서 넘어야 할 중대한 고비 몇 개를 다 넘은 셈이었고, 그것을 할 수 있도록 교회가 배경이 되어 주었던 거다.

교회는 지역 마을회관 공동체 같은 다정한 느낌이었다. 언제든 드나들 수 있는 낮고 고즈넉한 편안함이 있었다. 잠시라도 고요한 엎드림을 언제라도 누릴 수 있는 기회를 주었다. 집에서 걸어 2,3분 걸리는 곳에 있는 작고 편한 교회가 주는 기쁨과 정겨움이었다. 길목 부동산 사장님은 교회 집사님이었고, 구멍가게 아들은 내게 맡겨진 중등부 학생이었다. 중학생 꼬맹이들은 잠실의 교회에서 치러진 내 결혼식에 달려와 다듬어지지 않은 씩씩한 정겨움으로 축가를 불렀다.

그 시기, 주말 신분은 청소년을 지도하는 교육전도사였으나 주중에는 기자 시험을 준비한다고 분주했다. 따라서 교회는 나의 상황을 잘 몰랐다. 설령 아는 이들이 있다고 해도 내 처지를 충분히

대답하는 공동체

인정해주었다. 속해 있지만 묶이지 않는 자리에서 부담 없이 편안하고 자유로운 시간이었다. 경제적 압박을 제외한다면 나는 대체로 교회의 삶을 즐겼다.

바로 그 시기에, 내 삶에 개입한 결정적 사건이 있었다. 여전히 기자 시험을 준비하느라 분주하던 어느 시점에, 예수원 대천덕 신부가 일정 기간 기독 학생들을 대상으로 강연회를 연 것이다. 책과 씨름하는 건조한 시간 속에서 샘터를 만난 듯 나는 자연스럽게 강연회에 이끌렸다. 그런데 뜻하지 않게 대천덕의 강연 전에 함께 부른 찬양이 단 한 번도 생각하지 않았던 내면의 격렬한 반응을 일으켰다.

'목적도 없이 나는 방황했네. 소망도 없이 살았네. 그때에 못 자국 난 그 손길 나에게 새 생명 주셨네. 험한 십자가에 능력 있네. 거기서 나의 삶이 변했네⋯.'

그 노랫말이 호소력 짙은 멜로디에 실려 가슴 안으로 밀려 들어오는 순간, 다소 냉정하고 건조한 내 눈에서 설명할 수 없는 눈물이 감당하기 어렵게 쏟아져 내렸다. 심지어 나는 거의 통곡했다.

'그때에 못 자국 난 그 손길 나에게 새 생명 주셨네. 험한 십자가에 능력 있네⋯.'

추슬러지지 않는 감정이었다. 감당하지 못했다. 크게 소리 내어 울면서도 자리를 떠날 수 없었다. 앉은 자리가 맨 뒤여서 다행이었다. 대 신부의 강연 내용은 거의 생각나지 않는다. 다만 '사람을 향하는 인생'에 관한 말씀이었던 것 같다. 나는 어느새 한 줌에 불과한 인생의 알량한 욕망을 위해, 돈과 자기만족을 좇아 몸부림하는 이 시간을 끝내겠다고 약속하고 있었다. 사람을 살리고 일으키는 일에 나를 드리겠다고 속삭였다.

나는 즉시 자퇴서를 들고 돌아왔으나 아내는 졸업하면 내 결심을 믿겠다 했다. 급히 쓴 조악한 논문과 더불어 졸업장은 아내가 딴 셈이었다.

분리되어야 할
시점에 설 때

한편, 동현교회를 떠난 K집사는 강동구 고덕동 자택에서 성경연구에 몰두하며 성경공부 모임을 인도했다. 그가 처음부터 교회 개척의 뜻을 품었는지는 알 길이 없으나, 어쨌거나 그 작은 모임은 결국 교회로 개척되었다. 그 개척이 준비되는 과정에서 나는 간헐적으로 안양에서 고덕을 오가며 성경공부 모임에 참석하였다.

도슨 트로트맨의 네비게이토 성경공부 교재를 펼쳐 놓고 예닐곱 사람이 둘러앉아 읽어가는 형태였고 K집사의 간헐적인 설명이 이어졌다. 그는 이후 자연스럽게 전도사로 불렸다. 한때는 로마서를 꾸준히 펼쳐 놓았다. K전도사의 로마서 묵상은 복음을 이해하는 데 깊은 통찰을 주었다. 나는 그 묵상을 중심으로 남부중앙교회 장년 몇 가정과 로마서를 공부하는 모험을 감수했다(그게

담임목사에게 큰 결례라는 것을 뒤늦게야 알 만큼 나는 무지했거나 야심
찼다). K전도사의 교회가 개척된 직후 나는 그의 부름을 받아 교역
자로 합류하였다.

　K전도사는 신학생으로서 교회를 갓 개척한 신참 목회자였지만,
사람들을 설득할만한 객관적 이력과 이에 걸맞는 메시지의 영향
력으로 교회와 각 선교단체들의 청년 대학생을 대상으로 말씀 사
역을 활발하게 펼쳐갔다. 그가 전하는 메시지에는 덜 깨어난 혹은
무지한 영혼을 깨우려는 강렬한 열망과 말씀에 대한 확신이 선명
하게 드러났다. 그는 그 자신이 말한 것처럼 로이드 존스에게 막
대한 영향을 받은 만큼 자신도 한국에서 그런 역할을 할 수 있기
를 기대한다는 마음을 간혹 드러냈다.

　동시에 교회를 말씀을 가르치고 나누는 집으로, 또 형제들의 사
귐의 공동체로 구축하고자 하는 열망으로 여러 형태의 캠프를 만
들어 이끌었다. 하지만 무엇보다 그의 중심을 가득 채운 열망은 성
경 말씀이 듣는 이들의 마음에서 강렬한 깨우침이 되게 하는 '선포'
였던 것 같다. 그의 생각 대부분은 '말씀의 선포'와 관련된 것이었
다고 기억된다. 그가 전하는 말씀은 여전히 강렬했고 묵직했지만,
설교에 무게를 싣는 만큼 상대적으로 심방과 보살핌은 가벼이 여
기는 편이었다.

　변화를 탐하는 나의 기질로 인해, 나는 무엇이 익숙해지기 전까
지는 한없이 경탄하는 경향이 있다. 그의 설교가 그러했다. 경탄
하는 만큼 두려움과 함께 한없이 작아지는 자신을 느끼곤 했다.

동시에 그가 자신을 낮추어 10여년 아래 동역자들과 살갑게 어울리는 것을 자연스럽게 누렸다. 하지만 내 안에서 작동한 상대적 열등감 때문이었는지, 그에게서 자기 존재를 증명하려는 집착이 드러난다고 느낄 때마다 어색한 거리감을 느끼며 미묘한 자책에 빠지기도 하였다. 아무래도 인정욕구가 강함에 따라 중심이 허약하고 관계와 사람을 중히 여기려는 성향이 발달한 나로서는 견디기 쉽지 않은 시간이었다. 혹은 안팎의 모든 면에서 너무나 큼직한 그를 통해 나의 왜소함이 더욱 두드러지는 것이 싫었는지도 모른다.

애매한 불편함이 조금씩 쌓이던 중, 임신 7개월째의 몸으로 캠프 섬김이로 참석한 나의 아내가 교통사고를 당했다. 나로서는 심각한 사고였으나 캠프 전체를 볼 때는 운영에 지장을 초래한 사건으로 해석될 수도 있는 상황이었다. 그것을 통해 우리는 어느 누구도 의도적으로 선택한 적이 없는, 그럼에도 우리들 모두가 필연적으로 관련될 수밖에 없는 각자의 연약함을 드러내야 했다. 힘겨운 시간이었다. 나는 태아에게 이상이 생길 수도 있다는 서류에 사인을 하고 임신 7개월 된 아내를 수술실로 들여보냈다.

깨진 턱을 수술했으므로 제대로 먹지 못한 채 회복이 절실히 필요했던 40여 일간, 안타깝게도 우리 부부는 공동체의 따뜻함을 경험하지 못했다. 공동체의 무심함이 두렵고 서러웠다. 더구나 나의 부덕함이 고스란히 드러나는 시간이었던 것 같아 더욱 힘들었다. 그 여파로 우리 부부와 교회 사이에는 복잡하게 얽힌 불편한 감정

대답하는 공동체

이 확고해지기 시작했다. 나는 그 감정을 선뜻 혹은 오랜 인내로 극복할 만한 성숙함을 가지고 있지 못했다.

나는 어느새 교회와 분리되어야 하는 시점에 서 있음을 느꼈다. 두어 주간의 갈등과 기도 끝에 내가 그 공동체에 별 도움이 되지 못한다는 이유를 들어, 겸손히 복수하는 방식으로 사의를 표했다. 나보다 더욱 민감할 수 있었던 K전도사는 담임교역자의 입장에 서 그것이 더 나은 선택이 될 거라 동의해주었다. 나의 사임이 남은 멤버들에게 어떤 느낌을 주었을 것인지에 대해서는 단 한 번도 생각하지 않았다. 아마도 그들에게는 다행일 수도 있었고, 어느 정도는 실망과 상처가 되었을 수도 있었을 것이다.

상상 속에서
만든 교회

불과 1년 6개월이라는 짧은 머무름 속에서, 나는 대천덕 신부의 영향과 K전도사의 권고에 따라 어느새 신학대학원 1학년 학생이 되어 있었다. 그리고 2학기를 시작하려는 시기에 매우 간단하고 확실한 결별의 시간을 가지게 되었던 거다. 새로운 출발을 해야 하는 시점에 이르렀으나, 나는 패자가 된 듯한 깊은 슬픔으로 힘겨웠다. 아무것도 하고 싶지 않았고 할 생각도 일어나지 않았다.

결별의 상처 혹은 실망은 사람을 지나치게 주관적으로 만드는 게 분명하다. 나는 '서러운 죄스러움'이라는 역설적 감정을 깊게 느끼면서, '말씀으로 세워지는 사랑의 공동체'라는 지당한 구호에서 말씀이신 그리스도를 따라가는 '자기 비움의 사랑'이 얼마나 손쉽게 빠져나갈 수 있는지를 생각했다. 혹은 말씀으로 세워지는 공동체를 함께 추구하는 내 안에서 '자기부인'이라는 고결한 주제가 얼마나 겉도는 빈껍데기 주제가 될 수 있는지를 절감했다.

그 공동체 안에 있는 동안에는 확인하기 어려웠던 것들이 있었다. 자신의 존재감에 대한 서러운 미련과 앞날 언제쯤엔가 있을 것 같은 무엇에 대한 갈망, 그 갈망이 클수록 없을 가능성이 더 많은 '자기중심적 바람의 야심'들이었다.

나는 빛나는 수식들을 논리적으로 연결하는 기술들을 익히면서 무언가 내용이 있는 말들을 하고 있었던 것 같긴 했지만, 돌아보면 순전히 자신 안에 꿈틀거리는 연약함을 가리려는 형용사와 명사들의 조합들이었을 뿐이다. 교회는 실망의 공동체가 되었지만, 나는 더욱 막연했고 이기적이었다. 여전히 교회는 '나의 존재감과 안전'을 보장하고 격려하는 무엇이어야 했다. 내가 상상 속에서 만든 교회여야 했던 거다.

나에게 교회는 어린 시절 외로움을 가시게 한 추억을 떠오르게 하는 아련한 그리움과 연관이 있는 것 같다. 함께하는 가족의 따뜻함 같은 것이다. 따라서 따뜻함이 없으면 교회가 아니라는 인상이 내 안에서 창조되었다. 그리고 말씀이 중요했다. 말씀이 있음으로 비로소 따뜻함 너머에서 비상하는 무엇, 현실을 초월하여 현실을 지배하는 무엇을 느끼기 시작했기 때문이다. 하지만 말씀의 위대한 선포가 화자와 청자 모두에게 더욱더 강력한 자기 옹호의 외침이 될 수 있다는 것을 막연하게나마 느끼게 되었다.

교회는 아직 더 많은 퍼즐 조각들을 필요로 하고 있었다. 하지만 무엇보다도, 교회에 대한 어떤 퍼즐 조각도 내 마음의 뿌리에 숨어있는 늪에 빠져 삼켜질 수 있었다. 외로움을 달래주는 따뜻함이라는 지나치게 감정적인 요소, 심지어 선지자적 말씀의 선포까지도 예외 없이 무력하게 소진시킬 수 있는 자기중심적 욕망, 자기 존재를 입증하려는 우상이 이 늪에 붙은 이름이었다. 결국 자신의 기대, 자신의 욕구, 자신의 존재를 증명하려는 열망이 문제였다.

03 무슨 얼굴로
대답하려는가?

교회의 속살

나는 갈수록 '교회는 이렇다'고 말할 것이 없다는 것을 자꾸 느낀다. 교회에 대한 규정은 결국 자신의 기대를 투사할 뿐이다.

우리는 어떤 정형화된 교회의 그림을 가지고 그것을 향해 달려가는 자들이 아니어야 한다. 교회가 그리스도의 몸이라면 더더욱 그렇다. 그리스도의 몸의 광대함을 어찌 우리의 작고 좁은 정서적 인지적 신학적 기대로 규정할 수 있겠는가?

교회는 끝없는 소통일 뿐이다. 교회의 머리이신 예수 그리스도와 몸인 성도들 사이에서 끊이지 않는 소통, 머리를 향한 질문과 머리에서 오는 대답, 그리고 그 대답에 답하는 적합한 행동을 통해 생각지 못했던 창조주의 길을 걷는 것이다.

신학대학원 입학 때 차고 넘쳤던 거룩한 사명감이 시큰둥한 익숙함으로 바뀌는 데 필요한 시간은 두어 달이었다. 부실한 수업과 교단과 이사회에 대한 불만으로 촉발된 파행적인 학사운영에 실망했다. 통제적 방식으로 채플에 참석하고 춥고 적막한 캠퍼스를 거닐어야 하는 불편이 다시 또 싫었다. 하지만 결정적인 이유는 자신의 거들먹거리는 마음이었다. 어렵지 않게 합격할 수 있었던 학교에 대한 시건방진 낮추어 봄, 학부 시절 귀에 익은 주제들이 다시 반복되는 것에 대한 막연한 거부감이었다. 하지만 자기중심적 핑계를 위해, 내면의 질서를 탐색하기 전에 학교 현실에 대한 좌절을 먼저 강조했다.

2학기를 막 시작하려 할 즈음, 깊은 좌절과 실망에서 오는 무기력증에 빠져들고 있었다. 그 실망은 교회에 대한 고민을 만나 더 혼란스러웠다. 나는 무엇보다 '교회'에 대한 깊고 건강한 이해에 몰두해야 했다. 하지만 내 정서와 피부로 경험된 교회에 대한 막연한 정의 위에서 내가 과연 교회에 어울리는 사람인가를 질문했기 때문에, 그 답을 찾는 것은 더더욱 어려운 일이 되고 있었다.

교회의 정체성에 대한 질문은 순전히 현재 눈앞에 있는 교회가 나의 미숙한 정서와 경험이 만든 그림과 다르다는 섣부른 욕구로부터 시작된 거였다. 내가 생각하는 만큼 나에게 호의적이지 않은 것 같은 교회의 냄새, 내가 기대하는 만큼 풍성하게 균형 잡혀 보이지 않는 교회의 질감에 대한 불편함이었다.

'내가 기대하는…'이라는 전제는 얼마나 초라한가? 대체 교회에 대하여 무언가 제대로 생각할만한 지적, 경험적 선이해라고 하는 것이 있기라도 했다는 말인가? 단지 교회에 대한 나의 감상적 전제와 생각보다 훨씬 더 복합적일 수 있는 교회 리더십에 대한 성급한 좌절이 온전하지 못한 질문과 대답에 이르게 했을 뿐이었다. 나는 교회의 얼굴을 직시하기에는 시력이 너무 약했다. 그리고 그 내적 연약함은 자신과 환경에 대한 실체가 불분명한 원망 혹은 막연한 자포자기와 연결되어 있었다. 힘든 시간이었다. 막연한 무엇이라도 붙잡을 만한 실체가 보이지 않았을 뿐 아니라, 그에 따라 갈 길이 막연했다.

영적 질서가 현실적 질서를 주도한다는 모범답안은 그 시간에 '이제 알겠어?'라고 말을 걸어왔다. 하지만 영적 질서 어디에서 시작해야 할 것인지 알지 못하는 동안에는 빤히 보이는 대로일지라도 거기까지 안내받는 것이 어려웠다.

하나님께서 나에 대해
관심 있으시다면

나의 혼란을 염려하는 후배 목사가 손을 내밀었다. 그의 집으로 가 마음을 들여다보는 힘이 있다고 소개받은 그의 아버지를 만났다. 그는 나로부터 어떤 종류의 사전 설명을 들은 것도 없이 단지 내 이름 석 자를 종이에 쓰고서 잠시 들여다볼 뿐이었다. 그리고는 짧지 않은 설명이 이어졌는데, 그의 설명은 주로 교회를 박차고 나온 것을 옹호해주는 내용이었다. 동시에 그는 신대원 1학년생에 불과한 나에게 매우 새롭고 파격적인 조언을 했다. 곧바로 교회를 개척하라는 거였다.

나는 다른 어떤 것이 아니라, 적어도 기도를 많이 하는 분을 통해 교회를 개척하라는 조언을 받았다면, 적어도 하나님께서 나에 대해 관심이 있으시다는 뜻이 아닌가 하는 생각만으로 새 힘이 일어나는 것을 느꼈다. 동시에, 그의 권고에 따르기에는 나는 교회를 너무 모르는 처지였다. 교회를 개척하기까지는 아직 20여 년이 더 필요했던 게 분명하다. 하나님의 섭리가 운명적이지 않은 것에 대하여 감사를 드릴 뿐이다.

그 만남 후, 무언가를 시작해볼 수 있을 것 같은 도전의 열망이 파도처럼 밀려왔다. 학교를 다시 다닐 마음이 불같이 일어났던 거다. 하지만 결혼 5년 차, 나는 빈털터리였고 실직자였다. 새로운 교회를 얻기까지 어떻게 생활해야 할 것인지에 대해서도 대책이 없었다. 그 와중에 한 달 생활비를 훌쩍 넘기는 등록금이라니. "이 길을 계속 걷게 하시려거든 돈을 주십시오!" 소리 지르는 날들이 시작되었다.

어느 날, 사당동 캠퍼스 뒷산 기도처에 내 눈물의 흔적을 선명하게 남기며 소리를 높였다. 기도 중 "내가 이미 다 줬다"는 명백한 음성이 들린 것 같았다. 기도를 중단하고 생각에 잠긴 끝에 알게 된 것은, 교회 공동체를 등지고 나올 때 몇몇 성도들이 손에 쥐어

준 사랑이 실은 등록금을 내고도 남는 금액이었던 것을 깨닫게 된 것이다. 하지만 신학 수업을 포기하고 자퇴할 생각을 굳혔던 시기였는지라 이미 생활비로 지출이 끝난 상태였다.

안개 가득한 현실 속에서 무언가를 놓고 싶을 때, 엎드림보다 감정적인 결정을 앞세우곤 하는 나의 충동적 기질을 마음 깊이 회개했다. 하나님을 가장 빈번히 입에 담는 동시에, 하나님께 묻고 하나님께 답하기 전, 부풀어 오른 감정과 상한 마음과 충동적인 의지와 희미한 지각에게 묻고 답하는 속단의 습관을 오래도록 회개했다.

여전히 주머니는 비었지만, 주신 깨달음과 계속 공부하라는 뜻을 마음에 담은 이상 혼란스러운 버거움은 이미 사라졌다. 빈곤한 두 손에도 내적 충만함이 일어날 수 있는 것을 느꼈다.

바로 그날 저녁, 하나님께서는 나에게 다시 '교회'가 말을 걸어오게 하셨다. 놀랍게도 동현교회의 중고등부 동창 자매가 10여 년 만에 전화를 걸어왔는데 내용은 더욱 놀라웠다. 직장에서 받은 첫 월급이 가난한 신학생의 등록금에 쓰였으면 한다는 거였다. 그날 내게 다가온 교회의 얼굴은 건물과 특정 지역에 구애받지 않은 채 오직 예수의 음성을 따라 움직이는, 느슨하지만 정밀히 움직이는 넓고 온전한 공동체였다. 이런 경험은 많은 성도들에게 보편적으로 경험되는 사건이다.

"언어도 없고 말씀도 없으며 들리는 소리도 없으나 그의 소리가 온 땅에 통하고 그의 말씀이 세상 끝까지 이르도다"(시 19:3-4).

두 손에 들려진 말씀과 말씀을 통해 임하시는 하늘의 안내와, 그의 음성을 향한 영혼의 이끌림이 교회를 관통하면서 성도들을 연주하고 있다. 하나님은 이 아름답고 비밀스러운 교회 안으로 내가 이미 깊이 초대되어 있다는 것을 이런 방식으로 확인시켜 주셨다.

비판자의 자리에서 '그들 중 하나'로

교회는 물리적으로 특정 지역 안에 머무르며 지역과 함께 숨 쉬는 지역적인 몸일 뿐 아니라 영혼을 사로잡는 말씀 앞에 겸손히 엎드리는 우주적 육체를 함께 드러내고 있었다. 그에 따라 교회는 일정한 지역에서도 우주를 담고 스스로를 내어줌으로 부요해지는 역설의 사건이다. 교회가 예수 그리스도의 몸으로 존재한다면, 이런 얼굴을 소유하는 것이 자연스럽고 필연적인 속성이 되리라는 생각이 드는 시간이었다.

그리고 1991년 11월이었다. 교회를 사임한 후, 두어 달간의 여유롭고 불안한 시간을 보내는 중이었다. 신학대학원에 헬라어 강사로 출강하던 친구를 통해 그 누군가를 소개받았고, 그의 초대로 그날 밤 그의 집에 함께 묵게 되었다. 그리고 그를 통해 충현교회 교육전도사로 부임했다. 막대한 재정이 투입된 건축물로 사회적 비난의 대상이 되어 나도 함께 비난했던, 바로 그 교회 건물에 압도당했다. 심지어 한때 판단하며 마음에서 밀어냈던 그 교회에 속하여 사역하게 되었다는 사실을 기뻐했다.

내가 무엇 혹은 누구를 판단할 때 자연스럽게 취하게 되는 전제, 곧 자신이 옳은 편에 서 있다는 전제는 얼마나 가냘픈 것인지를 자주 알게 되지만, 판단할 때마다 그 전제는 다시 새 힘을 얻는 것 같다. 나는 사회적 공공성을 멸시한 대형교회 비판자의 자리에서 대형교회에 속한 '그들 중 하나'로 신속하게 편입했다. 게다가 교회 공동체의 규모가 크다는 것 자체가 비난받을 일이겠느냐는 주장으로, 규모 안에 스며든 구조적 문제를 언급한 친구와 격렬한 논쟁을 벌이기도 했다. 고발자에서 어느새 변호자의 자리로 가 있었다.

나는 그 교회 안에 있던 시간보다 그 시간에 내가 취한 태도와 정신이 부끄럽다. 다만 내 짧은 목회 여정으로부터 분리할 수 없는 그 4년여 시간 동안 함께 했던 초등2부 교사들과 학생들, 그리고 더불어 형성했던 다정하고 따뜻했던 공동체만큼은 아름답게 기억하고 싶다.

초등 2학년생으로 구성된 초등2부는 큰 규모의 교회에 속한 일개 부서였지만, 그 자신의 공동체성을 가진 또 하나의 교회였던 것으로 기억된다. 느낌이 다정하고 추억이 풍부했다. 50에서 60여 명의 장년 교사들과 250여 명의 주일학교 학생으로 구성된 교회였다. 부서교회의 '당회'라 할 수 있는 임원교사회는 매우 신실했고 어린 교육전도사의 목회적 선택들에 대해 항상 호의적이었다. 부장 장로의 배려와 격려는 나로 하여금 그 교회를 다정한 추억의 공간으로 기억하도록 결정적인 도움을 주었다.

대형교회에 대한 외부인들의 따가운 시선 혹은 어쩔 수 없는 부러움 때문에 자연스럽게 자부하기 어려운 입장과는 별개로, 내게 그 4년여의 교육전도사 시절은 어린 소년의 개울물 헤엄과 강아지 풀 놀이에 비할 만한 다정함으로 가득하다.

목양관 아이들을 중심으로 모인 수요 오후 예배와 주일 낮 예배 후 남아 있는 아이들과 자연스럽게 어울리게 된 교육관 옥상 놀이, 주차장 사이를 헤집고 달리던 즐거운 비명들이 가득한 시간이 다정했다. 아이들과 노는 게 즐거웠다기보다 내가 아이들에게 기쁨을 주는 존재가 되는 상황을 즐겼던 게 분명하다. 또 그 아이들 부모로부터 고마운 존재로 받아들여지는 느낌을 기뻐했던 게 분명하다. 물론, 순전히 나의 존재감을 우상으로 숭배하던 시간이었을 뿐이라고 할 수는 없다.

나는 아이들의 존재를 즐겼고 보장된 환경 속에서 마음껏 헤집고 다니는 자유로운 기질을 누렸다. 바로 그 이유 때문에 대다수 어려운 교회들의 무거운 짐과 결핍의 메마름과 힘겨운 고통을 기억할 수 없었다. 혹은 현실의 생생한 결핍과 간절함으로 인해 성도들이 함께 누리는 애틋한 상호 책임적 격려와 서로를 세밀하게 일으키는 눈부신 행복을 잊어가는 시간일 수도 있었다.

내 존재감을 느끼려는
열망이었나

그때까지 나는 '부흥이라고 하는 사건'을 경험한 적이 없었다. 다만 부흥에 대한 갈망으로 매주 수요일 오후 시간을 이용해 누가 시키지도 않은 초등생 전도에 시간을 쏟았다. 토요일에는 하교 시간에 맞추어 학동초등학교 앞을 서성였다. 아이들로부터 "교회를 끊었다"는 말을 들을까 염려하면서 수업이 끝나는 시간을 두려운 설렘으로 기다렸다. 언제나 열매는 적었다. 오히려 우연한 기회에 장년들을 교회로 인도하는 '성과'를 거둔 때도 있었다. 성과를 내기 위한 초조함과 결과를 낼 만한 힘이 없는 무능함 사이에서 아이들의 다정한 '전도사님'이 되려는 몸짓이 강했다. 물론 그 모든 시간을 단 하나의 색으로 칠하라 한다면 틀림없이 밝은 파스텔 톤을 선택할 것이다. 그렇게 4년이 신속하게 흘렀다.

하지만 행복 이면에는 다른 갈망이 있었다. 신학대학원을 졸업한 후에도 여전히 초등학교 2학년을 담당하고 있다는 사실을 썩 자랑스럽게 느끼지 못했다. 내심 청년사역을 갈망하고 있었다. 교회를 사용하여 내 존재감을 느끼려는 열망에 또 다시 사로잡혔던 건지도 모르겠다.

청년들과 함께 있고 싶다는 열망은 존재 욕구와 무관하지 않았다. 나는 순전히 그들을 사랑해서 그들을 섬기고 싶어하는 부류의 사역자는 아니었다고 말할 수 있다. 하지만 청년들과 함께하려는 욕구, 청년들을 통해서 나도 함께 크고자 하는 욕구가 워낙 컸으므로 충현교회를 떠나야 했다. 당시 교회가 이미 총신대 신학대학원 총장을 청년부 지도 교역자로 내정했다는 무서운 현실도 알게 되었기 때문이다. 나는 그만큼 현실에 대하여 무지했고 자신에 대하여 단순했던 게 분명하다. 때마침 강도사 고시에서 낙방하는 충격의 시간을 통과하면서 자연스럽게 마음의 결단이 확고해졌다.

어쨌거나 나로서는 부끄러움에 눌리는 시간이었다. 강도사 고시 낙방에 이어 중견교회에 지원한 여러 청년사역자 후보에서도 낙방했기 때문이다. 슬픔으로 초라해지는 시간이었다. 돌아볼수록 감사해야 한다는 사실을 알았지만, 의지를 발휘해야 했다. 두 번째 지원한 광천교회(현재는 맑은샘광천교회)에서 대학부 지도 교역자로 선발해 주었을 때, 나는 새삼 가난하고 눌린 자에게 임하는 기쁨을 배울 수 있었다.

광천교회 대학부에는 '예수누리'라는 별칭이 붙어 있었고 나이에 따라 청년부와 분리되어 있었다. 예수누리에서 보낸 시간은 나의 영적 무능함과 청년들의 깊은 애정이 불균형하게 조합된 미안한 시간이었다. 자신에 대하여 피곤했고 그들로 인해 행복했다. 충현교회 초등2부 교회가 따뜻한 조직교회였다면, 광천교회 예수누리 교회는 교역자를 정점으로 형제들로 조합된 회중교회 같은 느낌이었다.

역시 부흥은 없었다. 부흥에 대할 갈망을 뒷받침할 부흥에 이르는 힘이 없었다. 혹은 그 힘이 무엇인지조차 찾지 못한 시간이었다. 청년사역의 능력을 알지 못하는 나는 다만 따뜻하고 의리 있게 섬기는 교역자로 인식되고 싶었다. 열심히 밥을 먹었고 침을 튀며 말씀을 전했다. 집으로 초대하여 교제를 나누었고 그들의 집을 찾아 함께했다. 그 와중에 여느 청년부 교역자들이 경험하는 것처럼 몇몇 친구들과는 오래 이어질 관계를 형성했다. 하지만 성장은 더디었고 나는 자신에게서 어떤 형태의 목회적 특별함도 찾을 수 없어 주눅이 들어 있었다. 따라서 당시 중국선교사로 파송받기로 결정했던 것은 이런 자기 발견과 무관하지 않았을 것이다.

선교사 파송의 명분

신대원을 졸업하던 1994년 1월에 시작한 동아시아 선교회(중국전문 선교단체)의 간사 및 총무로서의 사역은 1997년 여름까지 이어지면서 광천교회 대학부 사역과 겹쳐 있었다. 나는 선교에 대한 막연한 두려움을 떨치지 못했지만, 교회들에 대한 빤하고 흔한 이야기들이 주는 피곤기와 그 교회들을 제대로 섬길 능력이 부재한 자신에 대한 실망 뒤로 자신을 감추고 싶었다. 아내의 격려로 조금씩 힘을 내보긴 했어도 진정한 부흥과 부흥의 기쁨을 향한 목회적 탈출구는 찾기 어려웠다. 나는 여전히 증명되지 않은 존재에 대한 불안과 막연한 교회의 영광을 갈망하고 있을 뿐이었다.

반면, 선교사는 목회적 성공에서 자유로워보였다. 인상적인 물량적 성과가 없다고 해도 "한 영혼에게 집중했다"라고 말할 수 있는 여지가 더 많아 보였다. 나의 숨으려는 열망은 선교회의 격려를 힘입어 '선교사 파송'이라는 그럴듯한 명분을 만들어냈다. 선교회와 교회로부터 순전한 헌신자에게만 보여줄 수 있는 칭송까지 얻어내려 했다.

선교회 이사장 박은조 목사와 함께 북경에 들어가 거할 집을 정하고 돌아온 후 짐을 꾸려 부칠 때는 나에게도 선교사의 비상한 영성이 임하는 것 같았다. 제대로 준비되지 못한 자가 바야흐로 '거룩한 헌신과 하나님 나라를 위한 이별'을 기대하면서, 떠날 날을 준비하고 있었다. 하지만 곳곳에서 불안을 감추지 못한 흔적이 역력했다. 불안은 현실에 대한 계산서를 들고 힘 있게 손짓하고 있었다.

선교회 총무 시절 허드슨 테일러를 연습한다는 대담한 믿음의 도전으로 총무 사례 지급을 스스로 중지하고 후원자들의 헌금으로 생활하기로 결정한 지 벌써 일 년이 넘어서고 있었다. 그리고 후원금과 교회의 파트 타임 사역자 사례로 생활해오던 중이었다. 하지만 막상 파송을 앞둔 상황에서 파송 선교사에 대한 교회의 지원 규모가 내가 기대했던 것에 비해 매우 적게 책정되어 있다는 것을 확인했다. 교회로서는 분명한 이유가 있었을 것이다. 파송을 먼저 요청한 자가 나였을 뿐 아니라, 교회가 파송이라는 형식을 통해 향후 부담해야 할 무게감이라는 게 얼마나 큰 것인지를 선교사라면 당연히 알고 있어야 했기 때문이다.

나는 무지한 자신에게 '현실'을 설명하기 시작했다. 허드슨 테일러의 정신은 어느새 종적을 감추었다. 자신의 선교 도전이 무모하게 느껴지는 상황까지 이르렀다. 아내는 처음부터 "나는 선교적 부르심을 받은 적이 없다. 다만 당신의 아내로서 따라가는 거다"라는 입장을 분명히 했으므로, 나 스스로 '현실성'을 설명하려는 즈음에 아내의 입장이 훨씬 크게 부각되었다.

예수 그리스도 외의 화려한 조건

그 즈음 충현교회로부터 연락을 받았다. 그때 충현 교회는 이미 내가 고향처럼 느꼈던 사역지라기보다 유명세를 타는 교회들 중에서도 최초로 세습이라는 오명을 얻은 교회가 돼 있었다. 원로목사의 아들로서 4대 담임이 된 그는 다름 아니라 나를 그 교회 교육전도사로 사역하도록 도왔던 바로 그였다. 그는 목회적 무능함에 대한 발견으로 도피적 선교 행각에 뛰어들려 한 나에게 매력적인 목회 조건을 제시했다. 돌이켜보면 그 조건이 내 마음을 너무 강렬하게 사로잡았으므로, 나는 이미 그 조건을 붙들고자 하는 마음으로 선교사 파송을 둘러싼 현실적 결핍들을 자신에게 더 부각하고 있던 게 분명하다.

예수 그리스도 외에 누군가가 제시하는 화려한 조건은 언제나 나를 사용하려는 전략인 게 분명하지만, 그때마다 나는 그 조건을 사용하려는 욕망으로 신적 소명의 진공상태 속에서 무엇을 결정하게 된다. 하나님 없이 하나님의 일을 결정하는 순간이 다시 찾아온 거였다. 좀 더 표면적으로는 하나님의 이름으로 하나님이 없는 일을 향하는 순간이었다. 그 모든 시간이 나를 향한 하나님의 단련의 시간이었다고 말하는 것은 지나치게 이기적인 합리화일 것이다. 나는 다만 잘못했을 뿐이고, 그것을 통해 새롭게 펼쳐지는 이야기는 하나님의 이야기일 뿐이다.

나는 선교사 파송을 포기하고 충현교회 전임목사로 가는 길을 선택했다. 자기 확장을 위한 욕망이 나를 사로잡았다. 내 인생 전체를 펼쳐 놓고 보면 두드러지게 짚어낼 만한 최대의 영적 패배의 시간이었다. 시간이 지날수록 부끄러운 선택이었다.

하지만 그날 그 시간은 일생 잊을 수 없으리라. 광천교회 예수누리 청년들과 헤어지던 마지막 예배의 자리에서 나를 오열시킨 그들의 사랑 표현은 영원히 잊지 못할 것이다. 나의 사랑과 헌신은 얄팍했으나, 그들의 것은 맑고 깊었다. 청년들은 슬픔을 이긴 축복으로, 헤아릴 수 없이 많은 이별의 선물들을 준비하여 차례차례 전달했다. 그 길고 힘든 시간 내내 나는 고통스러운 부끄러움과 고마움으로 고개를 들 수 없었다. 이후로 그때의 친구들을 다시 만나게 되는 시간마다 내게는 그런 부끄러운 고마움과 고마운 미안함이 항상 오늘의 것처럼 새롭게 일어난다. 그들의 내면에서 무엇이 어떻게 기억되어 있건, 이것은 순전히 내 몫의 이야기다.

교회를 떠난다는 것은 어떤 의미일까? 하나님께서는 이미 지역교회를 떠나 밖에 홀로 서 있던 내게, 하나님의 음성을 따르는 영적 네트워크로서의 거대하고 따뜻한 우주적 교회 안에 내가 엄연히 존재한다는 사실을 다정하게 가르쳐주신 일이 있었다. 하지만 내가 우주적 교회에 소속되었다는 사실과 한 지역교회에 소속된다는 것은 결코 서로 분리되지 않은 채 의미 깊게 결합되어 있는 게 분명하다.

지역교회에 소속되지 않아서 불안하고 힘들다고 느낄 때, 그것은 습관의 이유가 아니라 존재의 이유 때문이다. 지역교회의 문화적 혜택들로부터 소외되어 힘든 게 아니라, 떠났다는 현실 자체가 하나님께서 태초에 빚으신 존재의 공동체성(삼위일체의 공동체적 본질 안에서 피조된 형상)에서 이탈한 상태를 반영하고 있기 때문이다. 따라서 구질구질해 보이는 지역교회에 소속되지 않고도 구원 얻는 일에는 지장이 없다는 신념, 신학적으로 마땅한 근거를 가진 것처럼 보이는 주장 이면에는 자신이 지역교회들을 판단할 만큼 더 옳다는 자기 확신과, 자신의 존재가 하나님이 정해 놓으신 공동체성을 넘어서 자존할 수 있다는 막대한 교만이 있는 게 분명하다. 따라서 지역교회를 떠날 때 내 존재가 찢어지는 아픔을 겪을 수밖에 없는 것은 일정하게 익숙해진 습관에서 분리되는 고통으로 인한 것만은 아니다. 하나님 나라 안에서 존재자의 존재성이 상처를 입는 것이다.

고통과 욕구의
정체

　어쨌든 그렇게 동현교회를 떠나고 남부중앙교회를 떠나고 제자들 교회를 떠나고 충현교회를 떠난 후 또 다시 광천교회를 떠나 다시 충현교회로 돌아가는 시간이었다. 새로움을 향한 설렘보다는 떠남으로 남는 아픔이 더 오래 남았다. 그 세월은 단지 자신을 소진시키거나 남은 자들의 기억에 그늘을 만들고, 내 영혼에 상처를 덧입히는 시간이었을까? 물론 그랬을 것이다. 모든 곳에서 다양한 상처를 경험했고 그 이상의 상처들을 누군가의 기억에 남겼을 것이다. 하지만 결코 부인할 수 없는 것은 그 모든 상처보다 상처를 간직하는 방식이 월등히 중요하다는 엄연한 사실이다.

　해석과 방식에 따라 그것들은 내 안에 막대한 영혼의 근육들을 빚어내는 시간으로 작동할 것이다. 물론 한 성도로서, 한 존재로서 얻는 근육에 불과했다. 교회를 바라보는 근육이 더 키워지려면 그 중심에 있어야 하겠으나, 나는 현저하게 교회의 중심에서 비껴 서 있었다. 일개 학생이었고, 교육전도사였고, 파트타임 교육목사였던 게 전부이기 때문이다. 지극히 주관적인 소견이 아니라면, 누구에게라도 교회는 이런 것 같더라고 말할 입장이 못 되었다.

　따라서 그간의 모든 세월은 본의 아니게, 설령 꽤 그럴듯한 이야기를 쏟아낸 적이 있었다 할지라도, 교회의 측면으로 비껴 선 자로서 지극히 주관적인 내면의 느낌을 주절거렸던 시간이었다고 할 수 있다. 측면에 서 있는 동안에는 결코 속살을 논하지 말아야 한다는 것은 후에야 알게 되었다.

그동안 하나님께서 경험하게 하신 교회들은 교회가 사회적 현상에 속히 대답하거나 반응하려는 경향 때문에, 혹은 우리 인간 본성에서 결코 떨어지려 하지 않는 자기중심적인 집단 이기심 때문에, 교회 지도자들의 감출 수 없는 성장의 욕구와 결합하여 '성장통'을 앓고 있었다. 성장하기 위한 고통이라기보다는 생각만큼 성장하지 않는 것에 대한 고통, 혹은 성장이 멈출지 모른다는 두려움이 주는 강박적 고통이었을 것이다.

나는 교회 안에서 교회를 제대로 배우지 못한 채 여전히 이런 '욕구'의 그림자들을 자신의 언어를 통해 몸 안으로 흡수하고 있었던 게 분명하다. 현실에서 뒤지지 않으려는 욕망, 존재를 증명하려는 끝없는 욕구, 그것을 가장 효율적으로 보여줄 수 있는 '성장과 부흥'이라는 지표를 중심으로 돌아가는 교회들에 관한 이야기가 머리와 욕구에서 떠나지 않았던 것을 보면.

대답하는 공동체

04

리더의 거울을
발견하다

십자가의 얼굴로
나타나는 욕망

1997년 8월, 충현교회에서 어느 정도 내부자가 되었다고 할 수 있을 때였다. 다소 비껴 선 주말 사역자에서 전임사역자로 위치가 바뀌면서 교회의 속살을 잠시 들여다볼 수 있었다. 더 많이 아는 것이 더 많은 통제력을 가지게 하는 게 사실이므로, 우리는 시대와 상황마다 선과 악을 알게 하는 나무를 갈망한다. 물론 더 많이 안다는 것은 어떤 것을 제대로 통제할 능력이 없는 자신의 실체를 더 많이 알게 된다는 뜻일 수도 있다. 나는 교회의 내부적 상황에 대하여 이전보다 많이 알게 되었으나 상황에 변화를 줄 만한 힘이 없다는 사실도 더 많이 알게 되어 고통을 느꼈다.

그리하여 내가 할 수 있는 최선의 일은 통제할 수 있는 이를 설득하거나 그와 충돌하는 것뿐이었다. 상황은 나를 충돌로 몰아갔다.

강단과 목회적 조치에서 리더의 칼바람이 불었다. 황량해진 영혼들은 먹을 것을 찾지 못했다. 고기와 마늘과 부추는 넘쳐났지만 '만나'가 없었다. 복음은 어느새 복음과 관련된 단어들의 나열과 반복을 통해, 그리고 그 단조로운 반복의 절대화를 통해 가장 무섭고 피곤한 율법이 되어 있었다. 강단의 주권자가 원하는 대로 복음과 관련된 단어들이 더 많이 사용되었느냐 여부가 설교의 복음 중심성 여부를 판단하는 유일한 기준이 되었으므로 (설교는) 알량하고 초라했다. 복음에 대한 우리의 성실한 반응, 곧 복음에 합당한 삶에 대한 설교는 금기시되었다. 그 리더는 복음적 단어들이 나열된 자신의 메시지에 대항하려면 누구든 상당한 대가를 치러야 한다는 사실을 일찌감치 규정했던 게 분명하다. 그건 눈치 빠르게 파악해야 할 것이었다. 따라서 실상은 예수, 죽음, 피, 십자가 등의 복음적 단어들로 충만한 메시지를 '정치적으로' 선택했을 가능성이 있었다.

나는 부임 초기에 이미 그와 대립하게 되었다. 그를 내 마음에서 밀어냈고, 상황과 환경과 사람에게 적응하는 능력에 대하여 낙관적이었던 자신의 무능함을 뼈아프게 알아채는 시간을 보냈다. 총신 신대원 시절, 20여년 세월의 격차를 애써 눈 감으며 단지 동기로서 서로 친밀감을 느끼고 확인하려 했던 시간이 길고 깊었던 것만큼 분노했다. 분노가 깊을수록, 멀쩡한 강단에서 그가 베푸는 밥상의 쓴맛으로 인한 고난은 점점 치명적이었다.

자기를 내어주는 사랑으로 증명되어야 할 그리스도의 몸 안에서는 날렵하고 은밀한 칼바람이 하루도 빠짐없이 냉엄하게 불었다. 그 와중에 동역자 개념은 사라지고 복음적 명분을 앞세운 온갖 정치적 선택과 줄서기가 기승을 부렸다. 신앙적 양심을 매매하는 자들과 순진하게 눈이 가려진 자들은 뚜렷이 구분되었다. 영혼은 극도로 시들어갔다.

고귀하고도
가혹한 선물

공동체의 굶주린 모습이 고통스러운 나머지 자신을 꽤 의인인 척 꾸미는 수사를 남발하며 견디려 했다. 상처 입은 치유자의 처절한 현실은 단지 낭만적 수사가 되었고, 오히려 진실은 상처 입고 죽어가는 환자에 가까웠다. 성도들은 매우 단조로운 복음 형식의 이데올로기에 가두어졌다. 그에 따라 대다수 성도들은 가두어진 것을 모른 채 환호하는 자들과 '복음표 칼날'에 피 흘리는 자들로 양분되었다.

애써 긍정의 조각을 찾으려 한다면, 그 시간은 역설적으로 '교회'의 본질, 교회의 교회됨에 대한 혹독한 고민을 할 수밖에 없던 선물 같은 시간이었다. '고귀하고 가혹한 선물'이었다. "이것도 목회일까? 이것도 교회일까?"라는 질문이 용암처럼 들끓었다.

그 시간이 예수 이름 가득한 예수 없는 예수 교회가 가능하다는 사실을 몸소 경험한 기회였다고 해두자. 그리스도와 함께 죽는 자신의 죽음을 타인을 죽이는 죽음으로 표현하는 일이 얼마든지 가능하다는 사실을 가장 극단적인 형태로 경험한 시간이었다고 해두자. 교회 역사에서 누누이 반복되어왔던 복음과 복음에 대한 지독한 헌신적 표현으로도 얼마든지 사람을 죽일 수 있다고, 그런 일이 이토록 처절하게 교회 현장에서 생생할 수도 있다는 사실에 대해 마음 깊이 혐오하게 된 절호의 기회였다고⋯.

그러나 견디기 어려웠다. 날마다 속이 터지려 하였다. 다시 강조하여 위험스럽게 말하지만, 그 시간의 그 현장은 아무래도 그리스도의 몸인 교회는 아니었을 것이다. 아⋯, 아니다. 교회였다. 그 가혹한 시간에도 교회가 있었다. 눈물과 통곡으로 바른 복음을, 성경의 복음을, 예수의 복음을, 삶이 되는 복음을 기다리고 고대하는 교회는 거기 있었다. 그 교회는 눈물로 복음의 날을 고대하는 성도들의 기도 속에 있었다. 다만 드러나는 현실은 혹독했다. 리더의 성마르고 독선적인 자기주장과 궤변적 논리가 시간과 공간을 점령한 일종의 담장 없는 종교수용소 같은 냄새를 연출했기 때문이다.

폴 틸리히의 말이 생각난다.

"가장 거룩한 것이 가장 악마적인 것이 될 수 있다."

고귀하고 아름다운 공동체가 천박하고 잔혹한 집단으로 변질되는 일이 역사의 일상이었다고 해도, 그 일상이 나의 삶을 파고드는 시간에 느끼는 고통은 헤아리기 어렵다. 수없는 반복에도 익숙해지지 않는 고통이다.

여느 교회와 마찬가지로 성도들은 이 모임 저 모임으로 언제나 바빴다. 건조한 울먹임과 짜증스런 열정, 자아가 펄펄 살아있는 채로 요청하는 죽음에 대한 메시지, 갈 길을 모르는 논리로도 말씀은 줄기차게 전해지고 있었다. 조직은 그 실체가 무엇인지도 모르는 무엇을 위하여 긴박하게 돌아가고 있었다. 정작 복음에 목마른 성도들은 눈에 띄게 자취를 감추기 시작했다.

공동체 안에서 함께 검증한 적이 없는 '하나님의 뜻이라 주장하는 자기 욕망'을 담대하게 주장한 그는 자신의 선언이 법이 되는 왕국을 세우려 역량을 쏟았다. 온갖 거룩과 경건에 속한 장식품으로 치장될지라도 속살은 여전히 욕망일 뿐이었다. 목사를 견제하는 리더십 집단은 건강한 균형을 잃은 채, 목사의 유능한 정치력에 압도당한 가신으로 전락하여 거대한 이익집단을 형성하였다. 그 와중에 '사랑과 진리의 긴장, 복잡한 단순성의 긴장, 유기적 공동체와 조직적 견고함의 긴장, 수직적 질서와 수평적인 논의의 긴장을 추구하는' 소위 '건강한' 성도들은 뒤로 물러나거나 '비복음적'이라는 딱지가 붙은 채로 축출되었다. 그 가혹함이 가장 기본적인 차원에서부터 '교회란 무엇인가?'에 대한 원초적 질문을 외치기를 쉬지 않게 만들었다.

"교회가 그리스도의 몸이라면 그것은 어떤 의미인가?"

나는 머리가 아팠고 가슴엔 슬픔이 가득했다. 물론 그 아픔과 슬

품의 상당 부분은 자신의 무능함에 대한 발견에서 기인한 거였다. 내가 교회 앞에서 교회를 향하여 질문을 쏟아내고 있는 동안에도, 교회에 대한 나의 질문은 결코 순수할 수 없었기 때문이다. 나는 여전히 현실적으로 계산하고 있었고 육욕적이었고 시간 사용과 마음사용과 약속에 대한 이행 여부에 있어서 부끄러운 시간을 허용했다. 정당한 비판이 제대로 힘을 낼 수 있도록 하나님 앞에서 담대할 수 있는 상태를 지키지 못했다.

교회를
찾고 싶었다

부임 석 달 만에 "언제 그만두어야 하느냐"는 기도가 이미 시작되었다. 그 질문에 대한 답은 만 3년이 지나서야 마음에 선명해졌다. 어느 날 아침에 주님께서 허락하신다는 확신이 임했고, 오후에 사직서를 제출했다. 상황에 대하여 감당할 자격도 능력도 순결함도 없는 초라한 부교역자가 자기 존재를 가장 장렬하게 확인할 수 있는 애틋하고 초라한 영웅적 선택이었다. 갈 곳을 정하지 않은 채 던진 사직서에 담대함과 더불어 불안함이 깃들었다.

'교회'를 찾고 싶었다. 복음이 그의 인격에 묻어 있는 목회자가 있는 교회를 찾고 싶었다. 그 아래서 쉼을 얻고 찌그러진 마음이 펼쳐지는 시간을 누리고 싶었다. 자신을 한껏 합리화하면서 교회와 선교에 대한 신의를 저버림으로 선택한 그곳에서, 마치 함정에 빠진 듯 고통스러웠던 시간으로부터 속히 벗어나고 싶었다.

기도가 전에 없이 단순해졌다. 하나님이 전부이신 길을 가고 싶다고 했다. 그 길이 단순할 리 없지만, 마음이 단순해지니 모든 상황도 가뿐해졌다. 내려놓을 것이 없는 때는 없었다. 언제나 내려놓을 것이 많았다. 하지만 먼저, 이렇게 되면 좋겠다는 욕망 실린 전제를 내려놓기로 했다.

사역지를 찾아야 했지만, 사역지가 나를 찾아주기를 먼저 바랐다. 우연처럼 다가오는 기회가 있기를 바랐다. 적극적인 소극성, 능동적인 수동성을 누리고 싶었다.

누군가의 어깨 너머로 눈에 들어온 〈기독신문〉 부교역자 모집 광고가 마음을 끌었다. 안산동산교회였다. 우리 길은 얼마나 많은 우연처럼 보이는 사건들과 행동들의 조각에 의해 이끌림받고 있는가. 뒤돌아보아 하나님의 손길이었음을 고백하지만, 만물이 하나님의 품 안에 있음을 바로 의식한다면 단지 그 순간들만 하나님의 손길이었다고 굳이 주장할 필요는 없을 것 같다.

나는 이미 한두 해 전, 뜻이 같은 몇 청년들과 함께 선교사 자녀들을 위한 영한 대역 잡지 〈보물상자〉를 만들던 시절이 있었다. 그리고 그 첫호 기사 중에 안산 동산고등학교를 소개하는 분량이 있었고 자료를 얻기 위해 학교를 방문했었다. 학생들의 생동감, 표정과 말투에서 곧바로 인식되는 단정하고 밝은 기운, 따뜻하고 기품이 있는 학교 분위기가 생생했다. 그 기억이 남몰래 이끌었을까? 아니면 좀 더 오래전 충현교회에서 교단총회가 열릴 때 보았던 그 분, 그 걸음이 바람처럼 신속하여 신선했던 김인중 목사가 내 마음을 이끌었을까? 좌우를 돌아보지 않고 달리는 그의 신선한 발걸음이 눈에 남아, 그가 쓴 책《나는 행복한 전도자》(규장 간)를 구해 읽는 동안 내게 없는 막대한 목회적 자산들을 발견한 후 계속 흠모해왔기 때문일까? 구태의연하지 않고 상투적이지 않고 옳은 길을 향해 전투적으로 달리는 열정, 자신의 권위나 명성에 연연해 하지 않고 언제든 자신을 버릴 준비가 되어 있을 것 같은 김인중 목사에 대한 느낌이 내 안에 강렬히 남아 있었기 때문일까? 나는 안산동산교회에 속하고 싶은 마음에 갑자기 몸살기를 느꼈다.

"주님의 교회 위해
닳아 없어집시다!"

안산동산교회는 그야말로 하나님의 이끄심에 즉각적으로 순종하려 몸부림하는 교회였다. 성도들을 유익하게 하는 일에는 주저하지 않을 준비를 한껏 하고 있는 교회였다.

선배 교역자들 사이에서 김인중 목사가 목회적으로 크게 변하기 시작했다고 말하게 되는 시기에 그 교회에서 나의 사역이 시작된 것은 행운이었다. 그의 변화는 무엇이든 배우려는 그의 강력한 의지로부터 시작된 거였다. 그의 변화는 나이 들어감과 더불어 구태

대답하는 공동체

의연함과 자기 욕망을 추구하는 변질이 아니었다. 오히려 시대의 요구에 열정적으로 대답하기 위해 성장과 부흥을 추구하면서 부교역자들과의 인격적인 연대를 미약하게 만들었던 과거로부터 벗어나, 목회의 진정성에 보다 접근하려는 사투와 관련된 변화였다.

사실 내가 이런 방식으로 말하는 것 자체가 너무 자만스럽게 느껴진다. 그는 이미 웬만한 목회자라면 상상조차 어려웠을 막대한 희생과 헌신을 통해 고등학교를 설립하여 엄청난 열정으로 끌고 가는 비상한 정신의 소유자가 아니었던가? 동시에, 훗날 그 자신이 고백하였듯이, 이미 1979년 개척하는 순간부터 교회의 분립 개척을 꿈꾸었던 인상적인 비저너리가 아니었던가? 누가 그의 생각 안으로 제대로 들어가 본 적이 있었으랴. 그가 맺은 열매는, 그가 자신의 성취 욕망과 성경적 이상 사이에서 수없이 몸부림하는 동안, 가야 할 길을 거의 잃은 적이 없다고 할 수 있어야만 설명될 수 있는 열매가 아니었던가?

나는 거칠고 어두운 터널을 무수히 지났을 그의 삶의 궤적 한 자락을 따라가기에도 급급한 자로서, 그에 대하여 말하는 시간이 힘겹게 느껴진다. 반면 그에 대해서 무엇이라도 말할 수 있어서 기쁘다. 그에게 인간적인 연약함과 목회적 취약함이 왜 없었겠는가? 하지만 그 모든 것을 넘어, 그는 이후 나의 목회의 밑그림뿐 아니라 이정표가 되어주었다. 나는 드디어 내 평생의 목회 스승을 소유하게 된 거였다.

첫 만남은 충격적으로 신선했다. 무엇보다 정형화된 대형교회 목회자의 그림이 부서졌다. 인터뷰에 해당하는 설교와 미팅을 위해 수요일 오후에 부부가 함께 가야 했는데, 저녁 식사를 위해 이동할 때 그가 운전대를 잡았다. 자신이 타고 다니는 소박한 중형 승용차의 문을 우리를 위해 손수 여닫았다. 단지 우리를 놀라게 하려는 장난이나 겸손의 과시가 아니었다는 것을 후에 알게 되었다.

수요일 저녁예배가 시작되자 자신이 직접 사회를 보며 찬양을 인도했다. 힘껏 찬양하느라 목젖이 보이도록 크게 벌어진 그의 입은 희극적이고 감동적이고 아름다웠다. 나는 설교하기 전에 이미 그의 열정에 사로잡혀 무엇인가에 충만해졌다. 성실하고 격의 없고 겸손한 그의 모습 옆에서 나는 자신에게 속삭였다.

'배부르다….'

그런 목회자를 대면하여 식사하고, 그런 목회자가 사회 보는 강단에서 설교하고, 그런 목회자의 동역자가 되기 위해 인터뷰를 해서 배불렀다. 이 교회에서 사역하게 된다면 행운이겠지만, 오지 못하더라도 만족할 수 있겠다는 생각이 절로 들었다. 경쟁적이고 성취 지향적이고 인정욕구에 목마른 나의 기질에서는 솟을 수 없는 이상한 감동이 나의 어떠함에 관계없이 일어나고 있었다. 나는 지금도 그 시간을 행복으로 기억한다.

예배 후 인터뷰는 생각보다 느슨하고 다정했다. 인사위원 장로 몇 분과 김인중 목사를 함께 만나는 자리였다. 몇 가지 일상적인 질문들에 이어 김인중 목사가 입을 열었다.

"정 목사님, 만일 이 교회에 오시게 된다면 저와 함께 주님의 몸

된 교회를 위해 닳아 없어집시다!"

이게 웬 70년대 닭살 코멘트인가? 하지만 놀랍게도 그 말이 그토록 멋있게 들릴 수가 없었다. 언제 어떤 목회자에게서 이런 원색적인 이야기를 이토록 진지하게 들어본 적이 있었던가? 유치할 수 있는 그 말이 내 안에 거룩한 빛을 일으켰다. 합격을 통보한 셈이었고, 나는 벅차서 울고 싶었다.

30대 후반, 귀에 박힌 그 투박한 말이 18년이 지나가는 지금에는 더욱 깊이 마음에 새겨진다. 아, '교회'가 있었구나. 내가 속하고 싶은 교회가 있었구나…. 깊이 감격하였다. 집으로 돌아가는 길에 "다음 주 부임하라"는 연락을 받고 어떻게 운전을 하고 돌아갔는지 혹은 날아갔는지, 혹은 순간 이동을 했는지 기억할 수 없다. 단지 책상에 앉아 읽히지 않는 책을 들척이며 웃고 있었다.

부임 직후 알게 된 사실은 안산동산교회 모든 부교역자 후보들에게는 반드시 세 가지 필수사항에 대한 질문이 있다는 거였다. 현역제대, 1종 면허 소지, 그리고 배 나오지 않음, 세 가지였다. 나는 이 중 세 번째 사항 외에는 모두 부적격이었지만, 하나님의 손길이 김인중 목사의 입을 막으셨다.

교회는 리더의 거울이다

시대나 교단적 배경에 따라 차이가 있을 게 분명하지만, 한국교회의 얼굴은 상당한 정도로 리더의 거울이다. 불변의 규칙이 있기 때문이 아니라 리더의 성향과 기질과 가치관이 그 누구의 것보다 공동체 반영 비중에서 가장 높을 수밖에 없기 때문이다. 더구나 한국교회가 곱게 반영해온 한국의 전통적 질서나 총수 중심 자본주의에 대한 습관으로 인해, 수직적 질서에 대한 기대, 본능적 두려움, 그리고 경외심이 자연스럽게 교회를 사로잡았기 때문이다. 물론 바람직하지 않다.

교회가 그리스도의 몸인 이상 교회는 그리스도의 얼굴을 반사하는 거울이어야 한다. 하지만 우리 본질이 예수 그리스도의 얼굴을 지향해야 하는 것인 반면, 우리 현실이 리더의 얼굴을 반영할 수밖에 없다면, 실제로 교회의 얼굴은 리더가 예수 그리스도의 얼굴을 얼마나 향하고 있느냐에 의해 그 모습을 형성하게 될 것이 분명하다.

거칠고 미숙하더라도 예수 그리스도를 담아내려는 리더의 몸부림과 그것을 알아챈 자들의 무리 속에서, 교회는 교회의 참 리더인 그리스도의 몸이 되어가고 예수의 얼굴을 조금씩 찾아갈 가능성이 높을 것이다. 교회를 통해 발견되는 예수의 얼굴, 교회를 통해 손과 피부로 만져지고 느껴지는 그리스도의 몸이란 얼마나 신비로운가!

05

목회 미생의
열망과 대답

하나님의 춤추심에
참여하다

안산동산교회의 부교역자로 사역을 개시한 때는 2000년 10월이었다. 교회에 대한 느낌은 사람에 따라 시선의 차이가 있을 수밖에 없겠으나, 이곳이 내게는 더 이상 폐쇄적 조직과 소수 리더십의 정치적 입김이 이끄는 집단이 아니었다는 것만으로도 치유가 일어났다. 메신저의 편협하고 강압적인 교리 폭격이 서글픈 상흔으로 남는 곳이 아니라는 것만으로도 이미 회복되었다.

이 교회는 복음의 전달과 실천을 위한 모든 가능성에 대하여 활짝 열려 있는 '역동적인 공동체'였다. 연령대뿐 아니라 개방성과

수용성에서도 젊었다. 그 힘은 높은 연령대의 지체에게까지 확장되었다. 성도들의 영혼을 향하는 리더의 열정은 목회적 영역을 활짝 개방하였다. 특정한 방법이나 규칙, 전례를 따르는 규정과 형식이 힘을 발휘하는 일은 거의 없었다. 그에 따라, 설립 20년을 넘기는 중이었어도 활기와 창조적 도전들은 여전했다.

우리는 이 땅의 교회가 천상에서 이루어지는 '삼위 하나님의 사랑의 춤추심'을 반사하도록 부름받았다는 이야기를 종종 듣는다. 안산동산교회는 여전한 내면적 어두움을 간직한 우리의 미숙함을 따라 지속적으로 드러나는 연약성들, 이른바 뒷담화, 자기 렌즈에 대한 고집에서 생기는 불평과 원망, 집요하고 은밀한 돈과 이성에 대한 욕망, 약속을 이행하지 못하는 불신실함, 나를 비롯하여 혹은 나로 인해 일어나는 교역자 공동체의 꿈틀거리는 경쟁과 질투 혹은 비난과 원망 같은 것을 감출 수 없었지만, 그럼에도 이 춤추심에 참여하려는 열망은 언제나 선명했다.

가장 위대한 힘은 삼위 하나님을 향한 개방성이었다. 세상을 향한 책임적 공동체로 시작한 성부적 학교 사역과 무료급식 사역, 그리스도 중심의 셀 모임과 셀 분립의 힘으로 지원되는 교회의 자기 깨뜨림의 성자적 분립 개척, 그리고 성령적 기도회와 치유 프로그램들이 쉼 없이 지속적으로 작동하고 있었다.

특히 이전 교회와의 대조가 극명하고 뚜렷하여 나의 내면에서는 이런 특징이 더 강렬한 자극성을 가졌다. 그 자극의 정점에 김인중 목사가 있었다. 물론 그에게 여전히 우리 모두가 피하기 어려운 성장을 향한 열망이 없지는 않았다. 부교역자들과의 친밀함이 그의 내면까지 파고들지 못해 어색해하는 날이 있었다고 기억한다. 전적으로 나의 관점에서 볼 때, 그의 대범하고 담대한 선포와 거침없는 결단과 행동 이면에는 부드러운 자유가 부족했고 상대를 편히 압도하지 못하는 어색함이 있었다. 그는 보스 특유의 담대한 자유와 관대하게 퍼주는 방식으로 자기 위치를 확고히 다지는 리더십과 거리가 있었다. 그는 자신에게 엄격했고 그것은 간혹 타자를 향한 엄격함으로 고스란히 드러나곤 했지만, 단독으로 대면할 때는 어딘가 모르게 내성적이었다. 교역자들에게 그가 베푸는 자유는 거의 파격적이었으나, 그것은 그 자신의 자유와 관대함뿐 아니라 그의 분주한 일정에서 나오는 불가피한 기회에 가까웠다. 나는 그런 모습이 좋았다. '행복한 전도자'였으나, 대형교회 담임목회자로서 자신의 권리와 권세를 충분히 주장하지도 누리지도 못하는 그의 목회적 수줍음이 좋았다.

목회 미생의 시간

그는 나를 비롯한 몇몇 부교역자들에게 매우 특별한 존재였다. 그는 자신의 업적을 누리는 것을 두려워했던 것이 분명했다. 대신 복도에 떨어진 휴지를 줍는다든지 높이가 맞지 않는 외부강사의 마이크를 본인이 직접 달려나가 바로 잡는다든지 하는 직접적인 행동을 통해 자신이 궁극적으로 하나님 앞에서 대단치 않은 존재라는 일상적 고백을 실천적으로 몸에 담았다.

그가 내심 자신에 대한 자신감을 스스로 다짐하는 순간이 있었다고 해도, 또 공개적인 자리에서 거침없는 담대함을 강렬하게 보여주는 순간이 잦았다고 해도, 실제로 개인적으로 마주 앉은 탁자에서까지 자신 있어 하는 모습을 보이지는 못했다. 그럼에도 불구하고 옳다 판단한 확신을 향한 그의 담대함을 따라갈 자는 아무도 없었다. 따라서, 그 안에는 예수 안에서 발견되어 우리에게 요청되는 역설적 속성들이 분명했다. 매우 자신 없어하면서 동시에 담대하게 쏟아내는 말과 행동, 확고하고 확신있게 외치는 대중적 선포 이면에 숨은 태도인 조심스러운 일대일 대면(물론, 사모님은 동의하지 않으시리라), 상대에게 결코 지지 않을 것 같은 강렬한 주장과 동시에 합당한 논리 앞에서는 상대를 인정하여 선선히 물러나는 자기 상대화(물론, 어떤 이들은 동의하지 않으리라).

어쨌거나 그는 누구나 예측할 수 있는 진부함에 빠지지 않는 매력을 간직했다. 그는 아무리 반복해 들어도 상투적으로 들리지 않는, 신비한 간증을 간직한 가장 서민적인 스토리텔러다. 하나님 앞에서 자신을 깨뜨리고 조정할 마음이 언제든 준비되어 있는, 때로는 과하다 싶게 솔직한 고백자이다. 솔직함은 대개 자기과시와 자기 직면 사이에 서 있지만, 그의 경우에는 솔직함의 정도가 너무 높아 그 자리가 어디쯤인지 알 길이 없었다. 하지만 그의 고백은 언제나 매우 유익했고 큰 도전이 되었다.

그에게서 받는 영향이 크고 깊을수록 나는 주어지는 모든 일들을 공격적으로 즐겼다. 그에 따라 마음으로는 동역자들 사이에서의 애정 어린 관계와 성도들의 인정을 갈망하고 있었으나, 때로는 의식하지 못한 채 가끔씩은 과도하게 주제넘는 행동으로 자신을 피곤한 상황에 몰아넣었다. 그런 욕망적 결과야말로 목회의 본질에서 가장 멀어지는 길임을 절감하는 시기를 보냈다. 그 덕에 가장 좋은 목회적 환경 안에서도 목회 미생의 역력한 흔적들이 선명히 드러났고, 대개는 동역자들과, 가끔씩 성도들과 상처를 주고받는 과정에서 잦은 회개와 작은 성숙을 선물로 받았다. 내일을 알 수 없는 좌충우돌 속에서도 나는 조금씩 교회의 본질로 초대받고 있었던 게 분명하다.

역동적인
소그룹을 향한 몸짓

언제부턴가 교회 여기저기에서 '셀'이라는 단어가 등장하고 인쇄물들에 새겨지기 시작했다. 청년부를 담당하던 송창근 목사가 셀 목회를 청년사역에 접목하여 성공적인 사역을 펼치고 있었고, 김인중 목사는 그것을 전 교회에 적용하는 모험을 감행하기로 결정했다. 그에 따라 일부 목회자들이 먼저 셀 목회를 배우러 다니기 시작했다. 급기야 전임목사 전원이 셀 목회 탐방을 위해 인도네시아까지 단체출장을 떠났다. 교회의 과감한 지원 덕분이었다(나는 불행하게도 여권 만료 기간을 확인하지 못한 이유로 홀로 출국에서 제외되었다).

전 교회적으로 셀 목회를 추구하는 과정을 통해 나는 부인할 수 없는 유익을 크게 얻었다. 교역자들은 회의를 수없이 반복하며 셀 목회 양육 프로그램의 초기 그림을 완성하였다. 교회는 이 미완의 틀을 과감하게 수용하였다. 이 큰 모험의 가장 근본적 동기가 무엇이었든지, 이 모험에 대한 마음 깊은 동의 여부가 어떠했든지 간에, 그 과정은 교회의 교회 됨을 향한 몸부림에 참여하는 절호의 과정이 되었다.

특히 셀 목회의 핵심에서 선명한 '그리스도 중심성'이라는 선언이 가슴에 깊이 새겨졌다. 거기에 붙은 결정적인 부제가 '관리조직으로서의 소그룹 공동체'가 아니라 '이미 충분하고 완전한 교회로서의 소그룹' 공동체라니, 그리고 그 공동체의 중심이 예수 그리스도라니! 이 명백하고 단순한 진리, 누구나 다 알 만하고 또 알고 있었을 진리가 이토록 새롭게 내 영혼에 들어올 줄은 미처 몰랐다. 그것은 이후, 내 마음에 형성되기 시작한 '교회의 얼굴'을 위한 결정적인 밑그림이 되었다. 교회는 더 이상 조직과 프로그램으로 돌아가는, 성장을 욕망하는 공동체가 아닌 것이 분명해졌다.

교회는 머리이신 예수 그리스도의 몸으로 존재하는 생명적 연합을 통해 예수께서 정하시고 끌어가시는 방식과 분량에 따라 자연스럽게 자라가는 살아있는 유기적 본질로 작동한다. 그 신학적 진술은 얼마든지 현실 안에서 물리적 형태로 나타나는 사건일 수 있었다. 그리하여 가장 신학적인 것이 가장 현실적인 것이라는 진술이 소급 적용되는 시점이었다.

교회에는 '좋은 교회'가 되려는 몸부림보다는 '교회'가 되려는 순종이 필요할 뿐이다. 따라서 사람의 마음과 세상의 시선을 살피는 선포와 행동이 아니라 하나님의 마음과 시선을 따라 강건하게 대답하는 '따름'이 결정적으로 중요하다는 사실이 가슴에 들어왔다. 결과적으로 교회는 정형화된 형태로 드러난 어떤 건물과 집단으로서가 아니라 성삼위 하나님의 영원한 사건에 대답하는 '과정'으로 존재하는 공동체에 가깝다. 끝없는 대답의 사건을 통해 그리스도의 몸은 일어난다.

깨뜨려짐으로
교회를 낳는 교회

셀 목회는 자연스럽게 '큰 숲 비전'과 연결되었다. 사람의 생명력이 생명을 낳기 위한 진통과 결정적으로 관련되어 있고, 셀이 셀을 분립하는 깨어짐의 고통으로 생명을 낳을 때 내적 건강성이 강화되고 생명력이 살아나는 것이 분명하다면, 교회도 교회를 낳음으로 건강성이 강화되고 생명력이 살아날 수 있다는 단순 명백한 진리가 목회에 도입된 거였다. 그에 따라, 한 교회가 지속적인 구심적 흡인력으로 거목이 되어가는 것은 고목으로 늙어가는 쇠락의 과정을 전제한 것이므로, 지속적인 자기 분리와 깨뜨려짐을 통해 새로운 교회를 낳는 과정으로 큰 숲을 이룬다면,

그야말로 성경적 비전에 훨씬 더 가까운 그림이 될 거라 확신하게 되었던 거다. 이를 위해 김인중 목사는 교회 안에 미래목회연구소를 신설했다. 큰 숲 비전을 위한 장기 여정을 준비하게 하는 한편, 성도들과 부교역자들과도 큰 숲 목회 비전을 공유하기 시작했다. '교회를 낳는 교회', '지속적으로 새로운 신생교회들을 낳아 큰 숲을 이루는 교회' 소위 '큰 숲 비전'이 시작된 거였다.

　몇몇 전임목사들 마음에는 이 비전에 참여하려는 열망이 일어나는 게 보였지만, 나는 여전히 개척의 불확실한 전망에 대한 두려움과 상대적으로 안전해 보이는 청빙 사이에서 갈등했다. 교회의 강력한 지원이 약속될수록 부담은 커졌다. 비전에 대한 전적인 동의에도 불구하고 내가 그 비전에 뛰어드는 것에는 애매모호한 입장을 취했기 때문에, 나는 큰 숲 비전을 실행하는 최전선에 함께 서지는 못했다.

　모든 형태의 교회 개척에서 핵심적으로 중요한 것은 개척자의 존재다. 어떤 프로그램이나 방법, 지원의 규모와 내용보다 누가 개척하는가 하는 것이 가장 중대한 요소다. 개척하는 교회의 분량과 질은 목회자의 준비된 인격과 자질에 필연적으로 연관된다. 하지만 그 모든 시작의 과정을 오직 목회자와 그 가족에게만 맡기는 맨바닥 개척은 개척자에게서 적지 않은 시간적 정서적 손실을 일으킨다. 그 모든 힘겨운 과정을 필수적인 단련의 과정이라 여길 수도 있겠으나, 그런 관점이 과연 단지 순전한 관점인지 아니면 기존 교회가 마땅히 감당할 수 있는 인격적 물량적 지원을 부담하기 싫은 이유에서 부각시키는 관점인지는 알 수 없다. 게다가 목회의 여정에서는 그런 초기적 손실이 아니었다면 더 잘 비축된 힘으로 더 잘 감당할 수 있는 부담들이 얼마나 산적해 있는가?

동시에 교회가 그리스도의 몸으로 존재하는 유기적 생명공동체라면 교회는 필연적으로 생명을 낳아야만 하는데, 그동안 교회의 생명 낳음은 단지 전도를 통한 새가족의 유입이라는 지극히 자기 몸 중심에서 발상된 '모이는 구조'(Outside In)에 지나지 않았다. 하지만 모이는 구조에서는 규모가 커질수록 숨거나 무기력해지는 성도들의 규모도 늘어가는 게 실제 현상이다. 그렇다면 이제는 교회가 생명의 역동적 작용을 통해 또 다른 교회를 낳는 '흩어지는 구조'(Inside Out)로 전환하려 한 것이 큰 숲 비전의 개요였다. 단지 자기 몸만 비대해지는 구조에서 벗어나 성도들로 하여금 흩어지게 하고, 성도들이 잘 흩어질 수 있도록 교회 역시 흩어지는 구조 속에 자신을 깨뜨리려 한 거였다. 몸의 일부를 떼어내 더 건강하고 날렵한 몸들이 일어나도록 섬긴다는 발상의 전환이었다.

흩어지는 교회가
되고 싶다

많은 이들이 거대함과 건강함을 함께 소유한 교회를 꿈꾸지만, 그것이 꿈꾸어 이루어지는 것이라면 사실 재앙이 될 가능성이 많다. 엄중히 말해 하나님은 그런 꿈을 주신 일이 없기 때문이다. 하나님은 자신의 뜻을 위해 그렇게 하실 수도 있는 분이시지만, 그때 그것은 우리들이 꾸는 꿈과는 무관한 속성을 지닐 것이다.

1980년대 초 읽게 된 호켄다이크의 《흩어지는 교회》(대한기독교서회 간)가 자연스럽게 겹쳐졌다. 설레는 마음이 지속적으로 일어났다. 나에게 어떤 묵직하고 진중한 목회적 전망이 있어서는 아니었다. 새 길을 향한 모험적 성향과 본질의 드러남에 대하여 누구나 가지게 되는 매력에 이끌리면서, 그 열망이 내면 깊은 곳으로 스며드는 것을 느꼈기 때문이다. 내가 분립 개척을 하는 개척자가 된다는 생각보다, 다만 장차 담임목회를 하게 되면 부교역자들과의 긴밀한 사귐 속에서 분립 개척을 응원하고 지원하는 목회자가 되고 싶다는 열망에 가까웠다.

사실 안산동산교회는 이미 '큰 숲 비전'의 DNA를 가진 공동체였다. 안산동산교회는 분립 개척의 비전이 구체화되기 전인 1997년에 안산의 후발 도시로 부상한 시화지구에 기도처를 세웠고, 그곳에 몰려오는 수백 명의 성도들을 분리하여 시화동산교회라는 독립된 예배 공동체를 만들고 당시 선임 부목사를 담임으로 파송하였던 것이다. 이 최초의 분립 개척 교회는 파송된 담임목사의 신실함과 더불어 이미 건강한 중견교회로 자리를 잡았으나 분립 개척을 위한 보다 정밀한 준비가 필요하다는 과제를 남겼다. 그에 따라 보다 책임 있고 건강한 분립 개척 모델을 만들어야 했다. 합당한 분립 개척자의 확보, 분립 개척의 선언과 전 교회적 공감, 과감한 인적 물적 지원, 분립 개척 전 수개월 간의 교회 내 인큐베이팅 과정, 모든 세대를 아우를 수 있는 기초 리더십의 구성 등이 필요했다. 이를 위해 이 비전의 중심에서 분립 개척 비전을 수립해온 이규현 목사가 분립 개척자로서의 새로운 시험대에 올라섰다.

그는 교역자 그룹과 교회 평신도 리더십 그룹, 그리고 전 성도들 사이에서 탁월성을 인정받던 목회자였다. 인격과 목회적 역량, 설교의 내용과 전달력 등 모든 면에서 잘 준비된 목회자로서 손색이 없었으므로 그의 개척의 성공 여부를 의심하는 사람은 없었다. 안산동산교회는 장기적이고 지속적인 비전으로 새롭게 시작하는 분립 개척을 위한 최상의 적임자를 선택했던 거였다. 이에 교회는 전 교회 앞에 분립 개척을 선언하고 수개월 간의 기도회를 통해 개척 멤버들을 모집하도록 지원했다. 그리고 수년간 교회 개척을 꿈꾸며 기도해온, 안산에서 가장 가까운 도시인 화성시 비봉면에 거주하는 성도들을 개척의 주축으로 참여케 하였다. 준비과정에서 참여하는 성도들과 재정 지원의 규모와 관련해서는 적지 않은 변화가 있었다.

김인중 목사는 부교역자들에게 300명까지는 가능하지 않겠느냐는 제안을 했었지만, 최종적으로는 장년 70여명과 주일학교 학생 30여명이 개척 멤버로 참여하였다. 재정으로는 6억 원을 지원했다. 최초 3억 원 원은 무상지원, 3억 원은 5년 거치 후 5년간 상환하는 조건으로 결정되었다.

2004년 12월 5일, 안산동산교회는 이규현 목사와 신실하게 준비된 개척 성도들을 통해 건강하게 준비된 자녀를 낳았다. 화성시 비봉면에 있는 과수원에서 시작한 은혜의동산교회였다. 나일강의 모세처럼 잘 생기고 건강한 아기였다. 나일강의 물결이 위협할 수 있었으나, 이 공동체는 놀랍게도 순식간에 과수원 별채를 가득 채웠다. 개척 다음 해인 7월, 화성시 남양읍 변두리 땅을 얻어 교회를 건축하였다. 개척 3년 차에는 다음세대를 위한 대안학교를 운영하면서 이미 전도 소그룹과 셀 목회로 일어나는 건강한 교회로 우뚝 서게 되었다. 어느새 지역의 많은 교회들을 돕고 섬기는 교회가 되었다. 교회설립 10년 차인 2014년 1월에는 70여 명의 성도를 떼어 분립 개척을 함으로 또 다른 자녀를 낳는 '위대함'을 경험했다. 2016년에는 30여 명의 성도들을 파송하여 어느새 두 번째 분립 개척을 이루었다.

안산동산교회는 은혜의동산교회 이후에도 분립 개척을 멈추지 않았다. 2018년 현재까지 10개의 교회들(은혜의동산, 기쁨의동산, 더불어숲동산, 회복의동산, 블루라이트, 복음의빛, 그린시티, 더행복한동산, 동탄동산, 데이처치)을 분가시켰다. 원칙은 있었으나 여러 변수를 고려하느라 개척지원의 규모나 개척의 형태는 일률적이지 않았다. 그에 따라 교회로서는 매 상황마다 최선을 다했겠으나, 개척자에 따라서는 부당함을 호소할 수도 있는 상황이 있었다.

분립 개척의 형태도 다양했는데, 전위적인 문화중심 형태로 개척한 교회도 있었고 사회적 접촉면을 광범하게 가진 모범적인 미셔널 교회도 있었다. 30대 부부 중심으로 개척한 교회도 있었지만 보편적인 형태를 따르는 교회가 더 많았다. 대부분의 교회는 개척

대답하는 공동체

자들의 성실한 헌신에 따라 아름답고 건강하게 일어서고 있다.

원칙이나 규정보다 상황을 따른다고 하는 것은 언제나 공정함의 문제를 제기하게 만들지만, 우리의 전제보다 하나님의 이끄심을 따른다는 더 큰 틀이 우리의 무책임을 위한 방어막으로 작용하지만 않는다면, 우리는 우리를 사용하여 자신의 일을 펼쳐 가시는 하나님의 일에 좀 더 자유로운 영혼으로 뛰어들 수 있을 것이다. 그때 열정을 쏟을 여지는 보다 많아질 것이다.

독립 목회를 꿈꾸다

나에게는 안산동산교회에서 경험한 모든 목회적 과정들이 바람직한 충격이자 거룩한 도전이었다. 그에 따라 내 안에서는 성경적이고 자연스러운 교회의 교회됨을 향한 열망이 꿈틀거렸다. 하지만 개척은 아니었다. 목회자가 된 후 개척이라는 '부담스럽고 신선한' 사명을 나의 것으로 생각한 적은 단 한 번도 없었다. 나는 여전히 좀 더 안정적으로 보장된 조건 안에 숨고 싶었다. 이미 만들어진 형태 위에서 무언가를 더 잘 해보고 싶은 열망에 기대고 싶었다. 변화를 위한 약간의 자신감을 감추고 있었을 뿐이다.

아내는 줄곧 서울에서 목회하면 좋겠다는 의견을 피력했다. 오랜 시간 우리 부부의 삶의 기반이 서울에 있었으므로 정서적으로 익숙한 곳이었고 자연스럽게 적응할 수 있을 것 같았기 때문이다.

2005년 6월. 김인중 목사께 면담을 요청했다. 연말까지 사역하는 걸로 예정하고 서울에 있는 사역지를 알아볼 계획이라고 말했다. 대답은 큰 역정과 서운함 가득한 훈계였다.

"분립 개척 비전은 어떻게 하고 떠나려 하는가? 성도들이 뭐라 생각하겠는가? 그렇게 하면, 남아있는 후배들에게 분립 개척을 적극적으로 권할 수 있겠는가? 이제 곧 분립 개척을 시키려 마음먹고 있는데 이렇게 하면 되겠는가?"

그의 폭포수 같은 서운함은 크게 죄송한 마음을 일으켰지만 한 편으로는 감격스러웠다. 담임목회자의 눈치를 살피는 부교역자의 시선에서 얼핏 냉정하게 보일 수도 있었던 그의 모습 이면에, 나에 대한 깊은 신뢰와 애정이 있었다는 사실이 확인된 거였다. 죄송하고도 행복한 시간이었다. 하지만 놀랍게도 결심은 흔들리지 않았다.

06

자기 대답을
이미 가진 공동체

세월을 머금은
교회의 얼굴 앞에 서다

2005년 가을, 그날을 운명의 날이라고 부를 수 있을까. 살아왔던 삶의 방식과 추구를 뿌리째 뒤집는, 격동기를 위한 신호탄을 쏘아 올리는 날이었다. 김인중 목사가 호출하였다. 서울 서초동에 위치한 창신교회 장로들이 은퇴하는 목회자의 후임 후보자 중 한 사람을 요청하기 위해 안산을 찾았던 거였다.

이미 선발된 십여 명의 후보자들 사이에 끼는 형식이었기 때문에 설레었지만 기대할 수는 없었다. 청빙되지 않으면 안산동산교회를 통해 분립 개척하자는 조건으로 지원서를 내기로 했는데, 그것을 끝으로 나는 안산동산교회의 지원으로 분립하는 기회로부터는 영영 멀어지게 되었다.

창신교회는 18명의 장로들이 충분히 합의하지 않은 상태에서, 또 그들을 정점으로 하는 성도들 사이에서 충분한 합의와 일치가 이루어지지 않은 상태에서 후임목회자를 선발했으므로 위기는 잠복기를 지나고 있을 뿐이었다. 하지만 그 위기는 내가 아니었다면 누구라도 넘어설 수도 있었을 위기였으리라. 어쨌거나 내가 최종적으로 선택되었다는 것이 나에게는 의아하고 놀라운 사건이었다. 그들에게도 이상한 사건이었던 게 분명하다.

최종 선택을 앞두고 첫 설교를 하는 날, 나는 안산동산교회 회중과 현저한 차이가 나는 성도들의 연령대에 적잖은 충격을 받았다. 하지만 곱씹어 볼수록 깊은 헌신의 세월과 함께 교회를 지켜온 그들에 대한 존경심을 느낄 만한 성숙이 없었던 거였다. 나는 그만큼 세월을 읽을 줄 몰랐다. 하지만 3년 반 후 완전히 다른 마음과 생각을 품고 그 교회를 떠나게 되었을 때, 나를 가장 열렬히 응원해준 분들 대부분은 바로 그 연륜이 깊은 어르신들이었다. 그 후로 나는 어느새 세월을 이해할 수 있어야 한다는, 어른들에 대한 존경심을 잃지 말아야 한다는 확신을 품게 되었다.

목회자에 대한 순종을 주님을 향한 충성이라 여겨 온 대다수 성도들의 눈망울에는 기대와 두려움이 뒤섞여 있었다. 그것은 순전히 새로움에 대한 반응이었다. 새롭고 낯설어서 기대하였고 새롭고 낯설어서 두려워했다. 20년의 세월을 묵직하고 권위 가득한 리더십의 코드에 맞추어 온 성도들에게 가볍고 저돌적인 젊고 어린 리더십은 생경했을 터였다. 교회는 70살이었고 나는 25살짜리 젊은 교회에서 막 튀어나온 낯선 세대의 목자였다. 대다수의 성도들은 낯선 목자를 신선하게 받아들였거나 받아들이려 노력했다. 반면 처음부터 나의 존재에 대해 거북스러워하는 이들과 함께, 뭣 모르는 채 저지르고 보는 나의 목회적 판단들에 부담을 느끼게 된 이들은 서서히 공동의 결속력을 느끼려 하고 있었다.

교회도 틀림없이 나이를 먹는다. 손발에는 힘이 빠지고 눈은 희미해지는 중이나, 옛 시절의 영광에 대한 그리움과 회복을 향한 열정은 깊이 간직하고 있다. 나이 들면 추억을 먹고 살게 되듯, 나이 든 교회는 옛것에 대한 추억 혹은 집착을 오늘을 견디는 힘으로 삼는다. 하지만 옛것에 대한 향수보다 본질, 혹은 본질을 담은 새것을 추구하는 자들이 더 많았다. 그에 따라 양자 간에는 갈등이 상존할 가능성이 높았다. 후임목회자는 바로 그 부분을 품을 역량을 지녔어야 했다.

발효되다 만
포도주

대다수의 당회원은 개혁과 변화를 원하였다. 하지만 그들이 말하는 개혁과 변화가 한 가지 그림을 향하고 있는 것은 아니었다. 그들 안에서도 개혁과 변화에 대한 정의는 다양했다. 게다가 개혁이나 변화와 관련하여 그들이 말하는 단어와 내가 사용하는 단어는 같은 의미를 가지고 있지 않았다. 더 나아가 그들이 원하는 개혁과 성도들이 원하는 그것 사이에 과연 일치점이 있는지도 알았어야 했다. 나는 그 정도의 깊이로 준비되어 있지는 못했다. 70년의 세월은 이미 충분히 익어 그들의 입맛에 적합하도록 숙성된 요리였다는 사실도 깨닫지 못했다. 그리하여 이미 완성된 요리를 마치 새로운 재료로 삼아 새 음식을 만들 수 있기라도 한 듯 성급히 달려들었다. 그들이 요청하는 개혁과 변화에 단지 내가 생각하는 개혁과 변화를 단순 대입하였을 뿐이었다. 어리석었다.

어떤 이들은 백지수표를 내밀고 싶어했다. 어떤 이들은 이웃을 향한 무난한 개방성을 갖추어가면서 그에 따라 새로운 성도들이 자연스럽게 유입되는 길을 간절히 원했다. 어떤 이는 몇 가지 구체적인 항목에서 더욱 철저히 보수적 성향을 지켜야 한다는 주장에 머물러 있었다. 어떤 이는 보다 구체적으로, 복음송을 부르지 않고 드럼을 교회에서 치워버릴 때 진정한 청교도 보수신앙으로 돌아갈 수 있는 거라는 확신에 사로잡혀 있었다. 이로 인해 당회에서는 수개 월간 격렬한 토론과 대립이 있었다. 결국 신학적 논리를 벗어난 정서의 문제였으므로 해결책은 없었다. 다만 이견에 대한 확인과 정서적 미봉 위에 시간을 덮으려 애쓸 뿐이었다.

당회원 중 나에 대한 정서적 불편을 느끼는 이들이 하나둘 늘어가는 것이 확연해졌다. 누군가의 적극적인 포섭일 수 있었고 나의 목회적 미숙함 때문일 수도 있었다. 누군가의 적극적인 포섭조차 나의 미숙함의 결과일 뿐이었다.

나는 자신의 내면에 관해 하나님께 충분히 묻는 시간을 갖지 못했다. 그것이 결국 격한 분노로 나타났고 때로는 당회원들 앞에서 무례하게 화를 쏟아내기도 했다. 자존심을 꺾는 고통으로 유화책을 펼치기도 하였다. 그래도 아무 효과가 없었다는 게 중요했다. 그에 따라 바야흐로 전쟁이 시작되려 하고 있었다. 결국 전쟁은 하나님과 나 사이에 있어야만 했던 깊고 진실된 소통의 부재로 인해 더욱 격렬해졌다.

결론을 말하자면, 전쟁의 가장 깊고 근본적인 원인은 내 안에 선명한 자기 정체성의 불투명함에 있었다. 내가 누구며 왜 여기에 있는 것인지에 관해 하나님과 끝없이 소통하는 시간이 부족했다. 겉으로는 당당하고 자신 있으려 애썼지만, 스스로 '발효되다 만 포도주가 새 부대에 부어진 느낌'을 지속적으로 느껴야만 했다. 그 와중에서도 나는 무언가를 보여주어야만 했다. 새 담임목사에 대한 성도들의 기대를 일단 가장 자극적인 형태로 충족시켜야 한다는 열망이 일어났다. 숫자였다. 일단 숫자가 늘어야 한다. 그 열망은 가까이에 있는 대형교회들에 대한 근거 없는 경쟁심에 자극받아 더욱 분별력을 잃었다. 나는 들키지 않으려는 성급함으로 성도들을 압박했다.

우선 청년을 전담할 전임 목회자를 선발했다. 새가족 초청잔치에 활력을 불어넣어 성도들로 하여금 달리게 하려 했다. 새가족부 스태프들의 결속력과 자부심을 다졌다. 연속 기도회를 통해 교회가 무엇을 한다는 느낌에 사로잡히게 하려 했다. 그렇게 되자 30,40대 성도들이 유입되기 시작했다. 젊은 부부들의 정착이 늘고 청년부가 활성화되기 시작하였다. 교회는 눈에 띄게 '부흥'하고 있었다. 떠났던 젊은 세대들이 돌아왔다. 새로운 신자들이 생각보다 빠른 속도로 유입되었다. 그것이 나에게는 사건이었으나, 하지만 그들 중 어떤 이들에게는 부담과 두려움과 성가심에 불과하다는 사실을 알아가야 했다. 그들이 원하는 부흥은 자신들이 충분히 주도하고 누릴 수 있는 기존의 분위기에 일체의 위협감을 느끼지 않는 정도의 새가족 유입이어야만 했다. 그것은 숫자의 급격한 부흥을 부흥이라 여긴 나의 부흥 개념이나 마찬가지로 하나님의 부흥에서 거리가 먼 거였다.

변화, 갱신, 부흥이라는 단어부터 새롭게 들여다보아야 했다. 성도들의 내면과 삶에서 복음의 본질에 대한 깊은 각성과 회개가 일어나고 복음적 인격을 형성하면서 하나님의 비전을 향한 개방적 열정이 일어나야만 했다. 거기에 밖에서 안으로 유입하는 이들이 자연스럽게 접합되는 부흥이어야 했다. 하지만 전통교회에 부임한 '새 목사 효과'로 인해 일어나고 있던 '현상적 변화'는 이런 의미의 부흥과는 거리가 멀었다. 단지 수적 증가에 대한 만족에 불과하였다.

목사의 미숙함에도 불구하고 지속적인 영적 성숙을 이루는 성도들은 물론 여전했다. 그들은 모든 것이 새로 부임한 목사 덕인양 치하하였지만, 실은 그들 자신의 신실함이 가장 큰 원인이었다

대답하는 공동체

는 것을 누구나 알 수 있었다. 성숙해가는 사람들은 모든 상황에서 성숙을 향해 발돋움한다.

포도주가 상하다

나는 내가 새 포도주인 줄 알았다. 그리하여 옛 부대를 새 부대로 만들어야 한다는 막연한 갈망을 품었다. 하지만 내가 성도들 중 일부에게 받아들여지지 않는 것에 지속적으로 분노했던 걸 보면, 나는 새 포도주가 아닌 게 분명했다. 누군가가 퍼뜨리는 비난이 모욕적으로 들렸다. 맞는 말이었기 때문이다. 나는 영웅이 되고 싶은 욕망을 감추지 못했던 게 분명하다.

교회 내면을 조심스레 만지기 전에 형태부터 바꾸고자 했다. 오랜 세월 익숙하게 예배실 앞자리를 차지하였던 장로석을 없앴다. 거룩함을 돋보이게 하는 강단 뒷벽의 휘장을 거두었다. 그리고 이웃들을 경계하는 표식이 되는 듯 보였던 교회 담장을 허물었다. 그 어떤 것도 틀린 주장이 아니었기에 성도들은 수동적으로 동의했고, 나는 과감하게 진행했다. 하지만 딱히 반대할 명분이 없는 옳은 주장이야말로 아직 좀 더 워밍업이 필요한 이들에게는 뭐라 비난하기 애매한 폭력이었을 것이다.

다시 확인하거니와 나에게 현상적으로라도 교회가 새롭게 되는 것에 대하여 비난하며 거부하는 자들과 대화할 힘이 없었던 것을 보면, 오히려 그들을 향해 분노를 품었던 것을 보면, 나는 새 포도주가 아니었다. 자신을 부수기 전에 그들을 부수려 했으므로, 나는 스스로 새 포도주가 되려다 만 상한 포도주였다. 패거리를 만들어 나에 대한 경계심을 조장하는 듯 보인 이들을 품을 수 없었다. 내가 곧 그들임을 알아채지 못했다. 내가 알지 못하는, 그들과 예수 그리스도와의 관계를 인정하지 못했다. 나의 내면에서 그들은 교회의 거룩한 변화에 반대하는 어둠에 속한 자들이었을 뿐이다.

눈을 감으면 떠오르는 분노의 대상들이 하나둘씩 늘어가기 시작했다. 나를 향한 비판을 대화를 위한 갈망이라 여기기 전에 공격이라 받아들이기 시작했다. 그들에게 받아들여지지 않는 내가 영영 이 공동체와 섞이지 못할까 두려웠다. 성도들 중 일부로부터 비토당하는 것을 견딜 만한 힘이 없었다. 다만 그들의 얼굴이 내 안에서 유치하고 치사하고 잔인하고 멍청하고 무책임한 이미지로만 강화되었다. 지난 세월로부터 이탈한 전혀 새로운 패러다임의 새 목사로 인해 그들 안에 자동적으로 형성되었을 불안과 불편과 힘겨움을 헤아릴 힘이 없었다.

이제 막 시작되려는 전쟁을 느끼면서, 그들이 불안하고 불쾌했다면, 나는 두렵고 막막했다. 나로서는 '그들'을 성도들 중 지극히 일부라 여겼지만, 그들로서는 '그들'의 규모가 확연히 늘어간다고 생각했으리라. 복음으로 싸우는 힘과 기술이 없는 자들끼리 서로 하나님의 깃발을 높이 들고 일단 맞붙어 보려는 준비가 진행되고 있었고, 파행적인 분리는 필연적이 되고 말 것이었다. 복음과 함께 받는 고난이 아니었으므로 행복하지 않았다.

잠 못 이루는 밤이 늘어갔다. 어떤 날은 밤을 꼬박 세웠다. 잠을 잘 수 있었던 날에도 두어 시간을 넘기지 못했고, 그나마 약에 의존해야 했다. 분노는 지속적인 수면장애로 이어지면서 극도의 불안으로 이어졌다. 불안이 서서히 시작되더니 급기야 견딜 수 없는 불안이 시작되었다. 그것은 장기화되었다. 극한의 불안과 분노가 24시간 나를 사로잡는 공황장애가 시작된 거였다. 육체가 견딜 수 없는 만큼 영혼이 죽어가는 것이 느껴졌다. 결국 육체는 쓰러졌고 병원에 입원하여 수면제에 의지한 채 모자랐던 잠을 일주일 내내 보충했다. 퇴원 후에는 곧바로 울화증과 깊은 우울증으로 신경정신과 치료를 받기 시작했다.

깊은 분노와 의욕상실과 우울이 한 순간도 떠나지 않는 고통은 버거웠고 벗어나고 싶었다. 몸과 마음에서 결코 떠날 생각이 없고 떠날 기약이 예상되지 않는 고통으로 인해, 나의 몸과 마음으로부터 떠날 수 있는 유일한 방법을 심각하게 고민하는 날이 이어졌다.

울부짖음조차
무기력했다

그 시절, 나에게 교회는 두려움과 혐오였다. 무의미한 집단이요 자신들의 독단적 욕망을 위해 교회라는 거룩한 이름을 이용하려는 자들로 구성된 무가치한 패거리일 뿐이었다. 그에 따라 자신의 병적 육체와 관점에 사로잡혀, 하루가 멀다 하고 모여 기도하고 눈물로 중보하며 예수 그리스도의 뜻에 굴복하려 몸부림하는 절대다수의 성도들은 생각하지 못했다. 아파트 9층 사택 베란다에서 내려다보이는 교회 지붕 한 켠을 무심히 내려다보며 토악질을 하는 날만 반복되었다. 교회를 향해 떴던 눈을 감고 돌아서지만, 분노는 어느샌가 나를 또 다시 그 자리에 세워 교회 지붕 한 켠을 무심히 바라보게 만들었다. 내가 미쳐가고 있다고 느꼈다.

병적 반응이 반복되는 10개월간 나는 주일 외에는 교회 출입을 하지 않았다. 일주일에 한 번씩 가는 병원과 주일에 가는 교회 외에는 집안에서 분노하고 우울해하고 불안해했다. 하루 종일 거실을 빙빙 돌며 불안해했다. 불안해서 빙빙 돌았고 빙빙 돌고 있는 자신을 느끼면서 불안했다.

사라지지 않는 강렬한 자살충돌은 황홀한 꿈같은 것이었다. 유일한 탈출구인 게 분명했다. 이 마지막 고비를 넘는다 할지라도, 선택할 수 있을 것으로 생각되는 여지들은 너무나 뻔했다. 섬이나 산으로 들어가거나 아니면 서울을 떠나 아는 이 없는 작은 도시로 들어가 단순한 노동에 몰두하면서 생각을 생각하지 않는 시간으로 빨려 들어가는 것뿐이었다.

자신이 버러지 같이 느껴졌다. 무기력에서 벗어나려는 의지를 어디서 끌어내야 할지 찾을 수 없었다. 찾을 힘이 없었다. 다만 숨을 헐떡일 뿐이었다. 울부짖었지만 울부짖음도 무기력했다. 아내가 짊어져야 할 무거운 짐을 떠올리며 고통을 느꼈다. 헤쳐 나갈 길이 아득한 아이들에게 부끄러웠다. 하지만 다른 길은 없었다.

신경정신과의 태생적 한계인지도 모르나 병원의 처방은 서글 펐다. 혹은 내 상태가 모든 것을 서글프게 보도록 만들었기 때문 이었는지도 모른다. 의사의 상담은 형식적이었다. 그의 입장에서 는 너무나 명백하고 익숙한 상황이었을 것이므로, 더구나 그가 나의 내면을 만질만한 영성을 훈련한 자도 아니었을 것이므로, 그로 서는 자연스러운 일상이었을 거다.

투약은 삶 자체를 불투명하게 만들었다. 어떤 것도 명쾌하지 않 았다. 시야도 인식도 관계도 언어도, 감정도 희뿌옇게 작동했다. 알량하게도 그토록 고통스러웠던 처지에 멍한 상태로 지내는 것 은 더 싫었다. 반대로 투약을 하지 않음으로 지속되는 불안과 우 울은 더 싫었다. 이럴 수도 저럴 수도 없는 애매한 고통이 일상이 되었다. 비교적 밝은 톤으로 목소리 높여 설교하던 나의 스피치는 힘을 잃었다. 내가 전하는 말을 내가 이해하지 못하는 상황이 잦 아졌다. 일주일 내내 생산성이 있는 일이라고는 아무것도 하지 못 한 채 오직 불안과 분노의 시간 죽이기를 반복하다, 미처 준비되 지 못한 설교문을 붙들고 억지로 씨름해야 하는 토요일 밤은 지옥 이었다. 일주일에 단 한 번뿐인 그 설교가 가장 혹독하고 지긋지 긋한 고역이었다.

존재적 변화가 일어난
그날이 오다

그토록 멀기만 했던, 영영 찾아오지 않을 것 같았던 회복의 시간은 나의 의지와 상관없는 곳에서 찾아왔다. 여러 성도들과 친구들의 도움과 병원의 처방, 무엇보다 하나님과의 관계의 회복을 통해 기적적으로 또 매우 급격하게 찾아왔다.

성도 중에 면역학에 밝은 의사 부부가 있었고 이들이 꾸준히 도움을 주었다. 울화병 전문치료 한의원에서 처방받은 약은 벌떡이며 불안에 떨게 하는 가슴을 진정시키는 것에 도움을 주었다. 긍휼을 들고 찾아온 친구들에게 이끌려 가까운 산에 오르게 된 것이 운동을 시작할 수 있는 결정적인 도움이 되었다. 그리고 무엇보다, 누구보다 하나님이 계셨다.

사실 하나님을 명확하게 인식할 틈이 없었다. 하나님은 여전히 거기 계시며 말씀하시는 하나님이신 것을 틀림없이 믿고 있었지만, 거기 계시는 하나님이 느껴지지 않았고 하나님의 음성이 들리지 않았다. 분노와 불안과 우울로 엉클어진 마음으로 인해 스스로 하나님을 향한 모든 창문을 닫은 결과였다. 창문은 너무 굳게 닫혀 있었고 내게는 창문을 열 힘이 없었다. 그리하여 이를 악물고 말씀으로 향하는 창문을 깨뜨리고자 했다.

시편을 읽었다. 이를 악물고 자신과 약속했다. 그렇게 하지 않으면 내가 소멸하는 것은 아무 문제가 아닐지라도, 아내와 아이들과 신실한 성도들에게 영원토록 지우기 어려운 빚을 남기게 될 거라

대답하는 공동체

는 이유로 자신을 설득했다. 아니, 어느 순간부터 그렇게 자신을 설득할 마음이 위로부터 주어지기 시작했다. 말씀으로 내면의 근육을 다시 만들고 운동으로 몸의 근육을 만들기로 결정했다.

다른 모든 말씀들은 읽고자 펼치는 순간 도망 다니고 날아다녔지만, 오직 시편은 내 눈으로 들어오고 가슴에 안겼다. 소리 내어 외치듯 낭독하며 읽었다. 내가 다윗이 되고 그가 원수가 되고, 때로는 내가 원수가 되고 그가 다윗이 되었다. 소리 높여 읽고 울고 회개하고 원망하고 분노하고 슬퍼했다. 매일 다섯 장씩을 읽으려 힘을 모았다. 그리고 아파트 가까이에 있는 서울교대 운동장으로 나가 걷기 시작했다. 쉼 없이 걸었다. 한 바퀴가 버거웠지만 서너 달후에는 10바퀴를 걸을 수 있었고, 후에는 뛰고 걷고를 반복했다.

그리고 '그날'이 찾아왔다. 상상도 못했던 혼돈의 시간을 시작하게 한 진짜 본질이 무엇이었는지를 가르쳐준 그날이었다. 내가 진실로 추구했던 실체가 무엇인지, 내가 진실로 숭배한 예배의 대상이 무엇이었는지를 알게 해준 그날이었다. 그날을 기점으로 나는 자신의 실체를 확인하게 되었다. 그 실체가 추구해야 할 것이 무엇인지를 알게 되었다. 자신이 가야 할 길이 어디인지를 행복한 고통 중에 깨닫게 되었다. 존재적 변화가 일어난 날이었다.

그날을 기점으로 내면에서도 몸에서도 현저한 변화가 일어나기 시작했다. 내면의 맷집과 몸의 생기를 회복하기 시작한 순간이었다. 여전히 연약한 인간일 뿐이었고 여전히 애송이 목회자였을 뿐이지만, 존재적 변화는 전통적인 그 교회와 교회의 적대적인 무리들을 더 이상 두렵지 않게 만드는 힘이 되었다. 단지 두렵지 않게 만든 것이 아니라 그들을 이해하고 싶게 만들었다. 그들 편에 서고 싶게 만들었다. 동시에, 그럼에도 불구하고 교회를 교회 되게 하기 위해 내가 할 수 있는 일이 말씀을 통해 임한다면, 자신의 존재와 자리를 걸고 행할 수 있을 것 같게 만들었다.

07

깨뜨려짐으로
들고 대답하다

새 출발을 위한
깨뜨려짐

2007년 초가을이었으리라. 날짜를 기록해둘 겨를이 없었으나 그날의 상황은 명백하다. 여전히 시편과 함께 몸부림하던 날, 어쩔 수 없이 해야만 하는 주일 설교를 위해 누가복음을 펼쳤던 거다. 누가복음 6장을 설교하는 중이었다. 이전에도 반복해 읽었고 또 기억하고 있던 그 구절이 바로 그날 갑자기 심장을 파고들었다. 그 한 구절이 따로 떠올라 뚜렷해지면서 내 눈앞에서 멈추었다가 곧장 심장으로 칼처럼 파고들었다. 6장 26절이었다.

"모든 사람이 너희를 칭찬하면 화가 있도다 그들의 조상들이 거짓 선지자들에게 이와 같이 하였느니라."

모든 사람이 너희를 칭찬하면… 모든 사람이 너희를 칭찬하면…. 끝없이 되뇌어지는 이 조건절이 내 안에서 나를 향한 말씀으로 깨달아졌다. 지나온 모든 시간이 바로 이 경고의 말씀에 잇닿아 있음을 즉시 자각하게 되었다.

공황장애와 우울증이 찾아온 것은 수면장애 때문이었다. 수면장애는 분노에서 시작되었다. 분노가 일어난 것은 그들이 내가 마땅히 기대하고 생각하는 만큼 나를 인정해주지 않았기 때문이다. 하지만 그들이 나를 인정해 주어야만 나를 여기에 있게 하신 하나님의 이끄심이 완성되는 것은 아니지 않는가? 나는 어찌하여 버림받고 학대받고 멸시받고 모함당하신 예수보다 더 나은 대접을 갈망해왔던가? 나는 왜 진리에 이끌림을 받지 못하고 나에 대한 사람들의 인정 여부에 그렇게 목말랐던가?

그토록 오랜 시간 하나님만 바라보자고 외치고 스스로도 그것을 갈망하였으나 한 번도 내면의 밑바닥에 무엇이 있었는지를 직면하여 들여다본 적이 없었던 거였다. 하나님의 나라와 그리스도 중심성을 외치는 중에도 내면의 밑바닥에서는 좋은 목사, 훌륭한 목사라고 인정해주는 사람들의 시선과 박수를 구걸하고 있던 거였다.

나 자신이 '한 영혼에 목숨을 거는 목사'가 되려는 열망을 가진 게 아니라 '한 영혼에 목숨을 거는 목사라는 공명심에 목숨을 거는 목사'가 되고자 했다는 사실을 알게 되었다. '복음적 갱신에 자신을 드리는 목사'가 아니라, '복음적 갱신에 자신을 드리는 목사라는 사람들의 인정에 목마른 목사'였음을 알게 되었다. 내가 행한 어떤 성과를 인정받지 못할 때 과도하게 분노하고 억울해하고 자신을 변호하려는 이유는 내가 구하고 있던 것이 그리스도의 진리가 아니라 바로 자기 자신이었기 때문이라는 사실을 알게 하셨다.

나는 절망하며 울먹였고 회개로 부르짖었고 실체를 자각한 자의 자유로 일어섰다. 어느 누가 인정하지 않더라도, 심지어 모든 이들에게 거절당하더라도 그리스도와 함께 있는 자가 되는 은혜를 구했다. 내가 행한 성과란 존재하지 않는다는 사실을 인정하게 해달라고 기도했다. 진리를 구하느라 사람들에게 거절당하는 것을 기꺼워하게 해달라고 부르짖었다.

석 달 가까운 울먹임과 회개를 통해 다시 작고 확실한 자유의 시간이 찾아왔다. 자아와 자존심을 붙들었던 손을 펼친 자유였다. 그리스도가 전부라는 고백이 머리에서 가슴을 지나 손발로 내려온 자유였다. 행복한 깨뜨려짐의 은총이 나를 찾은 자유였다. 그리하여 이제부터는 나에게 호감을 갖지 못하거나 나에 대하여 적대적인 성도들이 얼마든지 내 주위에 존재할 수 있음을 인정하기로 하였다. 나의 설교를 보잘것없게 생각하는 성도들도 얼마든지 있을 수 있음을 받아들이기로 하였다. 그들이 결코 내게 다가올 생각이 없이 그 자리에 그냥 서 있더라도, 불편함 없이 하나님을 바라볼 수 있는 힘을 구했다. 그 힘이 마음 가장 깊은 곳에서 내게 손짓하는 것을 느꼈다.

내가 죽고 그가 살면

　모든 사람으로부터 칭찬을 받으려는 욕망을 내려놓게 해달라는 기도가 쉼 없이 입에 붙기 시작했다. 칭찬받기에 충분한 덕목으로 모든 사람들을 조정하여 나 자신을 조정자의 위치에 두려는 사악함을 떨쳐 버리기로 결정하였다. 나의 모든 헌신과 충성을 공로 삼아 성도들과 하나님을 나에게 갚을 빚이 있는 채무자의 자리에 앉히려는 모든 교활함의 문을 닫기로 결심하였다. 예수님보다 나은 대접을 받으려 몸부림쳤던 모든 시간을 부끄럽게 여기기로 하였다. 오직 하나님의 뜻을 좇기만 한다면, 사람들의 시선과 나에 대한 환경의 반응에 대하여는 둔감해지기로 결단하고 기도하였다. 내 사악함의 깊이가 너무나 깊고 컸으므로 하나님의 크고 크신 은총을 구하였다. 사람들의 칭찬을 향한 목마름에 길들여온 내 세포들이 오직 하나님만 향하기를 기도하고 또 기도하였다. 어쩌면 이 갈구는 이 땅에서 숨 쉬는 동안 계속되어야 할 갈구였다.

　서서히 자유의 움이 텄다. 하나님 나라의 이름으로 내 나라를 구했던 목마름에서 아주 조금씩이라도 자유해지기 시작했다. 사람들의 감탄을 일으킬만한 교회의 변화와 사역의 크기와 그럴듯한 성취를 향한 욕구에서 조금씩 놓이는 조짐이 있었다. 이른바 성공과 번영을 향한 은밀한 추구의 필연적 부산물인 조급함에서도 조금씩 멀어지는 것을 알게 되었다.

　물론 여전히 연약하였다. 죄악은 극적인 깨달음과 변화조차 은밀한 형태의 변질로 바꿀 능력이 충분하다. 겸손을 가장한 이기적 욕망의 추구가 시도 때도 없이 장악하려 덤벼들 것이다. 다만 은 밀하고 교활한 원수의 얼굴을 조금은 더 잘 알아볼 수 있게 된 것이 감사했다.

맷집이 생겼다. 영혼에 근육이 붙기 시작했다. 나에 대한 일부 성도들의 거부감은 여전했으나 덜 힘들었다. 우울감과 불안감이 현저하게 줄어 약을 끊어도 되는 상황에 이르렀다. 시편을 소리 내어 읽고 읽으며 기도하기를 계속했다. 아침마다 운동장을 열심히 달렸다. 의사 성도의 권면에 따라 비타민을 열심히 복용했다.

삶의 근본 진리인 '내가 죽고 예수가 사시는 삶'이라는 말씀을 날마다 구호처럼 읊었다. '내가 죽고 그가 살면' 글씨 이미지를 휴대폰 바탕화면에 깔았다. 말씀이 맛있어지기 시작했다. 현실의 안정을 향한 욕구보다 하나님의 크기가 월등히 커지는 날들이 계속되었다.

이제는 '내가' 어디에 있는지, '내가' 뭘 하는 사람인지, '내가' 어디쯤 와 있는지 하는 것들은 대수롭지 않게 되었다. 과연 내가 지금 '하나님'과 함께 있는가, '하나님'의 마음을 따라 움직이려 하고 있는가, 오직 그것이 더욱 중요해졌다. 하나님을 향하려는 자에게 임하는 '지당하면서도 신비한' 은총이 나에게 현실이 되고 있었다. 그리하여 모든 것을 영점에서 생각하기로 결정하는 날이 시작되었다. 아무것을 하지 않아도, 어떤 것을 성취하지 않아도 주님과 함께 있는 것으로 충분한 상태를 달라고 기도했다. 이 기도가 날마다 반복되었다.

"하나님께서 지금 제게 말씀하시는 것을 잘 듣게 하여 주옵소
서."

하나님의 말씀만 따른다면 모든 것이 하나님의 사건이 될 터였
다. 나는 자연스럽게 하나님과 동역하게 될 것이고, 나의 모든 삶
에서 나타나는 성과에 대하여 스스로 만족하려는 공명심에서부
터 자유할 수 있게 될 것이었다. 그럼에도 불구하고 자주 막연하
였다. 때로는 막막하였다. 하나님은 언제든지 말씀하실 것이 있을
때 말씀하고 싶으실 거라는 생각에 설득되는 순간에만 영혼의 평
강은 지속되었다. 나를 인정하시고 사랑을 속삭이시는 하나님의
음성은 한 순간도 들리지 않는 때가 없다고 믿고 의지하기로 하였
다. 그 음성이 환상이 아니라 실제가 되기를 기도하였다.

귀기울이는 분투의 날들

이제 하나님으로부터 듣는 일만 남았다. 누가 뭐라
하든 하나님께서 뭐라 하시는 것만 중요해졌다. 사람의 말은 하나
님께서 그에게 가서 들으라 하시면 가서 들으면 되는 거였다. 대
개 하나님은 사람을 귀히 여기라 하시고 사람에게 경청하라 하시
는 것 같다. 하지만 아무리 그럴지라도, 그것 역시 하나님으로부
터 듣고 나서의 문제다. 그에 따라 하나님으로부터 진실로 듣기보
다 듣는 척했거나 하나님으로부터 듣는 형식으로 자신으로부터

듣는 일에 익숙했던 나는 자신과의 길고 큰 싸움을 시작해야만 했다. 스무 권 가까이 되는 하나님의 음성 듣기에 관한 책들을 구입하여 탐독했다. 하지만 하나님의 음성을 듣는다는 것은 결국 기술이나 방법의 문제가 아니라 하나님과의 친밀함의 문제였다. 하나님은 이미 나와 더불어 많은 것들을 공유하고 계시지만, 내가 나의 전제와 욕망으로 듣지 않으려 했거나 들을 수 없는 구조 속에 머물렀던 거였다.

무엇보다 하나님과의 친밀함을 회복하는 것이 중요했다. 하나님이 누구신지를 더 알아가고, 하나님이 누구신지를 알아가려면 말씀을 통해 임한 하나님의 뜻에 즉각적으로 순종해야 했다. 순종하는 과정에서 일어나는 시행착오조차 하나님께는 알려진 바 된 것이므로, 결국에는 유익할 것이 분명했다. 내가 지나치게 순진하게 되지 않기를 열망하는 동시에 지나치게 복잡해지지 않기를 또한 갈망하게 되었다.

시행착오는 심지어 사뭇 진지하거나 유쾌했다. 2008월 11월경이었다. 아침 기도시간, 내가 이미 중국 선교사 지망생이었다는 사실이 새삼 떠올랐다. 다시금 후회와 부끄러움이 밀려오면서 동시에 이제라도 가면 어떻겠는가 생각하니 설렘과 기쁨이 몰려왔다. 12월 말로 사임하고 생활의 조건에 관해서는 온전히 맡긴 채, 수년 전 믿음의 삶을 위해 연습했던 대로, 허드슨 테일러처럼 단지 믿음 선교사로 살면 좋겠다는 낭만적 기대에 부풀었다. 안전한 현실에 대한 두려움에서 벗어나 온몸으로 부딪히는 자리에 있고 싶다는 마음이 간절해졌다. 집으로 향하는 발걸음이 가벼웠다. 곧바로 아내를 찾았다. "목회사역을 올해 말로 접고 내년부터 중국 선교사로 가면 좋겠다는 생각을 하니 너무나 행복해지는데 어떻게 생각하느냐"고 물었다. 아내가 답했다.

"너무 좋은 생각이네요…. 근데, 혼자 가세요."

아내는 여전히, 자기는 선교사로 부름받은 적이 없다고 했다. 아내의 말과 함께 마음이 즉시 접혔으므로, 그것은 하나님의 이끄심이 아닌 게 분명했다.

그 어간에, 나를 반기지 않는 몇 장로님들이 좀 더 적극적으로 나를 반대하는 힘을 결집하려 한다는 이야기를 듣고 있었다. 그분들은 모종의 빌미를 고대하고 있었을 터이지만, 나는 이미 떠남을 준비하고 있었다. 분쟁의 분위기에 들어가는 순간, 또 다시 경쟁적인 분위기 속에서 내 존재를 증명하려는 열망에 사로잡힐 것이 뻔했기 때문이다.

쉬이 자신에 대한 관심으로 몰입하는 나의 성정을 방치하지 않기로 결정했다. 언제 어떤 방식으로 떠날 것인가만이 과제였다. 다른 교회로 다시 청빙 받는 길을 제외하고는 어떤 길에 대해서도 열어두기로 했다. 심지어 몸으로 움직이는 허드렛일을 배우는 것도 좋을 것 같았다. 섬 선교사로 가거나 개척을 하거나 장사를 하는 것까지도 염두에 두었다. 하지만 어떤 것이든지 하나님께서 주시는 확신과 아내의 기꺼운 동의가 중요했다. 동시에 '교회가 무엇인가'에 대한 고민이 자연스럽게 일어났다.

나는 교회를 무엇이라 생각하고 여기까지 온 것일까? 교회가 과연 그리스도의 몸이라고 하는 것은 지나치게 비현실적인 선언이 아닌가? 교회가 그리스도의 몸이라면 세상이 교회를 통해 그리스도를 볼 수 있어야 하지만, 요즘 과연 어떤 교회를 통해서 그리스도를 볼 수 있다는 말인가? 교회가 그리스도의 몸이라면 그리스도처럼 자기 몸을 깨뜨림으로 생명을 낳을 수 있어야 하는데, 과연 깨뜨려지려는 교회는 왜 그토록 손꼽을 만큼 미미할 뿐인가? 나에게는 과연 자신을 깨뜨리는 교회를 흉내라도 낼 수 있는 기회가 주어지겠는가?

흔적 없는 바람을 남길 것인가

경제학자 제러미 리프킨은 말했다.

"떠나는 자는 무엇을 두고 떠날 것인지를 알아야 한다."

맞는 말이다. 무엇을 제대로 두고 가지 못하면 떠나도 떠난 게 아닐 가능성이 많다. 흔적 없는 바람을 남길 것인지 뚜렷한 흔적을 남길 것인지, 내가 떠난 이후에 다른 이가 책임질 과제들을 남길 것인지 다른 이를 통해 새로운 일이 도모될 수 있는 바람직한 환경을 남길 것인지를 결정해야 한다. 이를 위해서는 우선 '하나님께서는 나를 여기에 보내신 이유'에 대하여 가장 본질적인 답을 구해야 했다. '나를 이 교회로 부르신 이가 하나님이시라면, 그리고 나를 이 교회의 담임목사로 세운 다수의 성도들이 하나님의 뜻을 따른 것이라면, 과연 나를 여기에 있게 하신 하나님의 뜻은 성취된 것인가?'를 물어야만 했다. 다시 말하면, '나를 위한 이유'와 '교회를 위한 이유'가 과연 성취되었는가에 대한 명백한 대답이 필요했다. 그 후에야 내가 무엇을 남기고 가야 하는지를 알 수 있게 될 것이었다.

'나를 위한 이유'에 관한 대답은 단순하고 명백했다. 나를 이 전통적인 교회에 보내신 이유는 나의 지독한 자기중심성, 칭찬과 인정받음을 향한 강렬한 욕구, 그리고 내가 주인공이 되려는 사악함 따위를 벗기고 깨뜨려 정상적인 제자의 출발선에 서게 하는 과정이 반드시 필요했기 때문이었다. 그것으로 인해 나는 진정으로 감사할 수 있었다. 그 답을 얻은 것만으로도 일생을 다해서라도 감격해야 한다는 것을 알았다.

하지만 나를 여기에 있게 하신 '교회를 위한 이유'에 대한 답은 여전히 떠오르지 않았다. 이대로 고요히 떠난다면 나는 조금의 기득권도 주장하지 않고 고요히 떠난 사심 없는 목사라는 알량한 명예를 얻을 수도 있을 것이나, 하나님은 이미 그것은 답일 수 없다는 사실을 알려주셨다. 만일에 내가 고요히 떠난다면 교회는 속시원해 하는 자들과 서러워하는 자들 사이에서 필연적인 갈등을 일으키게 될 것이고, 그것은 하나님께서 나를 이 교회에 보내신 적절한 이유가 될 수 없었다. 교회를 위한 이유에 대한 고민과 기도는 한참 더 계속될 수밖에 없었다.

새벽에 임한
명백한 응답

　그렇게 또 한 해가 갔고 어느덧 2009년이 시작되었다. 겉으로는 일상적인 목회활동이 펼쳐지고 있었지만, 물밑에서는 나를 거절하는 당회원들과 그들과 뜻을 같이하는 성도들의 모임이 계속되고 있었다. 동시에 내 안에서는 나를 이 교회에 보내신 '교회를 위한 하나님의 이유'에 대한 질문과 기도가 계속되고 있었다.

　4월 1일 새벽이었다. 불현듯, 그러나 분명하게 한 단어와 의미가 가슴에 선명하게 떨어졌다.

　'개척 = 새 포도주는 새 부대에.'

　어떤 것도 자신할 수 없었던 상황이었다. 아무것도 알 수 없었고 어떤 보장도 없었으므로 감히 생각하지 못했던 그 단어가 가슴에 떨어지자 갑자기 모든 것이 풀리기 시작했다.

　'하나님께서 하게 하시는 만큼만 하면 되는 거야. 하나님께서 가게 하시는 만큼만 가면 되는 거야. 하나님께서 하라고 하시는 것만 하면 되는 거야. 결국 개척과 목회는 나의 이야기가 아니라 하나님의 이야기야….'

　이 생각이 들어오자 생각은 급하게 진행되었다. 나이 지긋한 교회를 목양하기에는 턱없이 어리고 미숙한 자인 것이 명백하여졌으므로, 한 살부터 시작하는 교회 개척이 어울릴 거라는 확신이 임했다. 주님께 여쭈었다.

"이것입니까?"

행복감이 몰려왔다. 곧장 집으로 달려가 아내에게 말했다.

"개척한다는 생각을 하니 마음이 시원한데 어떻게 생각해?"

아내가 눈물을 흘렸다. 자신은 오래전부터 기도해 왔노라고 했다. 다만 내 입을 통해서 듣게 될 때 하나님의 응답으로 생각하기로 약속했었다고 전했다. 둘은 부둥켜안은 채 기쁨으로 울었다.

개척 결정은 이후 일생을 기도로 살아오신 장모와 목회의 은인 김인중 목사의 지지를 통해, 그리고 몇몇 동료들의 응원으로 더욱 확고해졌다. 물론 나를 위한 염려로 반대하는 이들도 내 마음의 확고함에 힘을 실어주었다. 날아갈 듯 행복했지만, 나를 여기에 보내신 '교회를 위한 이유'에 대해서는 여전히 답이 없는 상태였다.

"주님, 이 교회로 나를 불러 나를 고치신 후 개척하게 하시는 이유에 대해서는 분명히 알겠는데, 교회를 위한 이유는 무엇입니까? 이 교회는 단지 나를 위해 이용당하는 소모품이었습니까?"

물론 그럴 수도 있었다. 교회는 구성원들 중 누구라도, 그의 진정한 내면의 치유를 위해서라면 기꺼이 자신을 내주어 소모될 수 있는 그리스도의 몸이 아니었던가? 하지만 한 사람으로 인해 오히려 교회에 깊은 상처와 분열만 남게 된다면, 그것은 거룩한 내어줌과는 거리가 먼 이야기일 터였다.

교회를 위한
이유를 찾다

간절한 질문과 요청 속에서 마음에 무언가 떠오르는 것이 있었다. 이 전통적인 교회에서 떠남을 준비하는 짧은 시간 동안 그나마 할 수 있는 최선의 일은 교회의 모든 방향과 색깔을 결정적으로 좌우하는 '당회의 영적 분위기를 바꾸는 것'이다! 동시에, 아직 교회는 내가 떠날 생각이 있다는 사실을 모르는 만큼 담임목사의 자리를 걸고 움직일 수 있다면 당회의 영적 분위기 중 일부라도 새롭게 하는 일이 가능할 수 있겠다는 생각이었다.

마음에 담대함이 일어났다. 하나님이 주신 감동이라는 확신 때문이었다. 사임을 확정했기 때문이었고, 개척을 위해 교회로부터 어떤 지원도 받지 않을 생각이었기 때문이었다. 적절한 배수진이 생긴 거였다. 마음에는 또 다시 자유와 담대함이 가득해졌다.

이제 문제는 나를 지지하고 응원하는 장로들과 성도들을 설득하는 일이었다. 반대편에 선 이들은 쾌재를 부를 일이었으나, 그동안 미숙한 목자를 온몸으로 사수하고 지지해주었던 다수의 성도들과 나의 미숙함 때문에 굳이 반대편에 설 수밖에 없었을 성도들 모두에게는 '하지 말아야 할 일'을 해야 하는 상황에 이르게 된 것이다. 무엇보다 나의 행동이 보복적이 되지 않아야만 했고, 동시에 자신의 힘을 과시하는 방식도 되지 말아야 했다. 다만 당회를 새롭게 하기 위한 필연적인 진통은 감당할 수 있어야 했다.

우선 나를 지지하는 당회원들에게 내 마음에 임한 생각을 설명했다. 몇몇 분들은 나의 결단을 이해해주었고 다른 분들은 교회에 대한 무책임한 결정이라며 격렬히 반대했다. 나의 인내와 분투를 요청했다. 하지만 내가 여기 남아 있는 조건 위에서 행동하는 어떤 분투도 결국 나의 입지를 위한 싸움으로 인식될 것이 분명하였으므로 선택할 수 없는 길이었다.

나는 사임을 전제로 당회를 새롭게 하는 일에 쓰임 받으면 좋겠다는 의견을 냈다. 결국 응원하는 당회원들의 협력으로, 당회는 제직회를 통해 담임목사 사임에 따르는 책임을 당회원들이 지겠다는 여론을 형성했다. 그에 따라 당회에서는 당회원들의 재신임을 묻는 투표를 진행하기로 결정했다. 결과적으로 그 결정과 분위기를 근거로, 당회원들은 양쪽 편 모두가 공히 상호책임을 지기로 하고, 나를 포함하여 나를 지지하는 당회원 2명, 반대편에서 3명 등 총 6명이 함께 사임하는 걸로 결정했다. 이제 당회가 새롭게 되는 일은 남아 있는 당회원들과 성도들과 후임자의 몫으로 남게 되었다.

2부

대답하는 공동체로 자라가다

08   '살인의 추억'으로
간 교회

부르셨던 곳에서
잘 떠나기

당회원들의 파송 결정은 공동체가 파행적 결별로 더 깊은 상처를 끌어안지 않기 위해 합의한 쌍방의 동의였다. 내심 백의종군을 각오하고 퇴직금과 전세 대출자금을 통한 사택 개척을 염두에 두기도 했던 나로서는 참으로 감격스러운 선물이었다. 동시에 70년 세월을 훌쩍 넘어간 전통 깊은 나이든 교회가 담임목사를 새로운 교회의 개척을 위해 파송하는 것은 아브라함이 이삭을 출산하는 것 같은 느낌이라 신선하고 아름다울 수 있었다.

파송을 결정한 당회원들과의 몇 번의 회동 끝에 서로의 의견이 조율되면서 몇 가지 주요한 논의 결과가 정리되었다.

대답하는 공동체

1. 2009년 6월 마지막 주일 오후에 파송예배를 드린다.
2. 파송예배시 개척 후원을 위한 헌금시간을 갖는다.
3. 파송식 전까지 개척에 참여하고자 하는 성도들이 공식적으로 개척 참여를 신청할 수 있게 한다.
4. 개척 초기자금으로 2억 원을 지원하되 5년의 거치 기간을 거쳐 5년간 상환하는 조건으로 한다.
5. 2년간 월 300만 원씩 개척 목사의 생활비를 지원한다.

기대치 못했던 과분한 결정이었다. 나와 아내는 실망하지 않기 위해 아무도 개척에 동참하지 않을 수 있음을 기억하자고 몇 번이고 다짐했다. 동시에 우리 가족만으로도 충분히 행복한 예배를 드릴 수 있을 것 같은 호기 어린 만족감도 잃지 않으려 애썼다. 우리 부부는 이미 은퇴할 때까지 열 가정만 허락하신다고 해도 만족할 만한 목회를 할 각오를 서로에게서 확인한 터였다.

창신교회 성도들은 담임목사가 떠난다는 사실을 조금씩 인정하기 시작하면서 깊은 아쉬움과 매우 헌신적인 애정을 보여주었다. 새벽기도회에 참석하던 타 교회 성도 중 몇 분들도 개척한다는 소식을 들은 후 여러 가지 모양의 헌신을 약속했고, 개척이 시작된 후 그들은 어김없이 교회 의자와 빔프로젝터 같은 개척 교회에 필요한 상당히 많은 분량의 물품들을 후원해주었다.

어떤 교회를
어디에서 시작하는가

　대부분의 개척 목사들에게 공통된 과정이겠으나, 나는 수시로 엎드릴 수밖에 없었다. 이제 무엇보다 중요한 질문은 어떤 구체적인 준비가 되고 있느냐 하는 것이 아니라 '어떤 교회여야 하느냐'는 거였다. 그리고 그런 교회를 '어디'에서 시작하느냐는 거였다. 전자가 후자보다 말할 수 없이 중요한 질문이었지만, 나는 성급하게도 후자에 마음이 더 끌렸다. 단 열 가정만이라도 만족할 수 있겠다는 각오는 갸륵했지만, 개척 준비가 시작되자 교회가 하루라도 빨리 생존할 수 있는 현실적 조건에 관심이 생겼던 것이다. 그 첫 과제 중 하나가 교회가 자리잡을 위치였기 때문이다. 하나님의 이끄심에 온전히 맡길 수 있게 해달라는 주제로 그토록 열심히 부르짖는 중에도 여전히 마음은 생존의 효율적 조건을 붙들고 있었다.

　나는 일단 '송파'를 마음에 담았다. 어릴 때부터 송파에서 오래 살았던 데다 처가가 있었고 신도시가 형성된다는 소문이 파다했기 때문이다. 그 지역에 있는 학교를 빌릴 생각이었다. 무엇보다 송파를 염두에 둔 가장 중요한 이유는 서초동에 위치한 창신교회 성도들이 따라올 수 있는 거리를 고려했기 때문이었다. 사역하는 3년 반 동안 등록한 성도들 중에 따라올 만한 분들이 제법 되지 않을까 하는 기대감이 있었다. 하나님만 전적으로 신뢰한다고 부르짖는 중에도 현실적으로 유리한 조건들을 여러 모양으로 은밀히

대답하는 공동체

고려하는 일이 계속되었다. 하지만 주님은 분명코 그런 식으로 시작하라는 의미에서 개척을 명하신 게 아니었을 것이다.

송파에 있는 학교와 접촉을 시도하는 중에 안산동산교회의 분립 개척 교회인 은혜의동산교회에서 설교할 기회가 생겼다. 그 교회 성도들 중 다수는 안산동산교회에서부터 친밀한 관계였다. 수차례의 말씀 강론 기회를 통해 서로에게 익숙한 터였으므로, 나는 설교 말미에 불현듯 개척에 관한 이야기를 꺼내며 기도를 부탁했다. 며칠 후, 이규현 목사로부터 연락이 왔다. 실은 은혜의동산교회에서 경기도 화성시 향남이라는 지역에 분립 개척을 하려고 준비해왔는데 개척 목사가 시간을 더 달라 하여 미루고 있는 중이라는 거였다. 그 자리에 개척하면 어떻겠느냐는 제안이었다. 자기 교회 성도 중에 정갑신 목사가 그곳에 개척하는 것이 하나님의 뜻일 거라 말하는 이들이 있다는 말도 덧붙였다.

하지만 결정적인 추천 동기는 다른 언급에서 일어났다. 40대 후반에 교회를 개척한다는 것은 목회 여정에서 마지막 도전일 가능성이 많은데, 그렇다면 잘 갖춰진 곳에서 세련되게 하려 하지 말고 화성같이 열악한 곳에서 해야 하지 않겠느냐는 도전이었다. 이 목사는 이렇게 덧붙였다.

"당신은 지금까지 늘 강남 같은 좋은 곳에서 목회해 왔잖아. 하지만 화성을 봐. 화성 하면 뭐가 떠올라? 살인의 추억이 떠오르잖아? 이곳은 살인의 추억이라는 오명이 있는 곳이야. 이렇게 어둡고 두려운 오명이 있는 곳에서 희망을 주는 교회를 개척해야 하는 거 아닌가?"

자존심을 상하게 하는 그의 말에 여운이 남았다. 나는 아내와 상의했고, 아내는 일단 내려가 보자고 했다. 이규현 목사는 우리 부부를 안내하고 다니며 향남의 작은 신도시 구석구석을 들여다보게 했다. 그는 향남 지역의 현실적 상황들과 지역 교회들의 형편을 세세히 꿰뚫고 있었다. 도전하고 자극했을 뿐 아니라, 향남 지역에 살고 있는 은혜의동산교회 성도 열 가정을 새로 개척되는 교회의 개척 멤버로 파송하겠다고 약속했다. 아내와 더불어 하나님께 '열 가정만 주셔도 감사히 목회하겠다'고 약속했었는데, 개척도 하기 전에 하나님의 대답이 '충만히' 임한 거였다.

떠남과
새로운 시작

혹 다른 어떤 의도가 숨어 있었는지 장담할 수 없겠으나, 무엇보다 진행되는 모든 상황이 나의 욕망에서 비롯된 것이 아니라는 느낌 때문에 편안했다. 어떤 전제를 갖지 않으려 한 채, 단지 하나님의 말 걸어오심에 대답만 하리라는 마음으로 시작한 것이 자유를 주었다.

이 목사는 오래 전에 봐두었던 한 중심 상가의 7층 80여 평 공간을 소개했다. 나는 다른 곳을 돌아볼 여유도 없이 곧장 계약했다. 옆에는 50여 평의 태권도장이 있었는데, 관장과 협의하여 주일만 교육관으로 빌리기로 약속을 받았다. 사택은 상가에서 걸어 갈 수 있는 곳의 아파트로 정했다.

개척예배는 2009년 8월 첫 주일에 드리기로 하고 곧장 인테리어 공사에 들어갔다. 동시에 7월 한 달간 태권도장을 빌려 매 주일 저녁 2시간씩 4주간의 준비기도회를 가졌다. 첫 개척 준비기도회에는 창신교회, 은혜의동산교회, 안산동산교회, 개척 소식을 듣고 관심을 가진 여타 교회의 성도들 80여 명이 모였다. 일면식도 없는 몇몇 분들이 단지 새로운 교회가 개척된다는 소식을 듣고 기도하기 위해 모였다는 사실이 놀랍고 신비로웠다.

준비기도회의 참석 인원은 갈수록 많아졌다. 두 번째 모임에는 120여 명, 세 번째 모임에는 150여 명, 마지막 모임에는 무려 180여 명이 참석하였다. 이해하기 어려운 현상이었다. 한편으로, 주님께서 무슨 일을 하시려는 것인지 두렵고 궁금했다.

준비기도회 시간에는 교회 개척의 이유와 목적을 소개했다. 창신 교회에서 지원한 두 가정과 사전준비모임을 가졌는데, 그 중한 가정이 이미 향남으로 내려와 지역조사를 해놓은 상태였다. 지역의 영적 지도에 대한 그의 보고는 모두에게 깊은 인상을 주었다. 개척의 이유와 목적에 관해 소개한 다음에는 이유와 목적에서 찾을 수 있는 기도제목들을 두고 함께 기도했다.

참석한 멤버들은 서로를 소개했다. 개척에 동참하는 여부를 떠나, 한 지역교회가 세워지는 일에 거룩한 기쁨과 부담을 가지고 모인 모든 이들은 하나님 나라 안에서 한 공동체를 이루고 있음을 기뻐했다. 기도회 후에는 준비해온 작은 음식으로 간단한 식탁교제를 나누었는데, 한 지역교회가 세워지려는 순간에 어떤 기쁨과 설렘과 행복이 임하는지 역력히 느낄 수 있었다.

준비기도회를 갖는 7월 한 달간 안산동산교회 전도팀은 지역주민에게 교회 개척을 알리는 전단지를 나누어주는 일을 자원하였다(감격스럽게도 이 팀은 우리 교회에서 분립 개척을 하는 교회마다 일정한 기간 동안 정기적으로 방문하여 전도하는 일을 지원하고 있다).

동시에 나는 지역 곳곳을 방문하며 사람들을 만났는데, 먼저 테니스동호회에 가입하여 교제를 시작했다. 그 교제의 효과였는지 1년여 지난 후 동호회의 부회장 부부가 등록했다. 동시에, 그 기간 중에 개척 멤버로 확정된 이들과 함께 사택에서 주일예배를 드렸다. 주로 창신교회에서 개척에 동참하기로 한 가정들이 주축이 되었는데, 그야말로 영광스럽기가 이를 데 없었다.

자녀들을 포함하여 30명이 채 안 되는 성도들이 함께 모여 예배하는 작은 공동체는 세상의 어떤 부요한 교회도 부러워할 필요를 느끼지 못하게 했다. 예배공동체와 밥상공동체가 아파트 거실에서 연결되는, 그야말로 하나님 나라의 새가족 공동체, 새로운 사회였다. 향후 더러는 비극적인 대립과 갈등과 다툼과 결별의 시간을 맞을 수밖에 없는 연약함을 품은 상태였지만, 우리는 행복했다.

열려 있는
신도시의 환대

향남 신도시는 밝고 경쾌했다. 눈에 띄는 사람 대부분이 30대 젊은 주부와 그 가족들이었다. 누구도 기득권을 주장하기 어려운 마을의 신입 거주자들이었으므로, 모두에게 열려 있으나 누구도 주도하지 않는 신도시의 개방성을 모든 이가 즐기는 것 같았다. 무엇보다 도시가 작은 마을처럼 한 눈과 품에 쏙 들어오는 느낌이 좋았다.

1만 세대라는 거대한 숫자에 비해 전체적인 규모는 다정하고 품을 만했다. 산만하지 않아 서로에게 쉬이 익숙해질 만한 마을을 형성하기 좋은 형태였다. 대도시에서 이사 온 주부들에게는 문화적인 매력이 없어 보이기는 했으나, 새로운 문화에 적응하는 설렘이 당분간은 무료하지 않게 할 것이었다. 이 작은 도시가 나의 가정과 곧 시작될 새로운 교회를 기꺼이 맞아주는 것 같았다.

09

예수 냄새를
내는 교회

교회 이름 짓기의 설레임

교회를 개척하면서 누릴 수 있는 특권 중 설레고 두드러진 일이 이름 정하기다. 잉태의 희열 가운데 태아를 마음에 담고 태명을 정하여 불러주려는 부모의 설렘과 같다.

나는 화성시의 타 지역에 있는 외가에 어릴 때부터 드나든 기억이 있어 발안이라는 이름을 오래 전부터 기억하고 있었다. 개척지에 도착한 후에야 발안이 향남에 속한 동네라는 사실을 알게 되어 매우 편안하고 반가웠다. 그런데 발안의 영문표기는 'Baran'(바란)이었다. 히브리어로 '광야'이다. 그에 따라, 발안 혹은 바란과 조화를 이룰만한 이름이 무엇일까를 연신 고민한 끝에 '바란하늘'이라는 이름을 억지로 만들었다. 바란하늘교회, 파란하늘교회라는 느낌을 주는 동시에 광야의 하늘, 곧 광야에서도 하늘을 본다는 의미를 설명할 수 있는 이름이었다. 김진홍 목사의 《바닥에서 살아도 하늘을 본다》(한알의 밀알 간)는 책 제목이 떠오른 탓이었을까? 제법 의미가 담긴 이름으로 여겨졌다.

최종으로 이름을 결정할 자리는 은혜의동산교회에서 파송받게 될 개척 멤버들과 함께 모인 자리였다. 창신교회에서 개척 멤버로 참여할 분들과 함께 식탁교제를 나누는 시간이었는데, 나는 그 자리에서 교회 이름에 대하여 조심스럽게 의견을 개진하였다. 모인 성도들 대다수는 생경한 이름이라는 표정을 지었으나 별다른 이견도 없었다. 일단은 처음 듣는 이름이라 어색해하는 거라고만 생각하였다. 그런데 모임이 끝난 후 집으로 돌아가는 길에 이미 그 지역에 살고 있는 은혜의동산교회 성도 한 분이 말을 흘렸다.

"목사님, 여기가 향남읍 발안리예요. 이왕이면 '리'보다는 '읍' 이름이 들어가면 좀 더 비전이 있어 보이지 않을까요?"

그의 말이 마음에서 맴돌았다. 얇은 귀 탓인지 갑자기 '향남'이라는 이름이 마음에서 따뜻하고 부드러웠다. 개척 멤버들에게 이름을 공모하는 과정을 밟았다면 더 좋았겠지만, 개척 날짜를 단 몇 주 앞둔 터라 처음 모인 어색한 이들 사이에서 의사결정을 하는 과정이 부담스러웠다. 더구나 후보 이름을 제출했다가 채택되지 않는다면, 그들은 개척도 하기 전에 거절감부터 느낄 가능성이 있었다. 자신이 제출한 이름을 거절당한 끝에, 정해진 교회 이름을 달가워하지 않을 가능성도 있었다.

고민 끝에, 예수님이 머리 되시는 교회를 꿈꾸는 마당에 과감하게 예수님의 이름을 전면에 내세우자는 생각을 하게 되었다. '예수님의 향기가 난다'는 중의적 의미를 담아 '예수향남교회'로 정한 것이다. 다음 모임에서, 고민했다는 엄살과 함께 조심스럽게 이름을 제출했을 때 참석자들의 반응은 모두 호의적이었다.

　예수향남교회. 많은 이들이 이 이름이 참 좋다고 한다. 어감과 의미가 좋고 느낌도 따뜻하다고 한다. 그런 이야기를 들을 때마다 그 이름마저 하나님께서 허락하신 것 같아 기쁘다. 더구나 예수향남교회는 태생적으로 분립 개척과 유사한 본질을 지녔으므로, 향후 분립 개척을 할 때마다 예수 이름에 동네 이름을 붙이면 자연스러운 연대감이 느껴질 것 같다는 기대도 생겼다.

　실제로 2016년 1월 첫 주에 첫 번째 분립 개척한 교회는 '예수평화교회'다. 예수의 이름으로 평택과 화성을 아우르는 교회라는 뜻이다. 언젠가 하나님께서 기회를 주셔서 내가 분립 개척하게 된다면 화성과 평택 중간쯤에 두 도시를 아우르는 예수화평교회를 세우리라 생각하며 마음에 담은 이름이었는데, 개척하는 목사가 그 이름을 요구했던 거다. 그리고 2017년 수원 호매실 지역에 세워진 두 번째 분립 개척 교회 이름 역시 '예수호매실교회'다. 교회가 시작되고 교회와 복음의 본질에 천착케 하시는 성령의 강렬한 이끄심을 느낄 때마다 나는 이 이름이 참 좋다. 예수님이 머리이신, 예수님이 주인이신, 예수님이 대답이신, 예수님이 전부이신 예수향남교회, 고마운 이름이다.

교회의 존재 근거에 관하여

나는 틈틈이 교회가 나아갈 방향에 대하여 의도적으로 시간을 내어 생각하는 시간을 반복했고 메모를 축적했으나, 막연하고 어려웠다. 현실적 계산이 개입되는 일이 자동적으로 반복되면서 더 어려웠다. 무엇보다 교회와 교회 개척에 대한 뚜렷한 방향이나 철학이 부재하였기 때문일 것이다. 사실 교회의 교회됨에 대한 탐구가 없었던 것은 아니었다. 하지만 탐구의 바탕에는 예외 없이 자기 존재의 의미에 대한 갈망이 끼어들어 순전할 수 없었다. 그에 따라 교회의 교회됨을 위해 자신을 던질 수 있는 힘이 없었던 게 틀림없다. 욕망이 개입하면 불필요한 복잡성이 일어난다.

신학교에서 배운 것들을 기억해내려 애쓰면서 책들을 들추었다. 동료들과의 수없는 난상토론이나 십 수 년간의 부교역자 생활과 3년 반의 담임목사 경험에서부터 교회의 본질에 대한 단초들을 끄집어내려 애를 썼다. 하지만 여전히 어렵고 복잡했다. 역시나, 그럴듯하나 피상적인 신학적 논의들과 목회적 고민들은 결정적인 순간에는 힘을 낼 수 없었다. 나 자신이 교회의 본질에 대한 의미 깊은 고민, 무엇보다 실천적인 고민이 현저히 부족했다는 사실을 깨달아야 했다.

성경적인 교회상을 발견하고 그 우물에 자신을 던지려는 생각에 이르기에는 인정받는 목회자가 되려는 열망이 내면의 너무 깊은 곳을 차지하고 있었다. 꽤 신선하게 들리는 이야기들을 늘어놓지만 여전히 내면 깊숙한 곳에서는 성장과 부흥에 초점을 맞춘 욕구가 느껴졌고, 괜찮은 목회자가 되어 성공적인 목회를 펼치려는 야심에 초점을 맞추어둔 것을 지속적으로 발견했다. 첫 예배를 시작하기 위한 준비과정에서는 순전한 기쁨이 샘솟고, 개척의 영광 앞에서는 욕망의 얼굴이 잠시 감춰지는 듯 했다. 하지만 막상 요청되는 구체적인 행동에 정신없이 반응하다 보면 여지없이 저 밑바닥에 웅크리고 있는 그 얼굴을 발견할 수 있었다. 그토록 집요하게 내가 교회의 주인이 아님을 알게 하셨고, 인정과 공명심에 목말라 하는 목회적 추구가 얼마나 두렵고 치명적인 해악인지를 진작 깨닫게 하셨지만, 소용없었다. 나는 별 수 없는 인간이었다.

결국, 비교적 손쉬운 방법을 선택하기로 했다. 일단 나에게 깊은 인상을 주면서 향후 나의 목회 방향에 결정적 나침반 역할을 할 것으로 기대된 두 권의 책을 '교회됨을 위한 목회'의 교과서로 사용하기로 했다. 하나는《하나님을 경험하는 삶》(요단출판사 간)이었고 다른 하나는《미국을 움직이는 작은 공동체 세이비어교회》(평단문화사 간)이었다(지금은 IVP 간《세상을 위한 교회, 세이비어교회 이야기》를 참고할 수 있다). 헨리 블랙커비는《하나님을 경험하는 삶》을 통해 무엇보다 어떤 구체적인 사역과 사역의 결과를 향한 열망을 내려놓으라고 했다. 대신, 하나님과의 사랑의 관계가 모든 사역이 되게 하는 길을 선택하라고 권했다. 그는 이 본질적인 목회의 여정을 자신의 목회인생에 관통시켜 매우 현장성 있게 설명했고 효과적으로 설득했다.

"사랑하는 자에게 가르치려 하지 말라. 사랑이 그에게 모든 것을 가르칠 것이다."

러시아의 문호 막심 고리키가 했던 말이 목회적으로 적용된 느낌이었다. 그것이 실제가 될 수 있다면 무엇이 두렵겠는가.

2001년 친구 박노철 목사(현 서울교회 담임)의 소개로 접하게 된 이후, 성경적인 본질 위에서 구체적으로 실천한 헨리 블랙커비의 논지에 계속 마음이 끌렸다. 그 책을 안산동산교회와 창신교회에서 6년 이상 제자훈련 교재로 사용하는 검증의 시간을 가졌다.

예배와 수동적인 충성과 봉사에 익숙한 성도들에게는 다소 어색하고 새롭고 어려운 면이 있었지만, 그 이상의 신선하고 충격적인 파장도 있었다. 무엇보다 이 책은 하나님께서 얼마나 가까이에서, 얼마나 친밀하게 동역의 손길을 내밀고 계신지를 느끼게 해주었다. 그 모든 사역의 동기에서 '내 인생을 향한 하나님의 뜻'을 묻는 질문이 얼마나 자기중심적인 질문이 될 수 있는지를 알게 했다. 우리는 그 질문을 통해 여전히 '내 인생'에 집착하는 중이기 때문이다. 따라서 그는 단지 '하나님의 뜻이 무엇인지'를 묻는 질문에 답을 요청했다. 하나님은 어디선가 하나님의 일을 행하고 계신데, 그 일을 향해 부르시는 하나님의 요청을 민감하게 듣고 그 일에 참여하면 그 일이 곧 나를 부르시는 하나님의 일이 될 거라는, 막연하지만 매력적인, 그리고 뛰어드는 자는 반드시 알게 되는 길을 소개해주었던 거다. 그 길 끝에는 매우 자연스럽게 선교적 공동체가 있게 된다는 예지적 통찰 또한 덧붙였다.

'교회는 무엇'이라고
성경은 설명하는가?

2009년까지만 해도 우리에게 막 소개되기 시작했던 책인《··· 세이비어교회 이야기》는 이제는 많은 이들에게 선교적 교회(미셔널 처치: Missional Church) 운동의 모델교회가 될 만한 대표적인 교회로 널리 알려졌다. 예수 그리스도의 건강한 몸으로 존재하기 위해, 교회 안으로는 촘촘하고 강력한 영적 여정을 실행하고 그리스도 밖의 세상을 향해서는 결핍의 자리에 복음적 행동으로 대답하는 교회였다. 세상의 연약함과 결핍을 통해서 그리스도의 요청을 듣고, 그 요청에 공동체적으로 답하려는 몸짓이 교회의 생명이 되게 하는 방식을 교회의 양식으로 삼았던 것이다.

모임의 내향성에 치중하는 한편 종교화와 게토화의 길을 오히려 걸어온 보수적 한국교회에게 세이비어교회는 복음 중심적인 건강한 교회의 단면을 제시하고 있었다. 추구하는 동기에는 여전히 자기중심성이 강렬했다 할지라도, 보수교단의 목회자로서 줄곧 교회의 사회적 접촉면과 세상에 대한 복음적 확장, 곧 복음적 교회의 사회적 행동에 관심을 가졌던 내 입장에서, 세이비어교회는 가슴을 파고드는 깊은 매력으로 내게 다가왔다. 이 교회를 흉내내고자 하는 열망이 일어났다. 그 와중에 에베소서 1장 23절 말씀을 나름의 방식으로 붙들게 되는 계기가 있었다.

"교회는 그의 몸이니 만물 안에서 만물을 충만하게 하시는 이의 충만함이니라."

대답하는 공동체

교회의 정체성에 대하여 고민이 이어지는 중에, 어느 순간 우리가 신학적으로 추론하여 정리하는 교회론이 아니라 성경이 가장 원색적으로 말하는 '교회'에 관한 직접적인 정의가 있는지 찾아보고 싶었다.

　'교회는 무엇이다'라고 명백하고 확고하게 말하는 유일한 정의는 성경에 단 한 곳에만 있었고, 그것이 바로 에베소서 1장 23절이었다. 성경 전체에서 유일하고 성경이 직접 말하는 이 단순한 교회론으로부터 교회의 정체성에 관해 추론해보기로 했다.

　무엇보다 교회는 예수 그리스도의 몸이다. 예수는 하나님 보좌 우편으로 가셨지만 이 땅에서 여전히 자신을 볼 수 있도록 자신의 몸을 남기신 것이다. 그러므로 교회를 보면 예수 그리스도를 볼 수 있어야 한다. 하지만 지금 교회가 과연 예수님을 보여줄 수 있는가? 세상이 교회를 통해 무엇을 보고 있는지는 세상에게 물어야 하겠지만, 우리도 눈치껏 알고 있다.

　한국 사회가 한국의 교회들을 통해서 예수 그리스도를 볼 수 있겠느냐는 질문에 긍정적인 답을 할 수 있는 교회는 매우 제한적이다. 이유는 대다수의 교회가 그리스도의 몸으로 존재하지 않기 때문이다. 교회가 그리스도의 몸으로 존재하려 한다면, 교회의 얼굴과 몸짓이 예수의 그것이어야만 한다. 가르치고 치유하고 전파하되 궁극적으로 자기를 깨뜨려 내어 주는 방식으로 해야 한다.

　교회의 그리스도의 몸 됨은 '만물 안에서 만물을 충만케 하시는 분의 충만'으로 존재함으로써 드러나게 된다. 하나님은 만물 안에서 만물을 충만케 하시는 일을 하신다. 그리고 그 사역의 통로로 교회를 택하셨다. 무엇보다, 하나님은 만물을 만물 밖으로 끌어내려 하지 않으신다. 만물이 만물 자신 안에서, 하나님의 본래의 뜻, 만물을 향한 그의 충만하신 뜻을 회복해가기를 원하신다.

모든 만물은 사랑과 신뢰의 질서를 깨뜨린 우리를 통해 역사 이래 줄곧 함께 탄식하며 고통을 겪고 있다(롬 8:22). 사랑과 신뢰의 질서가 깨어지고 그 자리를 의심과 두려움이 차지해 만물을 지배하고 있으므로, 만물은 경계하고 대립하고 경쟁하면서 자기를 위해 타자를 파탄시키는 방식으로 자기를 파탄시키고 있다. 자아도, 가정도, 존재하는 모든 종류의 공동체도, 상호관계도, 어떤 성취도 그 의심과 두려움을 통해 몸살을 앓으며 소진해간다. 따라서 교회는 만물을 만물 밖으로 끄집어내어 새로운 세상으로 진입시키려는 통제적 초월 집단이 아니라, 만물이 본래의 자신의 얼굴을 찾아가도록, 만물 안에서 창조주의 얼굴과 구속자의 얼굴을 그들에게 드러내는, 섬기는 종이어야 한다. 이를 위해 교회는 만물 안에 있어야 하고 만물 안에 있는 것을 기뻐해야 한다.

교회가 만물 안에 있다는 것을 신학적으로 논증하기 전에, 가장 단순하게 우리는 그것을 '교회의 지역성'이라 생각할 수 있다. 세상을 위한 교회라 할 때, 우리는 자칫 한 지역에 속한 교회가 지역을 넘어서 모든 지역을 위한 교회가 되려는 열망에 삼켜지지 않도록 주의해야 한다.

나라의 교회 될 생각 말고
지역의 가족이 되라

개척 교회의 사명을 위해 기도하는 동안 하나님께서는 내면에 이런 감동을 주셨다.

"한국교회를 생각하지 말라. 조국교회 운운하지 말라. 다만, 너와 더불어 시작하는 교회가 심긴 그곳을 위해 기도하고 그곳에서 그들과 함께 있으라."

하나님은 교회로 하여금 교회가 속한 지역에서 지역의 주민들과 더불어 진실된 사귐의 공동체가 되게 하신다. 사귐은 안으로의 사귐뿐 아니라 밖으로의 사귐이어야 한다. 지역의 결핍과 필요에 영적으로뿐 아니라 실제적으로 응답할 수 있는 사귐과 책임의 공동체여야 한다.

교회는 대한민국의 모든 영혼을 향하려는 욕망을 내려놓고 마을 혹은 그 동네 혹은 그 작은 도시의 교회여야 하고, 그 지역 사람들이 그 교회와 소통할 수 있는 공동체여야 하고, 교회와 지역이 서로에게 기꺼이 즐거움으로 상호 접촉하고 상호 참여할 수 있는 지역의 가족이어야 한다. 교회는 그곳에서 만물을 충만케 하시는 하나님의 사역에 참여해야 한다. 이미 그곳에서 만물을 충만케 하시는 일을 하고 계신 하나님이 어디서 무엇을 행하고 계신지를 묻고, 하나님의 대답을 따라 그 사역을 향한 하나님의 초대에 기꺼이 참여해야 한다. 이를 위해 하나님께 귀 기울여야 하고 귀 기울임에 답하시는 하나님의 대답에 다시 대답해야 한다.

하나님께서 만물을 충만케 하신다는 것을 어떤 의미로 이해해야 하겠는가? 일차적으로 하나님께서 만물 각각에게 주신 존재 의미와 목적이, 다시 말하면 남자에게, 여자에게, 가정에게, 자녀에게, 서로의 관계에게, 학교에게, 문화적 표현들에게, 사회구조적 질서에게 주신 모든 존재 의미와 목적이 하나님이 목적하신 뜻에 합당하도록 회복되고 충만해지도록 일하시는 것을 의미할 것이다. 이 일들은 교회 안팎에서 이루어져야 하는 일들이다.

따라서 교회가 진실로 하나님의 뜻을 따른다면, 그 형태와 규모의 차이는 있겠으나, 모든 교회는 예배, 선교, 가정, 교육, 복지, 문화, 사회적 이슈에 이르기까지 삶의 전 영역에서 명백한 복음적 대안을 향한 하나님의 이끄심에 대답하도록 자신을 내어드릴 준비를 해야 한다. 교회는 하나님의 사역을 위한 충만, 곧 완성을 향해 드려지는 예수 그리스도의 몸으로서 여기에 존재하고 있기 때문이다.

교회의 본질 위에
사역을 세우는 길

교회에 '관한' 이야기는 누구나 그럴 듯하게 펼칠 수 있겠으나 그것이 현장에서 본질을 놓치지 않고 적절하게 표현되는 것은 다른 문제다. 완전히 다른 문제는 아닐지라도 난제 중 난제다. 그것이 난제가 되는 가장 큰 이유는 바로 목회자 자신 때문이다. 본질은 언제나 목회자의 무지에 의해 흐려지거나, 욕망에 가려지거나, 본질의 냄새만 내는 욕망의 길로 곤두박질한다. 본질의 얼굴을 한 욕망을 창조하는 목회자는 유능하다. 이로 인해 교회의 본질 위에서 사역을 제대로 펼쳐간다는 것은 실로 요원한 일이다.

따라서 이를 위한 최초의, 그리고 지속적인, 그리고 최종적인 몸부림은 하나님 앞에서 '함께' 묻는 것이어야 한다. 이를 위해 나는 개척 첫해부터 매해 가을, 다음 한 해 동안 교회가 집중해야 할 사역에 관해 주님으로부터 듣고자 했다. 무엇보다 성도들에 대한 상대적 우월성을 근거로 목사가 주도하는 들음을 피하고 '온 교회'가 함께 듣고자 했다. 자칫 민주적 절차를 섣부르게 교회에 끌어들인 과시적 형식이 될 수도 있었지만, 그렇게 하지 않으려는 두려움과 독단보다는 나은 선택일 거라 생각했다. 우리는 이것을 단순히 '비전기도회'라 부르기로 했는데, 이에 대해서는 〈목회와 신학〉 2013년 12월호에 실렸던 내용을 약간만 수정하여 정리한 다음 내용을 참조하는 게 좋겠다.

전 교인과 더불어
목회 비전을 디자인하는 '비전기도회'

목회 비전은 세우는 것이라기보다는 다가오는 것이다. 소위 '비전'을 오늘의 고통에서 피는 내일의 꽃이라 이해한다면, 필자의 경우에도 하나님의 그림과 나의 현실의 격차에서 만난 고통에서 목회 그림이 다가왔다고 할 수 있다.

2006년 1월. 전통적 혹은 정통적 기준에 순하게 물들어간 칠순이 넘은 교회에서 힘에 겨운 담임 목회를 시작하게 됐다. 그 힘겨움은 교회가 아니라 순전히 필자의 연약함으로 발생한 자연스런 현상이었다. 과거 대형 교회들로부터 배우고 익힌 현대적 목회의 틀이 칠순 고개를 넘어가는 전통 교회의 틀과 격하게 부딪히면서 필자의 자만심을 깨뜨렸고, 꼿꼿했던 영적 기상은 맥없이 고개를 숙였다. 3년 6개월. 시작도 못해본 채 필자의 목회는 끝날 것 같았다. 그런데 목회의 틀과 그 틀을 통제해온 내밀한 탐욕을 들추어낸 하나님의 말씀이 심장에 꽂혔다.

"모든 사람이 너희를 칭찬하면 화가 있도다 그들의 조상들이 거짓 선지자들에게 이와 같이 하였느니라"(눅6:26).

부딪힘과 좌절의 중심에 있는 내 목회의 좌장은 칭찬받으려는 욕구임을 깨달았다. 나는 좋은 목사보다 좋은 목사라는 '칭찬'을 원했다. 사람들의 시선을 연료 삼아 불타오르는 열망으로 자신의 영혼을 새까맣게 태웠던 것이다. 그 순간, 주님께 고백했다.

"사람들의 시선을 향하는 저의 모든 안테나를 꺾어 주옵소서. 주님의 목회에 참여하고 싶습니다."

그때 주님께서 내 눈에 들어오게 하신 책이《… 세이비어교회 이야기》였다. 크나큰 자극과 도전이 묵직한 만큼 부끄러움과 감격이 불같이 교차했다. 40여 년간 150여 명 남짓한 성도들을 온전한 제자로 키워내기 위해 몸부림하는 교회, 그리고 세상과 접촉하는 복음의 진정한 얼굴로 세상의 자발적 칭찬을 주님께 돌리는 그 교회가 나를 사로잡았다. 소위 말하는 미셔널 처치에 대한 비전이 내게 다가온 것이다. 그 비전에서 샘물을 마시면서 나는 기력을 회복했고, 교회 개척을 꿈꾸게 됐다.

무엇보다 함께 기도하고 세우는 교회 개척이기를 원했다. 한 목사의 비전의 깃발 아래 성도들이 모여드는 교회가 아니라 주님의 비전에 참여하려는 각 지체들이 한 지역 교회에서 주님의 비전을 이루려 모이는 교회로 진행되려면, 목회 비전을 세우는 일부터 '함께 기도하고 함께 세우는' 방식을 취해야 했다.

2009년 7월 한 달은 4회에 걸쳐 개척 준비를 위한 비전기도회(비전에 대해 함께 하나님께 귀 기울이기)를 가졌다. 비전기도회는 이후 조금씩 세심하게 조정됐다. 한 명의 권위자나 몇 명의 주장 강한 성도들이 아니라 자발적으로 참여하는 모든 성도들이 함께 교회의 목회 방향을 정하는 매우 중요한 목회 일정으로 자리 잡았다. 비전기도회는 대략 다음과 같이 진행된다.

매년 9-10월 중에 자원하는 모든 성도들이 한 공간에 모인다. 모인 성도들을 세 사람씩 소그룹으로 나눠 30분의 시간을 할애한다. '명년에 우리 교회가 집중해야 할 주님의 마음이 무엇이겠는가'를 주제로 각자 5분간 기도한다. 기도 후에는 5분간 서로 말하는 걸 경청한다. 이것을 세 번 반복하는 과정에서 가능한 한 세 사람의 마음이 한 뜻에 모이도록 힘쓴다. 그리고 모든 그룹마다 자신들이 정한 방향을 스티커 용지에 적어 제출한다. 제출된

용지들을 벽에 붙여 범주별로 모아 각 범주별 제목을 붙이고, 분류가 잘 됐는지 모든 참석자들이 보고 동의를 거쳐 통과시킨다. 분류가 되는 동안 성도들은 다과를 나누면서 서로 자유롭고 충분한 대화와 교제 시간을 갖는다. 다시 모인 성도들은 합심 기도 후, 모든 참석자들에게 배부되는 작은 스티커 세 개씩을 손에 쥔 채, 기도 중에 마음에 일어난 주제, 하나님의 이끄심이 분명하다고 생각되는 주제에 붙인다. 가장 많은 스티커가 붙은 주제를 주님의 뜻으로 받기로 이미 결정했으므로, 스티커가 집중된 주제를 명년에 집중해야 할 사역으로 정한다. 그 후에는 세 명으로 구성된 그룹들을 묶어 12명에서 15명 그룹으로 확장한다. 그리고 다시 합심 기도 후, 약 한 시간에 걸쳐 이 주제를 어떻게 구체적으로 실천할 것인지에 대해 진지한 의견을 나눈다.

각 그룹에서 논의한 결과들이 전 참석자 앞에 발표되면 교역자들은 이를 목회적 관점으로 정리하여 주일 예배를 통해 온 성도들 앞에 보고한다. 이후, 보고된 주제와 시행방안들은 사안에 따라 각 사역팀별로 분류되고, 각 사역팀은 명년도 사역 및 예산 배정에 반영시킨다. 이를 통해 개척 이래 매년 정해진 한 해의 집중사역들은 다음과 같았다. '회복과 연합', '소통 Up In Out', '본질로의 회복', '하나 되게 하소서', '우리를 통해 세상이 주님을 봅니다', '청소년! 믿음 다하여 세워가리라' 등이었다.

중요한 것은 성도들이 함께 귀 기울여 들은 하나님의 뜻을 따라 사역의 방향을 정하고, 성도들이 함께 서로를 존중하면서 토론

대답하는 공동체

한 방식들이 목회적으로 표현되고, 그것에 재정이 사용된다는 것이다. 이를 통해 교회는 온 성도들이 함께 대답하는 교회로 조금씩 성장해 간다.

여행의 감동은
떠나기 직전에 절정에 달한다

개척 준비의 모든 과정은 버겁고 어수선했다. 하지만 그 어떤 부담도 교회 탄생의 설렘 앞에서는 쉬이 잦아들었다. 준비기도회가 진행되는 4주 동안, 또 같은 기간 사택에서 주일 낮 예배가 진행되는 동안 느낀 행복감은 전무후무한 감동이었다.

여행의 감동은 떠나기 직전에 절정에 달하듯, 개척도 유사할 수 있다. 어느 누구도 자기주장을 하지 않았다. 모두가 서로를 받아들였다. 볼 때마다 서로를 수줍게 반겼다. 연약함은 설렘의 수면 아래 감추어져 당분간은 노출되지 않을 것이지만, 서로에 대한 이해와 배려와 따뜻한 시선으로 가득하였던 그 시간이 사무치게 그립다. 그 시간의 정겨움과 행복감을 과연 다시 맛 볼 수 있을까?

10

예측할 수 없는
교회의 탄생

예수향남교회가
시작되다

개척을 준비하는 한 달여의 짧은 시간 동안 무수히 많은 친구들과 선후배들, 그리고 한 지역교회의 설립을 기대하는 사방 각처의 성도들이 적지 않게 기도와 격려를 위해 방문했다. 이제 그들이 남긴 꿈으로 가득한 언어들이 현실에서 시행돼야 할 시점에 이르렀다. 개인적으로 조용히 방문한 김인중 목사는 막 꾸며져 페인트 냄새 가득한 작은 예배당에 마주 앉아 무지막지한 격려와 무리한 기대와 마음 다한 기도를 남기고 돌아갔다. 생각하지 못했던 후원과 격려의 손길이 이어졌고, 특히 향남으로 이사 온 적지 않은 안산동산교회 성도들이 많은 격려가 되었다. 실제로 그들 중 상당수는 후에 예수향남교회의 신실한 성도들이 되었다. 창신교회에서도 수개월에 걸쳐 50여 명 가까운 성도들이 개척 멤버로 참여하기 위해 향남까지 내려오게 된다. 은혜의동산교회에서 눈물의 파송예배를 통해 개척에 참여한 이들이 준 힘은 두말할 것도 없다. 모든 선한 격려와 도움의 손길이 소망어린 기대의 모자이크 조각들이 되었다.

드디어 2009년 8월 2일 주일 아침, 백상프라자 7층 한 켠 예배실에서 공식적인 첫 주일예배가 시작되었다. 50여 평 예배실과 자모실, 뒤편으로 따로 구분된 교제실과 아기들을 위한 작은 교육실, 그리고 사무실이 우리가 전용할 수 있도록 준비된 공간이었다. 과분했다. 물론 공간은 물리적인 의미에 제한되지 않는다. 주님은 이제 이 공간 안에서부터 당신의 몸을 일으키실 터였다. 그몸은 지휘자의 손끝에 쥐어진 지휘봉의 움직임을 놓치지 않는 과정을 통해 일어서게 될 것이다.

스스로 놀랄 만큼 감격스러웠던 것은 창신교회에서의 경험이 내 안에서 '담임목사직'에 대한 건강한 기피증을 일으켰다는 사실이다. 나는 예수향남교회의 담임목사나 당회장이 되고 싶지 않았다. 책임을 지고 싶지 않기 때문이라기보다는 책임을 과도하게 지려 할까봐서였다. 이를 위해 나는 담임목사 명패를 만들지 않았다. 실로 흥분되는 일이었다.

마침 첫 예배 하루 전인 8월 1일, 한 조간신문이 1면 톱기사로 '전국에서 가장 활력 넘치는 도시, 화성'을 실었다. 이전에는 '살인의 추억'이라는 연쇄살인사건의 오명을 뒤집어 쓴 도시였고 내게도 오직 그 이미지로만 각인된 도시였지만, 그날 그 기사는 예수향남교회가 화성에 세워지는 것을 축하라도 하는 듯 여겨졌다. 과도한 아전인수조차 당당했다. 그 보도에 따르면 화성은 서울보다 1.4배 넓은 면적에 동탄 신도시 같은 첨단 대도시가 건립되었고, 향후 송산 그린시티가 건설될 예정이었다. 향남제약단지와 발안산업단지 등을 비롯하여 무수히 많은 산업단지들, 삼성, 현대, 기아 등 막강한 대기업들이 포진해 있었다. 따라서 이것과 연관된 중요한 지표들이 화려했는데, 화성이 중소기업체 수 1만 2천여 개로 경기도 1위, 전국 인구 증가율 1위(1995년 20만이던 도시가 2009년 현재 50만으로 급등했다), 30대 인구 유입률 전국 1위, 경제자립도 전국 1위 등 대단한 성적을 보유하고 있다는 기사였다. 장밋빛 가득한, 설레는 보도였다.

물론 이런 지표들이 한 지역교회가 본질과 참된 부흥을 추구하려할 때 긍정적이 되느냐 여부는 더 많은 시간과 다양한 변수들과의 상호작용이 필요할 터였다. 동시에 교회의 본질을 일으키고 세우는 사명과는 전적으로 무관한 지표들인 게 분명하다. 하지만 개척 전날 이런 보도가 대대적으로 있었다는 사실이 큰 격려와 희망의 씨앗이었다는 것만은 분명했다(화성은 인구 증가에 발맞추어 새로 개척되는 교회의 숫자도 전국 최상위권이다. 더구나 그로부터 8년이 지난 2017년 통계에 따르면, 화성은 지자체 종합경쟁력 평가 전국 1위, 인구 증가 속도 전국 1위, 초등학생 증가규모 전국 1위, 전국에서 가장 젊은 도시 1위, 10년간 도시 성장 속도 전국 1위 등의 지표를 기록하였다. 물론, 어떤 목회를 추구하느냐에 따라 이 모든 지표들은 알량하기만 할 숫자놀음에 불과하게 될 것이다. 세워지는 각각의 교회들이 어떤 목회를 지향하느냐가 더 관건이다).

아름다운 첫 동역자들

영광스러운 첫 예배를 드리던 날, '첫'의 어감에 담긴 무수한 밝은 이미지들을 한껏 누리면서 예배당으로 향했다. 다음세대에게 스며들어 확장되는 복음은 교회가 거기에 존재해야 하는 이유들 중 큰 비중을 차지했으므로, 우리는 첫 주일부터 주일학교를 시작하기로 했다. 미취학부와 어린이부, 청소년부를 전담할 사역자들을 따로 세웠다. 어린이부를 위해서는 교역자를 세웠지만, 개척 교회의 재정 여건상 다른 부서들을 위해서는 소수의 개척 멤버들 중 교육의 은사가 엿보이는 성도들을 전담교사로 세웠다. 제한된 인원으로 주일학교를 운영하기 위해 첫날부터 청소년들과 교사들을 위한 1부 예배를 준비했고, 나머지 장년들을 위해서는 2부 예배를 준비했다. 청소년들은 1부 예배를 함께 드린 후 청소년 담당 교사들과 함께 셀 모임을 통해 내면이 다루어지게 했다.

개척에 동참한 교역자들은 나를 포함하여 네 명이었다. 나로서는 호사를 누렸으나, 나를 제외한 세 분 모두는 전임사역자 수준의 노동과 자원봉사자 수준의 급여를 기꺼이 감당하였다. 초기 1

년간 이들은 거의 소모되듯 헌신하였다. 이들과 더불어 10여명의 운영위원 성도들의 헌신 덕분에 거의 매주일 10여 세대 이상 등록하는 급격한 변화가 끊이지 않는 와중에도 교회는 별 탈 없이 세워져가고 있었다.

나는 여전히 자신의 다혈질적 기질에 충실하여 즉흥적이고 돌발적인 계획과 원칙 없는 임기응변을 남발하였으므로 교역자들은 틀림없이 버거웠을 것이다. 그런 태도는 이후 새롭게 합류한 창신교회 출신 동역자들에게도 동일한 부담을 주어 깊은 불편을 느끼게 하였을 것이다. 그럼에도 불구하고 이 귀한 동역자들은 한 지역 교회가 어디선가 새롭게 시작되는 일에 자기 현실과 생활을 뛰어넘어 마음을 쏟기로 작정한 이들이었다.

이들 중 한 목회자의 이야기를 꼭 남기고 싶다. 그는 창신교회에서 장로로 시무하던 중, 60대 중반에 정보통신부 고위 공직생활을 접고 총신대 신학대학원에 입학했다. 그리고 2학년 중반에 예수향남교회 개척 멤버로 참여하여 교육전도사로 사역을 시작했다. 그는 공직 생활 중에도 예수 전하는 일을 일생의 사명으로 생각하여 왕성하게 복음을 전했고, 신학생이 되어서는 방학 때마다 낙도 선교에 열정을 쏟았다. 예수향남교회에 부임해서는 노인복지관에서 노인들을 섬기고 사할린 동포 노인들과 장애우를 돌보는 일에 힘을 쏟았다.

목사안수를 받은 후에는 교역자가 없는 섬 교회를 찾아다닌 끝에 통영 아래 사량도 외지교회 담임목사로 부임했다. 교회는

2011년 1월 그를 낙도 사역 담당 국내선교사로 파송하여 지원했다. 그곳에 낡고 흔들리는 교회 건물은 있었다. 하지만, 누가 보더라도 지역에 생명력을 불어넣는 것은 고사하고 생존이라도 할 만한 교회는 없는 곳이었다. 다만 자신들의 마지막을 기다리면서, 외지교회가 좋은 일꾼을 만나 제대로 일어서기를 기다리는 2.3명의 '교회'가 있기는 했다. 그들의 기도가 응답된 거였을까? 정 목사의 부임은 그 교회에 완전히 새로운 장을 여는 사건이었다.

정 목사는 지역 주민들에 대한 규칙적인 방문과 마을 주민들과의 친밀한 교제를 쉼 없이 해나가는 동안 점차 주민들의 마음을 얻었다. 친밀함과 신뢰가 깊어지면서 부임 후 불과 1,2년 만에 교회를 새로 개축하게 되었을 때, 놀랍게도 이장과 마을주민들은 함께 힘을 모으기로 하고 수백만 원의 헌금으로 자신들의 마음을 표했다. 게다가 정 목사는 이후 복음을 위한 열정이 가르치는 지혜와 공직 생활에서 얻은 행정력을 동원해서 잘 사는 마을을 위한 사업들을 구상했다. 그에 따라 어촌계 새마을운동이라 할 수 있는 자율관리 공동체 사업을 기획하여 정부로부터 세 차례에 걸쳐 8천만 원씩, 한번에 1억 2천만 원의 지원을 받아 마을을 위한 공동선박을 구입했다. 마을이 공동으로 운영하는 선상 펜션을 건립하고 전복양식장도 세웠다.

예수향남교회를 비롯하여 창신교회와 부산수영로교회 등과 연결하여 꾸준히 단기선교팀을 받아 동역하면서, 외지마을 주민들이 그곳에 홀로 떨어져 있는 자들이 아님을 확인시키고자 했다.

그러한 총체적이고 전인적인 동역을 통해 마을 주민들이 복음의 실제성을 경험하면서, 7년 어간에 실제 거주민 총 30여 가구 중 15가구 27명의 성도가 교회에 등록하는 기적을 일으켰다.

급기야 정 목사가 만 70세가 되어 마을을 떠나야 하는 상황에 이르자 마을 주민들은 노회를 상대로 정 목사의 임기연장을 청원하였다. 노회는 그것을 받아 정 목사의 사모 연령에 맞추어 사모를 담임전도사로 위임하고 정 목사를 설교 협동목사로 임명하여 임기를 2년 연장하는, 기껍고 정겨운 헌신으로 동역해주었다. 특별하고 아름다운 사건이었다. 마침내 2017년 말 정 목사가 사량도를 떠나야만 하는 상황에 이르자, 마을 주민들은 아쉬워하며 석별의 정으로 마을 입구에 큰 플래카드를 걸었다.

"정종규 목사님 유영례 사모님 그동안 수고 많으셨습니다."

그리고 마을 주민들의 이름으로 두 분의 노고를 위로하기 위해 5백만 원의 은퇴여행경비를 지원하였다. 실로 감동적인 복음의 승리다.

나는 진즉에 정 목사에게 '갈렙'이라는 애정어린 별명을 붙여 드렸는데, 그의 모습과 사역의 자태는 갈렙과 거의 정확히 겹친다. 정종규 목사는 사량도 외지교회 은퇴 후 예수향남교회로 다시 복귀하였다. 그리고 실버사역 담당 협동목사로서 사역을 개시하였는데, 그의 열정적인 헌신으로 현재 예수향남교회 어르신들은 큰 위로와 격려를 받고 있다.

예측할 수 없는 교회

개척을 여는 첫 주일예배와 교제가 감격스럽지 않을 수 있을까? 처음 예배라는 사실만으로도 우리 모두는 감동에 젖었다. 게다가 우리를 놀라게 한 것은 '속되게도' 숫자였다. 개척 예배를 축하하는 방문객이 많았지만, 그들 외에 개척 멤버들을 포함하여 당일 처음 출석해 예수향남교회 가족으로 공식 등록한 성도들은 장년 65명, 주일학생 25명가량이었다. 찬찬히 단단하게 세워져가는 그리스도의 몸, 세이비어교회의 비전이 멀어져가는 첫 신호가 될 수도 있었으나, 생각보다 많은 이들의 등록으로 나는 흥분을 감추지 못했다.

하나님을 경험하는 삶에서 반복적으로 배운 귀 기울여 들음과 세이비어교회에서 배운 치밀하고 집중적인 제자훈련은 마음에서 잠시 멀어졌다. 아니, 거의 잊혀졌다. 단지 숫자에 흥분했기 때문이고, 그간의 처절한 깨달음에도 불구하고 내가 여전히 숫자에 집착하는 자였기 때문이다. 개척 첫 날, 신중하고 조심스럽게 시작되었어야 할 '그리스도의 몸 세우기 위한 세밀한 과정'은 벌써 생략되고 있었고, 어느 새 이 많은 등록자들의 새가족 심방을 어떻게 할 것인지를 염려하고 있었다. 좋은 의미의 예측할 수 없음은 나쁜 의미의 예측할 수 없음과 겹쳐 있었다.

의식의 수면 아래 가라앉은 영혼의 염려는 적중하였다. 예측할 수 없음은 하나님의 가슴에서 나온 하나님의 이야기와 그 이야기에 뛰어들었을 때 경험할 수 있는 완전한 새로움에 관한 것이어야 했지만, 단지 '성장'이라는 측면에서 예측하지 못했던 결과들이 계속되자 나는 하나님께 귀 기울이기보다는 이미 이 모든 현상들이 하나님의 이야기라는 단순한 생각에 빠져들었다. 이 현상에 대하여 단지 목회적으로가 아니라 교회 본질에 비추어 어떻게 대응해야 할 것인지를 묻지 못했다. 이 현상에 대한 나의 반응을 하나님께서 어떻게 생각하시는지에 귀 기울이지 못했다. 다만 흥분했고 설레었고, 목회적 반응과 대응들에 주력하느라 분주했다.

개척 첫 주일뿐 아니라 둘째 주도 마찬가지였다. 12월 말에 이르기까지 매주일 최소 열 가정 이상씩 등록하는 기이한 현상이 벌어졌다. 그에 따라 12월 말이 되었을 때, 5개월 만에 예배에 참석하는 장년은 300명에 육박했고 주일학교는 120여 명이나 되었다. 그리고 1주년이 되었을 때 주일예배에 참여하는 장년이 500명을 넘어섰고, 주일학교는 250명 가량이나 되었다. 나는 다소 흥분한 것 같았지만 극도로 긴장했다. 벌써부터 성도들 사이에서는 내홍이 시작되었고, 나와 특정한 운영위원 사이에서는 갈등이 불거졌고, 제자반은 파행적으로 진행되고 있었기 때문이다.

성도들 사이에서 일어난 내홍은 충분히 준비할 기회를 갖지 못한 성도를 현실 논리에 따라 혹은 인정 관계에 따라 일꾼으로 임명한 목회적 불신실함 때문에 일어났다. 그에게는 좀 더 섬김에 대한 훈련의 기회가 제공되었어야 했다. 이전 교회를 출석하는 동안에도 누군가를 섬기는 위치에 있어 본 일이 없었기 때문이다. 하지만 개척 멤버에 대한 보상이었든지 일꾼으로 세울 만한 일면

대답하는 공동체

식이라도 있는 이들이 없었기 때문이든지, 나는 성급히 그에게 중요한 섬김의 자리를 부탁하고 말았다. 그리고 곧 사단이 났다.

그는 틀림없이 잘하려 했을 거였다. 하지만 급히 구성된 일꾼들 사이에서 그로 인해 상처 받는 이들이 일어나기 시작했고, 나는 성급히 불을 끄기 위해 무리수를 두었다. 나는 지나치게 담대히 훈계함으로 그가 다시 출발할 수 있는 기회를 박탈했다.

공간 확장에 대한
이슈의 등장

나와 특정한 운영위원 사이에 발생한 갈등은 예배 공간에 대한 이견 때문이었다. 개척 후 5개월이 지났을 때 예배실 공간이 지나치게 협소해졌다. 공기는 탁했고 산소는 턱없이 부족했다. 어느 날, 한 임산부가 매우 고통스러워하여 예배 중 탈출해야 하는 상황이 발생했고, 그것은 자연스럽게 공간 확장에 대한 이슈를 불러 일으켰다.

마침 아직 분양중인 건물이던 터라 4층 전 층이 비어 있었다. 그곳을 빌리게 되면 500여 명이 동시에 예배를 드릴 수 있을 뿐 아니라 자모실과 친교실까지 다소 여유있게 확보할 수 있었다. 나는 이미 그것이 노골적인 욕망인 줄도 모른 채 '성장의 물결'을 타고 있었으므로, 현재의 공간은 교육관으로 쓰고 4층을 예배실로 사용하는 방안에 대하여 운영위원들과 논의하기에 이르렀다. 누구나 예측할 수 있듯이, 운영위원 다수는 개척 담임목사의 의견에 별다른 이견을 달지 않았다. 우리가 직면한 상황이 공간 확장을 요청하고 있다는 것을 누구라도 알 수 있었기 때문이다.

하지만 열 명의 운영위원 중 한 분은 미온적이었고 다른 한 분은 격하게 반대하였다. 성장을 목표로 개척된 교회가 아님을 공유해 왔는데, 어찌 이토록 발 빠르게 성장에 발맞추어 반응할 수 있겠느냐는 논지였다. 돗자리를 깔고 예배를 드리거나 예배의 횟수를 늘이는 방식을 취하더라도 현재의 공간에 좀 더 적응하자고 강력하게 주장하였다. 마땅히 할 수 있는 말이었고 교회의 개척 정신에 보다 합당한 논리였다. 하지만 나는 이미 4층으로 이전할 욕심을 짐짓 감춘 채 이럴 수도 저럴 수도 있지 않겠느냐는 식으로 객관적인 척 하였다. 어떤 이들은 그런 내 마음의 방향을 이미 눈치 채고 내 편을 들었다. 4층을 더 얻는 것이 우리가 시작한 개척의 철학에 반하는 것이라고 할 수 있는 것이냐? 그리고 하나님께서 허락하고 계신, 우리가 예측하지 못했던 상황에 대답하는 것보다, 새로운 상황을 우리 철학에 끼워 맞추려는 것이 오히려 어색한 고집이 아니겠느냐는 논리였다.

결국 운영위원들 대다수가 공간 확보를 하기로 결정했다. 이 과정에서 담임목사의 사주를 받았다고 오해받은 특정 교역자와 특정 운영위원 간에 마음 상하는 대립이 발생하면서 개척 멤버 몇 가정의 마음이 흔들렸다. 그들은 결국 수 개월 혹은 수년을 잘 견딘 끝에, 이러저러한 계기로 혹은 거리상의 문제로 교회를 떠났다. 나

는 개척의 정신을 공유했던 가족들이 이토록 빨리 공동체를 떠날
수 있다는 사실에 깊은 고통을 느꼈고, 그들의 떠남에 나의 미숙함
이 작동했다는 사실로 슬퍼했다.

분주함 속에서
교회의 교회됨을 고민하다

    세이비어교회의 핵심가치 중 하나는 세밀하고 철
저하고 진지한 제자훈련이다. 예수 그리스도 중심으로 삶을 형성
시키려는 '안으로의 여행'은 매우 철저하게 진행된다. 그 철저한
훈련 덕에 그 고귀하고 대단한 가치추구에도 불구하고 교회는 수
적인 성장이 매우 제한되어 있었다. 하지만 나는 우선 몰려드는
새가족들을 관리하느라 너무나 분주했다.

    개척 한 달 여 만에 150여 명 가까이 출석하는 성도들을 대상으
로 제자훈련생을 모집했는데 80여 명이 신청했다. 할 수 없다고
말했어야 했고 할 수 있는 범위를 정했어야 했다. 할 수 있는 대상
을 엄격하게 정하여 치열한 커리큘럼에 따라 훈련을 해야만 했다.
하지만 새벽기도 여섯 번, 수요예배 두 번, 주일 설교 두 번을 감당
하고 매 주 10여 가정 이상 새가족 심방을 하면서도 제자훈련까지
감당하고자 했던 거다. 시간적인, 체력적인 여력이 절대적으로 부
족했던 탓에 나는 80여 명을 대상으로 집체교육을 하기로 결정했
고, 제자훈련의 의미는 날아갔다(다음 해에는 12명 한 반으로 요일을

다르게 하여 제자반을 열었지만, 개척 초기에 담임목사와 목회철학을 공유하는 일꾼들을 세워야 한다는 조급한 사명감에 이끌려 혼자 7개를 감당하는 초인적 미련함으로 탈진을 자초했다). 모든 것이 욕심과 욕망이었다. 그에 따라 성도들은 영적으로 손해를 보고 나는 영혼과 육체가 모두 황폐해지는 지경에 이르게 되었다. 심각한 고민을 해야만 하는 상황에 이르렀다.

교회는 개척 8개월 여 만에 4층 전 층을 임대하여 예배실을 옮겼다. 7층 예배실은 교육관으로 바뀌었다. 지속적으로 '숫자의 성장'을 경험했지만 80퍼센트 이상이 수평이동이었다. 기뻐할 수 없고 기뻐하면 안 되는 기쁨을 누리고 있었다. 성도들 안에서는 복음의 영광에 대한 각성으로 가치추구와 삶의 추구가 바뀌고 관계가 바뀌고, 성도들 밖에서는 교회 밖 사람들이 교회 안으로 지속적으로 유입되는 진정한 의미의 부흥은 거의 맛보고 있지 못했다. 결국 성장의 기쁨과 만족에도 불구하고 무언가 어긋나고 있다는 것을 은연 중 느끼고 있었다.

보다 근본적인 씨름을 했어야 했지만, 무엇보다 몰려오는 사역들과 시간에 쫓겨 죄송한 마음과 부담감을 떨치려는 피상적인 조치들로 상황을 마주했다. 다만, 성도들 안에서 우리 교회가 건강한 교회를 추구한다는 이미지를 남기고 싶었던지, 개혁적인 목회자로 알려진 이들을 초청하여 집회를 연 것이 특별했을 뿐이다.

개척 초기 1년 동안에만 세 번의 말씀 사경회를 열었다. 분당샘물교회 박은조 목사(현재 은혜샘물교회), 강남교회 송태근 목사(현재 삼일교회), 전주 안디옥교회 원로 이동휘 목사 등을 강사로 초청했다. 매우 큰 유익과 도전이 있었다. 하지만 시간이 가면서 더 깊은 싸움을 해야 하는 처지에 너무 쉬운 길을 선택하려 했다는 생각이 깊어졌다. 결과적으로 복음의 본질을 통해 그리스도의 몸이 세워지는, 진정성 있는 목회에 대한 고민은 더욱 깊어졌다.

하나님께 대답하기보다
현실에 대답하느라

한편, 처음 개척 준비기도회를 통해서 제시되었던 비전들은 다소 평범했는데, 주로 살아있는 예배의 추구와 선교, 교회를 통한 지역 내 문화적 외연의 확장, 가정 세우기와 지역의 필요에 대해 성실히 대답하기, 그리고 무엇보다 다음세대를 위한 구체적인 성경적 대안에 관한 것들이었다. 이 비전들은 개척 시점 전후, 또 개척된 이후에 하나님의 말 걸어오심에 대답하는 방식으로 조금씩 얼굴을 드러내기 시작했다.

이 중 교육에 관하여는 처음부터 각 교육부서가 하나의 교회라는 인식 속에서 부서가 교회 전체의 추구와 지속적으로 대화하면서 자신의 색깔을 가질 수 있도록 교회의 직접적인 통제를 받지 않는 구조를 취했다. 이를 위한 가장 두드러진 조치는 교회학교의 헌금을 각 부서가 스스로 사용하도록 한 것인데, 처음의 취지는 그 재정이 부서 자체의 선교적 행동을 위한 비용으로 사용되기를 바란 것이었다. 그러나 시간이 가면서 선교적 지출은 요원해졌고 관리만 따로 하는 형식으로 환원되고 말았다. 다만 자녀들의 진정한 복음적 변화라는 과제를 두고 지속적으로 대화를 나누는 가운데, 교회학교와 장년의 통합예배 및 자녀들의 복음적 변화에 초점을 맞춘 부모교육의 강화라는 소중한 주제를 얻게 되었다. 다음세대를 위한 책임 있는 준비를 위해 향후 교회가 운영하는 기독대안학교를 설립하자는 비전을 제시하게 된 것이었다(이 비전은 개척 3주년에 실현되었는데, 자세한 내용은 뒤에서 언급된다).

지역사회와의 접촉면을 위해 개척 준비단계서부터 향남지역에 있는 노인복지관과 긴밀한 유대를 가지기 시작했다. 마침 복지관 관장이 K대학 사회복지대학원 교수로 재직 중이던 대학후배였다. 그의 자문과 지원으로 복지관을 성도들의 공청회 등을 위한 공간으로 사용하는 한편 성도들이 적극적으로 섬김의 사역에 참여할 수 있도록 전담 교역자를 배치했는데, 마침 정종규 목사가 적임이었다. 그는 지역에 다수 거주하는 사할린 동포 및 농아인 공동체를 섬기는 일에도 조금씩 힘을 보태려 애썼다(이후 복지사역은 화성 호스피스와 요양원을 섬기는 일과 푸드뱅크, 집수리 사역, 장학사역, 장애우 사역, 농아인 예배공동체와의 연대 등으로 자연스럽게 확장되었다).

향남지역은 거주 중심의 도시계획이 고스란히 반영된 터라, 문화적으로는 현저히 낙후되어 있었다. 극장이나 공연장이 들어서기에는 도시의 규모가 너무 작았던 탓이다. 이에 따라 개척 전에 이미 여섯 개의 공연을 준비하였는데, 가까운 지인이 지도하는 오

대답하는 공동체

케스트라와 합창단, 그리고 국립합창단 멤버 중 일부가 참여했고, 대부분의 연주는 봉사 형식으로 이루어졌다. 이 일은 지역에 함께 있는 20여 개의 교회들과 연합하여 진행하는 형태가 되었는데, 결과는 기대보다 좋지 못했다. 그것 역시 나의 목회적 미숙함과 관련된 문제였지만, 표면적으로는 한 특정 교회로 새 신자들이 몰리는 현상과 관련이 있었다.

선교에 관해서는 개척과 더불어, 이미 15년 이상 동역해오던 동아시아선교회를 섬기는 일에 집중하기로 비전을 나누었다. 이후 하나님의 말 걸어오심에 대답하는 방식으로 선교에 참여하는 가운데, 한동대 NIBC(Not I But Christ) 선교회 출신 전임선교사 60여 명의 모교회로 섬기는 것을 제안 받고 당회의 의논을 거쳐 감당하기로 결정했다. 여전히 매우 미약한 단계에 있지만 이들이 사역하고 있는 캄보디아, 라오스, 태국, 베트남 지역에 관심을 가지고 지원과 참여의 범위를 조금씩 넓혀가고 있는 중이다. 더불어 20여 유닛의 파송선교사들과 협력선교사들 외에, 셀 소그룹인 각 목장과 교회에서 절반씩 부담하는 매칭 시스템을 통하여 50여 유닛의 선교사들과 미자립 교회들을 후원하게 되었다.

모든 것이 처음 시도하는 일이었다. 나의 일천한 상식과 감각에 의존하는 비중이 너무 컸으므로 버거웠고 어수선했다. 함께 대화하며 함께 세워간다는 주제는 실제로는 쉬운 일이 아니었다. 다급하게 결정하고 처리해야 할 사안들에 대해서는 선 조치 후 추인을 받아야 하는 사례들이 점점 많아졌다. 초기 비전기도회를 통해서

정한 집중사역을 일상적으로 돌아가는 모든 목회적 사역들 위에 덧붙여 감당하는 것은 집중력을 발휘하기가 쉽지 않았으므로, 비전기도회의 역동성은 조금씩 떨어지는 모습을 보였다. 새가족들을 돌아보고 늘어나는 조직과 부서들과 사역들에 다급하게 신경을 쏟느라, 하나님께 대답하기보다 현실에 대답하느라 혼이 빠진 상태로 초기 1,2년을 보냈던 것 같다.

11

기쁨과 야망
사이에 끼이다

교회의 영광과
야망 사이에서

개척 전의 불안과 두려움에 비추어보면 지나치게 과도한 성장이었고, 야심과 욕망에 비추어보면 마땅한 성장이었다. 이 둘 사이에 존재하는 내 연약한 영혼이 두려움의 겸손에서 욕망의 자만으로 넘어가는 일은 순식간인 것을 느꼈다. 자학적으로 말하자면, 깊은 친밀함 속에 존경해야 할 동역자들을 향한 나의 표현이 조금씩 일방적이거나 거칠어지는 것을 느꼈다고 해야겠다. 물론 갈등에 대해선 언제나 쌍방에서 할 수 있는 이야기가 다르겠지만, 나는 나의 이야기 속에서 해법을 찾아야만 했다. 해법은 가장 막강한 영향력을 끼칠 수밖에 없는 나로부터 발견되어야 한다. 누군가가 부당하게 행동했다 할지라도 그가 부당하게 행동하게 만든 최초의 원인을 그의 인격적 부실함으로 돌리는 것은 나의 수치를 드러낼 뿐이다. 나의 연약함에서 비롯되었다고 생각하는 것이 명확하게 알 수 없는 이유를 근거 없이 묵상하고 확장하는 것보다는 훨씬 빨리 안정감을 줄 수 있을 것이다.

신뢰했던 특정 동역자로부터 신뢰를 받지 못하고 있다는 느낌은 나를 갑자기 깊은 외로움과 허무함에 빠뜨렸다. 육체는 성장을 즐겼으나, 영혼은 선뜻 다가온 어두운 긴장 앞에 서게 되었다. 그것이 정확히 어떤 일, 어떤 상황을 계기로 시작된 느낌이었는지 나는 여전히 알지 못한다. 다만 내 편에서 생각하자면, 그것은 나의 무늬만 개혁 같은 목회적 얄팍함과 연관되어 있었으리라.

나는 성장하는 교회들이 걷는 일상적인 면모에서 벗어남으로 다소 개혁적으로 보일만한 몸짓을 하려 했다. 책임 있는 기도와 구체적인 준비도 없이, 개혁의 겉옷만 걸치려는 은밀한 야심으로 장년 출석 성도 500명이 넘으면 첫 번째 분립 개척을 하겠다고 서둘러 약속한 것이다. 하지만 가장 중요한 비전의 공유도 없이, 구체적인 훈련도 없이 단지 명분을 얻으려던 나의 약속이 공수표가 되는 건 시간 문제였다. 하고자 하는 의지는 가득했으나, 의지에 걸 맞는 준비가 없었다. 무엇보다 개척에 뛰어들 만큼 준비된 사역자가 없었다. 오히려 개척에 뛰어들 것으로 기대되었던 그는 교회를 떠났다. 나는 개척 일 년 만에 분립 개척을 단행한 목사에게 쏟아질만한 찬사를 기대했던 것일까? 일생 동역할 것으로 기대했던 교역자의 떠남은 생각 이상의 깊은 패배감으로 작동했다. 성장의 의미에 대하여 다시 질문해야만 했다.

다시 최초의 이끄심으로 돌아가려 했다. 그 자리에서 다시 들여다보고 여쭈는 시간을 가졌다. 운영위원들과도 고민을 공유하려 했으나 충분했는지는 모르겠다. 그에 따라 몇 가지 조치들이 이루어졌다. 성장으로 향하는 욕심을 멈추기 위해 지역 주민들을 대상으로 전도지 돌리는 일을 즉시 중지하기로 했다. 오직 이웃과의 사랑과 신뢰의 관계 속에서만 그리스도 밖에 있는 자들에게 복음이 전해지도록, 그리고 수평이동을 조장하지 못하도록 성도들을 독려했다. 더 나아가 예수향남교회의 태생적 과제였던 분립 개척을 위해, 성경적 근거가 분명하고 책임이 있는 세심한 규정을 만들기로 했다. 즉시 분립 개척 규정을 포함한 교회운영규정을 만들어 운영위원회에서 논의한 후 공동의회를 통해 통과시켰다.

분립 개척 규정 : 제5장
분립 개척

– 당회의 결의로, 5년 이상 시무한 전임 목사 중 교회 개척의 자질과 의지가 강하다고 교회가 인정한 경우, 분립 개척을 시킨다.

– 분립 개척 교회에 동참하기 원하는 성도들은 공식적인 참여의사 표시 과정을 통해 기꺼이 개척에 참여할 수 있다. 개척 동참자들은 최소 1년, 최대 3년까지 파송받는 조건으로 개척에 동참하는 것을 원칙으로 하되, 파송기간 후에 모교회로 복귀하거나

개척 교회에 남는 것은 본인의 결정에 따라 선택할 수 있다. 단, 복귀하는 경우에는 파송되었던 모든 기간을 본 교회 출석기간으로 인정한다.

- 모교회는 분립 개척 목사가 원할 경우 시무장로 1인과 시무집사 2인, 시무권사 2인을 파송할 수 있고, 교회는 적합한 인물을 선정, 설득하여 최소 1년 최대 3년까지 파송할 수 있다(단, 강제하지는 않는다. 이 중 시무장로에 관하여는 다소 엄격히 시행하고 있으나 시무집사와 권사의 경우에는 자율에 맡기고 있다). 파송된 직분자가 개척 교회에 계속 머물기 원할 경우에는 그 교회의 성도로 영구히 등록할 수 있다. 단, 모교회로 복귀하는 경우에는 파송되었던 모든 기간을 모교회 출석기간으로 인정한다.

- 개척이 결정되면, 모교회 안에 지정된 공간이나 기타 장소에서 개척 멤버 및 기도지원자들과 더불어 3개월 이상 개척 준비 기도회를 가진다. 그 기간 동안 개척 지역에 교회 개척 예정에 관한 홍보물을 배포한다. 모교회는 이를 적극 지원한다.

- 분립 개척의 장소 선정과 재정 지원의 규모는 현재 개척 상황을 고려하여 당회의 합의를 거쳐 결정한다. 단, 개척목회자의 생활비는 모교회에서 수령하던 사례비의 70퍼센트를 개척 후 최대 2년까지 지원하되 성도들의 자발적 헌금은 예외로 하고, 개척 초기 자금을 위한 지원금 1억 5천만 원은 5년 거치 5년 상환을 조건으로 한다(개척 초기 자금 상환에 관한 부분은 현실적으로 개척 교회가 각별한 속도로 성장하지 못하는 한 실현되기 어렵다는 사실에 공

감하면서, 유보적인 이해를 가지고 당회에서 논의하는 중이다).

– 개척 후 최대 2년간은 매달 모교회에 개척 교회 상황을 보고한다(교회의 특기사항, 성도현황, 매월 재정결산 등이지만, 이 부분도 현실적으로 이루어지지 않고 있다). 또한 다른 분립 개척을 위해 개척 첫 예배를 드린 그 달부터 믿음을 가지고, 매월 헌금 총액의 10퍼센트를 기간 제한 없이 Pooling System 계좌에 보내는 것을 원칙으로 한다. 이 원칙이 3개월 이상 지켜지지 않는 경우에는 '형제교회' 계약 파기의 대상이 된다(이 부분은 분립 개척한 교회도 지속적인 분립 개척에 동참할 수 있도록 하기 위한 조치였으나, 구체적으로 실현되지는 못하고 있다. 다만, 이미 분립 개척한 두 개의 교회가 자립할 수 있는 규모로 성장한 상태이므로 감당할 수 있는 분량의 조정을 통해 가능할 수 있으리라 기대한다).

– 분립 개척한 교회의 담임목회자는 매주 혹은 격주로 갖는 셀 모임에 정기적으로 참석하여 목회 비전과 아픔을 공유하고 함께 기도하면서 자신을 돌아보고 서로를 돌아보는 길을 찾는다(현재 이 모임은 분립 개척한 목사들 및 예수향남교회 출신 목사들이 함께 격월마다 모이는 것으로 정착되었다).

– 불행히도 분립 개척한 교회가 존립이 불가하여 교회를 폐쇄하거나 타 지역으로 이사해야 하는 경우에는 반드시 모교회와 상의한다. 교회를 폐쇄하는 경우에는 교회의 상황을 구체적으로 보고하고 즉시 초기개척자금을 상환한다.

– 분립 개척한 교회는 '교회를 낳는 교회의 비전'을 품고 은혜의

동산교회, 그리고 모교회인 예수향남교회 및 타 분립 개척 교회
들과 더불어 '화평'(화성, 평택) 지역에서 바이블벨트를 함께 이
루어 간다.

민주적 거룩을 꿈꾸다

표면적으로 드러나는 교회의 전형적이고 진부한
문제들 중에서 이른바 황제적 리더십이 슬프게도 두드러진다. 대
체로 목사가, 때로는 당회나 당회의 특정한 인물이 그 자리를 차
지한다. 교회의 교회됨을 생각하면 근본적으로 신학적인 모순이
고 완전한 실천적 오류다. 목사나 장로에게 영적 질서의 우월성을
부여하는 의식적인 혹은 의도적인, 또 적지 않은 경우 무의식적인
왜곡 때문이다. 성도들이 진리가 주는 마땅한 자유와 교회로서 수
행하는 권리를 잃고 조건 없는 복종을 기쁨으로 배워가는 동안,
인위적인 권위자는 은밀한 바벨탑을 쌓아 올리게 되는 구조다. 나
는 결단코 내가 그럴 리 없다고 생각했다. 하지만 그것은 현상적
으로 드러나기 전, 이미 깊고 은밀하게 바로 내 안에서 일어나는
사건이라는 것을 수시로 확인할 수 있었다. 그 방식이 천박하게
두드러지느냐 은밀하게 조정되느냐에서 차이가 있는 거였다.

따라서 머리이신 예수 그리스도의 몸이 되고자 할 때, 그리고 온
성도가 함께 그 몸을 이루는 교회를 표방하려 할 때, 그 교회의 운
영 방식을 떠받치는 직분의 본질에 대한 고민은 자연스러운 것이

대답하는 공동체

었다. 무엇보다 성도들은 목사의 목회적 전문성을 자발적으로 인정하고, 목사는 '성도'로 존재하는 자신의 정체성을 인정하는 출발점에 서야 한다. 목사는 하나님과의 친밀성이라는 주제에서 성도들에 대하여 상대적인 우월성이 자동적으로 확보되지 않는다는 사실을 인정하면서, 성도들이 영성과 영적 자각 능력과 신앙적 실천의 모든 면에서 대등한 동역자라는 사실을 자각해야 한다. 쌓여 온 편견과 인습의 현실에 두 발을 딛고 서 있으면서도, 이런 인정과 자각이 우리의 기대와 폼 나는 언어에서만 춤추지 않고 그 본질에서 가능한 교회를 향해야 한다.

그런 고민의 결과 찾은 대안 중 하나가 앞서 소개하였던 비전기도회였다. 이 과정을 통해 '주도함으로 편리하려는 욕망'을 내려놓는 대신, '함께 가는 불편을 편리로 받으려는 열망'을 쥐려는 목회의 여정은 흥미로운 동시에 버거웠다. 특히 일생을 통해 전통적 틀과 가치가 자연스럽게 몸에 밴 나 자신과의 싸움이 가장 강렬했다. 그 싸움은 지금도 앞으로도 계속될 가능성이 많다. 아니나 다를까, 나 자신의 충동적 순발력과 원칙 없이 '던지는 말들'로 인해 여러 논의들에서 자연스러웠어야 할 민주적 거룩성은 자주 훼손되었다. 어떤 성도는 실망을 감추지 못하고 교회를 떠났다. 더구나 결정사항을 실행해나가는 과정에서 용의주도하지도 일관되지도 못하였다. 나의 즉흥성은 가까운 이들에게 신뢰를 주지 못하였다.

급기야 "말로는 목사님을 당할 수 없다"는 성도들의 말이 마음 깊은 곳에 상처로 다가올 즈음에야, 나는 말을 줄이고 서서히 뒤로 물러나며 보다 본질적인 것에 집중하라는 주님의 음성을 묵직하게 듣기 시작했다. 교회가 제공하는 프로그램들에 대한 엄격한 지시나 동원령 따위는 제거하고, 성도들을 몰아가지 않기로 결정했다. 하나님께서는 성도들에게 강요하는 분위기가 삭제되고 그들이 자발적으로 움직여야만 하는 교회를 조금씩 경험할 수 있게 내가 작아지도록 독려하셨다.

민주적 거룩을 실행하려는 여정은 나쁘지 않았다. 성도들 안에서는 점차 자발적으로 참여하려는 비율이 높아졌다. 성도들은 스스로 하나님의 마음에 가 닿기를 열망하고, 비전기도회 같은 특별한 자리에 참석한 이들은 마음을 모아 의견을 내고 열정적으로 토론하였다(비전기도회는 이후 다소 역동이 떨어지는 감이 있었지만, 지속성을 향한 열망은 결코 식지 않았기에 가장 합당한 수준에서 정착될 것이라 믿게 되었다).

초기에는 이런 방식과 분위기로 인해 무엇을 어떻게 해야 할지 모르겠다는 성도들이 많았다. 교회가 성도들을 너무 방치한다는 이야기도 있었다. 교회에 꼭 필요한 기본 시스템조차 없어서 무엇을 기준으로 움직여야 하는지 모르겠다는 불평도 있었다. 하지만 답을 아는 채로 인내하며 기다렸다기보다는 무엇도 예측할 수 없기에 뭣 모르고 기다렸다. 동시에 목사에게 의존된 신앙으로부터 자립하는 신앙으로 이동하는 것이 얼마나 중요한지를 강조하면서 '은혜의 자급자족으로서의 말씀묵상의 일상화'를 끝없이 강조하였다. 시간이 흐르면서 성도들은 각 부서나 사역팀에서 서서히 자발적으로 움직이기 시작했다. 성도들 상호간에 의견을 내고 협력하는 문화가 형성되기 시작했다. 심지어 부서에 따라서는 자녀들이 스스로 수련회 프로그램을 기획하고 끌어가며 교사들은 단지 지원하고 협력하는 현상까지 나타났다. 내가 모르는 사역들이 여기저기서 펼쳐지기 시작했다. 나는 그것을 즐기고자 했다.

공간의 필요에
서둘러 대답하다

개척 3주년이 다가올 때, 교회는 개척 비전으로 염두에 두었던 대안학교를 언제 시작하는 것이 좋겠는지에 관한 비전기도회를 열었다. 참석한 성도들 대다수가 3주년에 맞추어 시작하는 것에 동의했다. 그에 따라 전 성도들을 대상으로 대안학교의 필요성과 자녀를 학교에 보낼 의향에 관해 설문조사를 실시했다. 60여 명의 성도들이 자녀를 보낼 의향이 있다고 답함에 따라 학교를 시작하는 과정은 속히 진행되기 시작했다. 대안학교에 관한 이야기는 뒤에 가서 다시 언급할 것이라, 여기서는 우선 대안학교를 시작하기로 결정함에 따라 발생한 '공간 문제'를 어떻게 다루었는지에 관해서만 다루도록 하겠다.

처음엔 당시 임대 중이던 상가 건물에서 초등 1학년부터 시작하려 했다. 6년의 기간에 걸쳐 초등 과정을 완성하고 싶었기 때문이다. 그렇게 되면 중등 과정은 자연스럽게 서게 될 것이고 필요에 따라 유치원을 열면 되는 일이었다. 공간 문제도 다급히 다루지 않아도 될 일이었다. 돌이켜 보면 그렇게 하는 것이 책임 있고 완성도 높은 학교사역을 위해 보다 바람직한 방향이었을 거라는 확신이 든다. 하지만 생각보다 범위가 넓어졌다.

부임하기로 한 예비 교장의 의지는 유치원부터 5학년까지 일시에 선발하여 시작하자는 쪽이었다. 물론 그의 책임이 아니었다. 대안학교의 시작과 진행에 관한 나의 미약한 지식과 그에 따라 얼마든지 유보적일 수 있는 태도가 결정적인 원인이었다. 나는 모든 것을 맡기는 와중에도 확고하게 붙들 것은 붙드는 선한 고집에서는 결정적인 약점을 가지고 있었다. 그리하여 시작과 과정과 구체적인 운영에 대한 신중한 계획보다 일단 시작하면서 생각하자는 막연한 기대를 앞세웠다. 아이들의 미래를 담보로 무모한 모험을 감행하는 셈이었다. 나는 유능한 교장을 붙잡을 욕심에 그의 제안을 수용하기로 했다. 그 후 곧 불거진 것이 바로 공간 문제였다.

일단 가능한대로 유치원은 6층에서 식당을 겸하여 사용하고 있던 유치부실을, 1학년과 2학년은 4층 자모실을, 3학년은 7층 자모실을, 4학년은 찬양대 연습실을, 5학년은 소예배실에서 수업을 진행하도록 공간을 배치했다. 유치원부터 5학년까지 36명의 학생들과 6명의 전임교사와 5,6명의 강사들이 교무실도 없이 그 좁은 공간에서 북적거렸다.

공교육 기관에 잘 다니던 아이들을 빼내어 상가 구석방에서 무슨 70년대 야학처럼 진행되는 교회 대안학교에, 더구나 매달 50

만 원 이상의 학비를 부담하면서 자녀들을 보내는 성도들이 놀랍고 존경스럽기만 했다. 이들의 기대는 오직 하나였다. 자녀들이 분명한 신앙적 가치 위에서 배우고, 확고한 성경적 가치관에 따라 밝고 건강하게 자라나는 것을 보려는 것뿐이었다. 하지만 열악한 공간에 대한 우려를 신뢰와 인내로 버티는 것에는 분명 한계가 있을 거였다.

월요일 아침마다 책걸상을 깔고 금요일 오후마다 접어야 했다. 식당에 붙어 있는 유치원 교실에서는 늘 밥 냄새가 났다. 심지어 두 개 반의 고학년생들은 7층 교육실 중앙에 파티션을 치고 상대방 교사의 강의와 각 학년 친구들의 질문과 대답과 잡담과 장난질 소리를 서로 또렷이 들으며 수업을 진행해야 했다. 운동장은 동네 공설운동장을 사용했으나, 오가는 동안 찻길을 최소한 세 번 이상 건너야 했고 왕복 2,30분이 소요되었다. 도서관 역시 마을 도서관을 활용했지만, 그 역시 10여분을 걸어가야 했다. 특히 뙤약볕 아래서는 쉬운 일이 아니었다. 그래도 아이들은 고맙게도 밝게 적응했고 학부모들은 끝없이 인내했지만, 공간의 문제로 인해 발생할 불평과 원망의 시점은 시시각각 다가오고 있었다.

그 와중에 우리 지역에 위치해 있고 이미 경기도에서 명문고 대열에 올라 선 H사립중고등학교와 소통할 기회가 있었다. 그 학교의 기획과 운영에 깊숙이 관여하고 있는 성도의 자문을 구하면서, 몇 차례의 대화와 협의를 통해 상호 유익한 공간 확장의 길을 찾아보기로 했다. 그 학교는 이미 포화상태인 공간 문제를 해결하기 위해 강당 겸 교육실을 건축할 계획을 가지고 있었으므로, 그 공간을 공동 부담으로 건축한 후 우리 교회가 10년간 함께 사용하는 방안을 긍정적으로 검토하기로 한 거였다. 우리는 그 기간 동안 새로운 공간을 건축할 힘을 비축하면 될 일이었다. 드디어 H학교의 이사회와 합의가 이루어졌고 우리는 술렁이는 기쁨을 누렸다. 하지만 잠시뿐이었다. 기숙형 사립학교의 특성상 일요일에도 학교에 남아 있게 될 다수 학생의 학부모들이 부담스러워하면서 결정은 막판에 결렬되었다. 아쉬움이 컸지만 할 수 없는 일이었다.

비전기도회를 다시 열었다. 이번에는 땅을 매입하여 예배당 및 학교를 건축하는 것이 우리 상황에서 합당한지 여부를 묻기 위해서였다. 진행되고 있는 학교의 상황을 설명하고 기도회를 가진 후 참석한 모든 성도들이 투표했다. 조심스러워하는 성도들의 비중도 적지 않았다. 시대에 편만한 '교회 건축'에 관한 부정적 정서를 감안해야 한다는 의견이나, 과연 건축을 진행하면서 펼쳐놓은 사역들을 제대로 감당할 수 있겠는가 하는 우려들은 타당했다. 그에 따라 세상을 향한 책임에 관한 타당한 현실적 이유들과, 또 다른 한 편으로 우리의 공간적 필요에 대한 타당한 이유를 두고 투표하되, 어떤 쪽이든 기쁘게 따라가기로 하였다.

80퍼센트 가량의 성도들이 저렴한 토지 매입과 학교 겸 예배당 건축에 찬성하였다. 그렇게 하여 공간의 협소함과 불편함의 과제는 땅을 매입하고 건물을 세우려는, 보다 부담스럽고 기대되는 과제로 옮겨가게 되었다.

대답하는 공동체

하나님의 뜻과
사람의 생각 사이에서

건축이라는 주제가 마음을 가득 채우고 나니 사방에서 땅이 보이기 시작했다. 에덴동산처럼 보이는 요단 들판을 향해 눈을 들었던 롯이 이해되었다. 하지만 다행히 우리에게는 어떤 땅도 마음껏 선택할 수 있는 현실적 여력이 없었다. 재정은 꾸준히 늘었지만 사역도 꾸준히 늘어 경상비는 늘 빠듯했다. 입지가 좋은 땅은 감당할 힘이 턱없이 부족했고 감당할 수 있을 듯 보이는 땅은 맘에 들지 않았다. 하나님께서 아브라함에게 "눈을 들어 보라" 하셨던 바로 그때를 기다려야 했다.

오래지 않아, 우리의 설레발과 무관한 방식으로 임하는 하나님의 손길이 찾아왔다. 우리 교회 가까이에 위치한 교단선교부(GMS) 소속 선교사 한 분이 불현듯 땅 이야기를 전해왔다. 선교부에서 땅을 알아보고 있는 중에 본인이 만나게 된 땅이 예수향남교회의 필요성에 더 적합할 거라는 의견과 함께였다(그는 당시 우리 교회를 출석하고 있었고, 현재는 교회 소속으로 외국인 근로자 영어예배부를 섬기고 있다). 서울 영등포에 위치한 영은교회의 교회공동묘지(향남동산)로, 전체 5천 2백여 평 중 5백여 평에만 묘를 쓰고 있는 땅이었다. 그 교회는 교육관 건축을 위한 재원 마련을 위해 이 땅을 팔고 다른 지역으로 이장할 계획이라고 했다. 처음의 마음은 거리낌이었고 두 번째 마음은 의미심장함이었는데, 둘의 이유가 같았다. 묘지가 주는 느낌 때문이었다. 거리낌은 곧 의미심장함에 묻혔다. 예배와 함께 성도들의 주검이 묻힌 땅이라는 사실이 갈수록 의미심장했다. 더구나 택지지구 중심상가에 있는 동안 지역의 분투하는 교회들에게 깊은 심리적 부담을 주고 있다는 생각으로 인해 늘 부담스러웠던 차에, 그 땅은 더욱 의미심장하게 반가웠다. 아파트 밀집지역에서 3,4킬로미터 떨어진, 대중교통이 다니지 않는 한적한 벌판이었으므로 오히려 홀가분한 느낌마저 들었다 (하루 2-3회 운행하는 마을버스가 있기는 했다).

땅의 위치와 고즈넉한 생김새는 마음에 평안을 주었지만, 무엇보다 5천 2백 평은 과도히 버거운 규모였다. 크게 무리한다면 모를까, 오랜 시간 많은 위험부담을 감수해야만 하는 규모였다. 하지만 영은교회 당회에서는 그 땅을 나누어 매매하는 일은 하지 않기로 이미 결의한 상태였다. 우리는 그 땅의 일부가 필요했고 영은교회는 단수의 매입자에게 그 땅 전부를 매매하기로 결의했으므로 서로의 필요가 맞지 않는 상황이었다.

일단 영은교회 담임 고일호 목사를 면담했다. 첫 인상이 압도적이지 않아 마음이 평안했다. 유쾌하게 직선적이어서 도무지 어려울 게 없는 듯 거침없이 쏟아내는 나 같은 자도 잘 정돈된 따뜻한 목회자 앞에서는 수줍었다. 선뜻 땅 이야기를 나누는 것이 머쓱했다. 그는 지혜롭게도, 땅 이야기 대신 집회 이야기를 먼저 했다. 조만간 남성도 수련회가 있는데, 그때 말씀 인도를 부탁한다고 했다. 나로서는 다소 당황하였으나 분명히 합당한 의도가 있을 것을 믿게 되었다. 1박 2일간의 남성도 수련회에서 말씀을 전했다. 그

대답하는 공동체

리고 자연스럽게 예수향남교회를 이끄시는 주님의 손길을 틈틈이 소개하는 시간도 가졌다.

그 후 고 목사는 당회를 통해 그 땅을 예수향남교회에 매각하기로 결의했다는 소식을 전해주었다. 놀라운 지혜로 신속히 이끌어간 결정이었다. 한 부동산업자가 그 땅 전부를 매입하려는 강한 의지를 보였으나, 그 땅이 업자의 손에 들어가는 것보다는 그 땅에 학교와 교회가 들어서는 것이 영은교회를 향한 보다 합당한 하나님의 뜻이라 여겨 결정한 거라 하였다. 감격했고 감사했다.

하지만, 곧장 불안이 밀려들었다. 개척 3년여 만에 이루어지는 신속한 진행으로 인해 급격한 불안이 시작된 거였다. 과연 감당할 수 있을 것인지 두려웠다. 학교를 생각하면 5천여 평의 땅은 그다지 넓은 게 아닐 수 있으나, 교회가 과연 그 규모를 감당할 수 있을지가 미지수였다. 땅을 보면 평화와 기쁨과 설렘이 있었고, 현실을 생각하면 불안에 사로잡혔다. 비전이라, 꿈이라, 하나님의 뜻이라 생각하고 밀어 붙였다가 온 성도를 힘들게 하고, 또 한 번 세상의 손가락질을 받게 되지 않을까 하는 생각으로 두려웠다. 영은교회의 장로들은 능히 감당할 수 있을 거라고 격려하였지만, 고마운 마음의 끝에는 깊은 불안과 두려움이 꼬리를 물었다.

12 지어야 할
집짓기의 두려움

부담과 두려움의 정체

건축 자체가 두려움이었다. 현실적으로 타당한 명분 아래 잠긴 성장주의의 속내가 빤해 보이기도 하거니와, 건축이 외려 교회의 본질 추구에 장애가 되는 것으로 확신되는 시대이기 때문이었다. '모여라, 돈 내라, 집 짓자'는 가장 단순한 구호들로 한국교회의 슬픈 얼굴을 요약했던 김진홍 목사의 교회 비판이 또렷이 떠올랐다. 성도들의 거룩한 헌신을 콘크리트에 쏟아 붓는다는 목회적 야심에 대한 우려가 결국 깊고 깊은 부담이었다. 건축이 성도들의 믿음을 키운다느니, 교회적 안정감을 확보해줄 것이라느니 하는 명분들은 소수의 성공적 결과주의자들의 말처럼 들렸다. 저 멀리서 들리는 속없는 재잘거림에 불과했다.

"아무래도 무리다. 아무래도 무리다" 하는 소리가 하루 종일, 일주일, 한 달 내내 귓전을 맴돌았다.

나는 자신을 설득했다.

"너 개인이 결정한 게 아니고 교회 공동체가 함께 결정한 거잖아?"

깊은 부담과 두려움은 어느새 이렇게 말을 걸어왔다.

'하지만 성도들이 그렇게 결정하도록 네가 은연중 조종한 거라는 생각이 들지는 않니?'

두렵게도 뒷소리가 앞소리를 압도하였다. 불안하여 제 명에 못살 것 같았다. 성도들 보기에 죄송스러웠다. 나의 충동적인 열정이 성도들을 위태로움으로 몰아가 결국 파국에 이르게 할지도 모른다는 두려움이 나를 완전히 지배했다. 하루하루가 불안의 연속이었다. 급기야 나는 영은교회 건축위원장 장로에게 전화했다.

"배려에 참 감사한데 아무래도 우리는 안 될 것 같습니다. 이제 개척 3년도 안 된 교회로서 너무나 무리인 것 같습니다. 무엇보다 욕심이라는 생각이 드니 한 발자국도 나아갈 수 없네요. 너무나 죄송하지만 없던 걸로 해주시면 감사하겠습니다."

전화를 받은 K장로는 우리 교회의 형편에 맞게 매입할 수 있도록 자기 교회에서 좀 더 유연하게 배려하지 못한 것이 문제였다면서 매우 아쉬워하였다. 심지어 잘 될 수 있도록 더 많이 돕지 못해 미안하다며 울먹이기까지 했다. 그 교회에서 그 땅을 예수향남교회로 넘겨주기로 결정하는 과정이 그다지 순조로운 게 아니었다는 사실을 깨닫는 순간이었다. 그 목소리를 통해 나는 매우 송구했고 깊은 감격에 젖었다. 하지만 아닌 것은 아닌 거였다.

나는 그 땅을 포기하고 학교 겸 예배당 건축하는 일을 당분간 뒤로 미루기로 결정함으로 부담과 두려움에서 자유한 기쁨을 맛보고 싶었다. 그 자유가 충분히 누릴만한 자유임을 확인하고 싶은 마음에 정기적으로 모이는 목회자 '큰 숲 모임'에서 그 땅을 포기하기로 했다는 이야기를 나누었다. 차후 우리가 감당할 수 있는 범위에서 할 수 있도록 기도를 부탁했다. 그 순간, 늘 원칙과 본질에 신중하고 충실한 더사랑교회 이인호 목사가 생각지 못했던 비난을 쏟아냈다.

"앞으로 정 목사님과는 어떤 중요한 일을 하기 어려울 것 같네요. 좀 더 깊이 생각한 후 처음부터 안 하기로 하든가, 하기로 한 거면 끝까지 책임을 지든가 해야지요. 그 교회가 얼마나 황당하겠어요?"

나는 동역자들의 공감과 격려를 기대했다가, 외려 찬물처럼 쏟아 부어진 그의 냉정하고 차가운 비난에 적잖이 당황했다. 수 주간 몸살을 앓으며 고민 끝에 내린 결정에 대하여 격려받지 못하고 도리어 비난당하는 꼴이 몹시 처량하였다. 나는 다소 억울하고 황당하여 많은 변명과 함께 그의 태도를 오히려 문제 삼고 싶기도 했지만, 그는 바르게 말했고 나보다 더 믿을 수 있는 사람이었으므로, 입을 닫았다. 나는 부담과 두려움을 따랐으나 그는 신의와 원칙을 따르고 있었기 때문이다. 나는 서운함을 감출 수 없었으나

대답하는 공동체

자신에게 현저히 부족한 원칙과 신중한 준비성과 책임 있는 태도를 그로부터 배워야 한다며 자신을 설득했다.

시간이 다소 흐른 후, 이인호 목사는 사람이 가진 기질과 상황과 스타일의 차이를 자신이 '맞다, 틀리다'의 차원에서 생각한 것에 대하여 진심을 담아 사과했는데, 그때는 이미 내가 그를 마음 깊이 좋아하기 시작했을 때였다.

3,247평과 32장 47절

해가 바뀌고 새해가 되자 영은교회 고일호 목사로부터 연락이 왔다. 땅의 일부만 매입해도 좋으니 그 땅에 꼭 교회와 학교가 서도록 힘써 달라고 당부하였다. 영은교회 당회원도 잘 설명드리면 이해해줄 수 있는 분들이라고 덧붙였다. 그의 부드럽지만 확고한 배려가 심지어 거룩하게 느껴졌으므로 나는 다시 생각하고 또 의논해보겠노라고 답했다. 우리는 결정이 매우 쉬워졌다. 운영위원들의 결정을 통해 성도들에게 보고한 후, 땅 매입과 건축을 추진하기로 최종 결정했다. 드디어 계약이 극적으로 성사되었다.

땅의 규모는 3,247평이었다. 묘하게도 그 숫자가 생각 속에서 맴돌았다. 당시 SNS를 한참 떠돌던 미식축구 선수 팀 티보우(Tim Tebow)와 관련된 영상 때문이었을 것이다.

팀은 대학 리그 때부터 아이패치에 요한복음 3장 16절이라 쓰고 출전한 것으로 유명한데, 프로로 전향한 후 소속팀 덴버 브롱크스가 플레이오프에 진출하기까지 주요한 역할을 담당했다. 그가 2012년 1월 8일 슈퍼볼 결승 길목에서 치른 강팀 피츠버그 스틸러스와의 경기 중 4쿼터 마지막 순간 역전의 터치다운에 성공했는데, 놀랍게도 그 경기에서 그가 기록한 패스의 총 길이는 10회의 패스에서 총 316야드였고, 그날 TV 시청률은 31.6퍼센트였다. 우연이라고 하기에는 충격적으로 신비한 결과였다.

노파심이 일어났다. 아전인수 격인 상황 인식이나 해석은 심각한 문제가 될 수 있기 때문이다. 만일에 팀 티보우를 상징하는 숫자인 316이 그토록 의미심장한 결과를 보인 적이 있다고 해도, 그것은 결국 해석의 문제일 뿐이기 때문이다. 하지만 각 사람이 자신의 상황에서 받을 수 있는 격려의 문제이므로 그럴 수도 있고 아닐 수도 있다는 정도로 생각하는 것이 좋겠다.

창 밖에 서 있는 나무에 달린 나뭇잎을 마치 자신의 운명을 향한 메시지라 생각하게 된 병실의 환자에게는 끝내 달려 있는 그 나뭇잎이 삶을 향한 그의 의지에 실제로 심대한 영향을 끼칠 수 있다. 따라서 어떤 이들에게는 우연적 조합이나 표지가 하나님으로부터 임하는 격려나 확인으로 비춰질 수도 있다는 사실을 인정해야만 한다.

나는 짓궂은 마음과 설레는 기대감이 섞인 마음으로 3,247을 성경에서 찾고 싶었다. 가장 단순한 방식은 성경 어디서든 32장 47절을 찾는 거였다. 성경 거의 모든 곳에서 32장이 있으면 47절은 없었고, 47절이 있으면 32장은 없었다. 한 곳만은 아니었다. 신명기에는 32장 47절이 있었다. 나는 설레는 마음으로 신명기 32장 47절을 펼쳤다.

"이는(너희 자녀들에게 말씀을 가르쳐 지키게 하는 일은) 너희에게 헛된 일이 아니라 너희의 생명이니 이 일로 말미암아 너희가 요단을 건너가 차지할 그 땅에서 너희의 날이 장구하리라."

우연의 일치였을까, 아니면 학교 건축을 지지하시는 하나님의 위로와 격려였을까. 나는 지금도 판단하지 않으려 한다. 하지만 큰 위로가 된 것은 사실이었으므로, 성도들과 함께 즐거워했다.

여전히
우유부단한 목사

토지에 대한 계약금 3억 원을 지불하고 나서, 기쁨에 찬 마음으로 성도들에게 진행 상황을 설명하였다. 동시에, 함께 결정한 일인 만큼 마음을 모으자고 설교해야 했다. 하지만 개척하기 전부터 헌금을 유도하는 설교를 하지 않기로 결정했기 때문에 다소 난감해졌다. 물론 그것이 얼마나 자신을 폼 나게 하려는 수작이었는가를 차츰 깨달아가기 시작했다.

후에는 헌금설교도 복음을 드러내기 위한 주제가 될 수 있다는 사실을 알게 되었지만, 여전히 헌금설교는 내 안에서 기피대상이었다. 그러나 건축을 시작하려니 헌금에 관한 설교 혹은 안내는 불가피한 목회적 필수과목이 되었다. 운영위원들로부터는 채근을 받기도 하였다. 결단해야 했다. 그에 따라, 어느 주일 낮 예배 설교 시간을 교회의 설립과정과 건축하게 된 모든 배경을 설명하고 함께 헌신하자는 내용으로 채웠다. 구체적으로 어떻게 참여하는 것이 좋겠는지 이야기하면서 헌금 작정서를 배부했다. 그날이 처음이자 마지막이었다.

그러자 곧바로 문제가 터졌다. 늘 그렇듯이 대다수의 성도들은 불편하더라도 속으로 감내하거나 기꺼이 동참하려는 의지를 나타내지만, 한두 사람의 강렬한 반대자들이 자신들의 생각을 이슈화하고 싶어한다. 내가 인식하지 못한 사이에 나에 대한 개인적 반감 혹은 불편한 마음을 품고 있던 한 성도가 개인 면담을 요청하는 대신 SNS를 통한 공개적 비난의 방식을 선택했다. 후에 생각해 보면 사실 그의 초기 문자에 대응하지 말았어야 했지만, 나는 그 상한 마음의 딴지에 걸려들었다. 미묘한 감정이 실린 반응을 통해 그의 심기를 한껏 건드렸는데, 그것은 내가 기꺼이 그에게 선사한 완전한 기회의 선물이었다. 그는 이제야말로 자신이 모든 것을 과감하게 터뜨려도 되는 시점이 왔다고 확신한 듯 모든 성도들을 상대로 나에 대해 과감한 인식공격을 감행했다. 그는 정의의 투사였고 나는 파렴치하고 사특한 목사였다.

성도들 대다수는 꿈쩍도 하지 않았지만(혹은 속으로 크게 흔들렸을 수도 있지만), 나의 마음은 극도로 불편해지다 못해 불안해졌다. 건축을 시작도 하기 전에 교회가 분열되는 것은 아닌지 매우 불안했다. 나의 불안함이 나를 더 불안하게 했다. 내가 누군가의 근거 없는 비난에 이토록 불안해 한다는 것은 곧 하나님으로부터 받은 확신이 아니라 욕망을 감추고 행하고 있기 때문이 아닌지 의심했다. 불안함은 하나님의 뜻에서 벗어난 자의 속성이라는 확신 때문에, 나의 엄연한 불안함이 나를 더 불안하게 했던 거다. 결국 나의 우유부단함이 다시 나를 통제하기 시작했다.

'이 건축을 계속 해야 하는 게 맞는 건가?'

자신에 대한 의심은 건축의 동기에 대한 의심으로 이어졌다. 성도들이 다 같이 결정했다는 사실을 앞세워 애써 안심하려 하고 있었지만, 실은 내가 성도들로 하여금 그렇게 결정하도록 은연 중에 조종했던 건 아닐까? 생각이 거기에 미치자 더 이상 견디기 어려웠다. 생각이 과도하게 복잡하고 혼미해졌다.

어느 토요일 저녁, 건축위원회 모임을 소집했다. 나의 고통을 호소하면서, 아무래도 전 성도들을 대상으로 공동의회를 다시 열어야겠다는 마음을 나누었다. 내가 성도들을 조정해서 결정한 게 아니라는 실체를 확인하지 않는 한, 나는 건축을 못할 것 같다고 투정을 부렸다. 의심과 두려움과 불안에 완전히 포위당한 상태였다. 실제로 처음부터 건축위원회 조직은 애매하게 시작되었고, 토목 설계 과정에서 서로에 대한 오해가 깊어져 건축위원회가 새로 구성된 데다, 대다수가 건축을 해본 경험이 없던 터라 불안은 더욱 가중되었던 것 같다. 심각한 불안에 시달렸던 경험이 되살아나면서 마음은 최악의 상태로 몰려갔다.

나의 투정을 들은 건축위원들은 생각보다 단호했다. 이렇게 건축 여부를 또 다시 번복한다면 자신들은 건축위원을 할 수 없겠다고 배수진을 쳤다. 동시에 목사가 성도들을 조정하려 할 수 있겠지만, 자신들은 목사에게 조정당하여 결정한 게 아니라는 사실을 확인시켜주었다. 그들의 말이 적지 않게 격려가 되었지만, 나는 또 다시 모든 공을 떠맡게 되었다. 이제는 내가 사투를 벌이면서 하나님으로부터 들어야 하는 상황이 된 것이다. 건축을 시작하기로 했을 때 이미 하나님으로부터 얻는 확신이 우리를 끌고 갔던 게 분명하지만, 누군가의 날카로운 공격과 나의 자격지심이 극단적으로 충돌하니 감당할 수 없는 불안의 폭풍에 사로잡히게 되었던 거다.

　나는 다시 새벽 부르짖기에 들어갔다. 불안과 두려움을 낱낱이 토해내었다. 내 안에 스며든 미묘한 영적 속임과 기만적인 태도들, 은밀한 안일함과 무책임한 태도들에 대하여 회개하였다. '내 안에 무엇이 정직하지 않으려 하는지'에 집중하였다.

　어느 날 새벽, 주님의 음성이 이렇게 들리는 듯하였다.

　"정갑신! 너 정말 건축하기 싫은가?"

　나는 놀랍게도 그 음성을 마음에 느끼자마자 "아멘!"이라고 큰 소리로 대답했다. 누군가는 그 갑작스런 외침을 들었으리라.

　"하나님, 지금이라도, 계약금을 잃더라도 건축을 진행하지 않으면 좋겠습니다. 그 결과 성도들이 저를 원치 않는다면 기꺼이 이 교회를 사임하겠습니다. 성도들을 혼란과 불안에 빠뜨릴까, 무엇보다 내가 이런 불안과 두려움에 갇히게 될까 너무나 힘이 듭니다."

마구 소리쳐 기도했다. 그런데 기도 끝에 불현듯 감동이 임했다.

"그럼 됐다. 네 욕심으로 하는 게 아닌 것을 알았으니, 그냥 진행하거라. 오래 전, 돈 걱정하지 않고 살 거라 했던 그 약속을 기억해라."

참으로 놀라운 일은, 바로 그 순간 마음이 즉시 정돈되었다는 사실이다. 말 그대로, 언제 그랬냐는 듯이 그러했다. 이후 교회 건축이 완료되는 순간까지 나는 불안과 두려움을 거의 느껴본 일이 없었다. 성도들은 과도할 정도로 열심히 헌금했고, 돌아가는 모든 상황은 너무나 평화로웠다. 하나님께서 채우시고 이끌어가고 계신다는 굳건한 믿음이 나와 건축위원들, 그리고 성도들 모두를 자연스럽게 사로잡고 계신 것을 같이 느꼈다.

완공을 향한 동역

초기에 엄격하게 정한 건축비용은 토지대금 24억 원을 포함하여 기타 부대비용까지 총 60억 원을 넘지 않는 것으로 하였다. 건물은 에이치 빔과 판넬로 세우고 최소 비용으로 안전한, 사용이 가능하기만 하면 되는 조건으로 건축을 시작하였다. 재정 문제가 생긴다면 거대한 천막을 치고 예배를 드리는 상황까지 받아들이자는 의견을 심각하게 나누기도 했다. 하지만 몇 번의 조정 끝에 건축위원들이 고정적으로 정해지고, 건축설계에 들어가자 우리는 거의 떠밀리듯 흘러가기 시작했다. 최초의 건축위원들 중 핵심 멤버와 부딪히는 상황이 일어났던 것을 기억하면서 적극적으로 수동적인 태도를 지켰다. 최초 건축위원들 중 어떤 분과의 관계에서 나로서는 참으로 거리낌 없이 일하고자 하였으나, 그의 입장에서는 나에게 사심과 편견이 있는 듯 보일 수도 있겠다는 사실을 충분히 헤아리지 못했기 때문이었다. 그에 따라 이제는 좀 더 듣고자 했고, 대책 없이 빠른 나의 논리와 충동적 생각에서 최대한 걸음을 늦추려 했다.

그래서였을까. 막상 건축이 시작되자 생각보다 평화로운 날이 계속되었다. 설계사와 시공사, 감리사 모두가 가족 같았다. 이들과 건축위원들은 매주 두 번 이상 만나 지속적으로 소통했고, 동시에 성도들에게는 가급적 공사현장에 와서 말로 거드는 일을 하지 않도록 부탁했다. 성도들 모두 성숙한 태도로 동참했다. 건축위원들 안에서 사소한 의견 차이로 다소 심각할 수도 있는 대립의 시간이 있기도 했지만, 곧 마음을 모아 협력했고 우리 스스로 드림팀이라 느낄 만한 관계를 형성할 수 있었다. 성도들 안에서 두드러진 구설수도 없었고, 불평이나 불편을 토로하는 이야기도 듣지 못했다. 성도들은 말없이 헌신했다.

건축이 완료되었을 때 우리 모두는 깜짝 놀랐다. 성도들의 건축헌금 작정액은 15억여 원 정도였으나, 실제로 헌금한 액수는 25억여 원에 달했다. 총 공사비는 최초의 예상을 훌쩍 뛰어넘어 90

　　　　　　　　　　　　　　대답하는 공동체

억 원에 육박했지만, 국민은행의 적극적인 대출로 나머지 금액을 잘 해결할 수 있었다. 건축위원들은 기뻐했고 성도들은 새로운 공간을 즐겼다. 건축위원들끼리는 이런 건축이면 몇 번 더 해도 즐겁겠다는 '무모하게 담대한' 이야기까지 늘어놓았다.

건축이 완공된 후 건축위원들은 모든 과정을 마무리하는 의미로 1박 2일의 감사여행을 떠났다. 지나 온 여정을 추억했고 서로를 기뻐했다. 이 공간이 다음세대와 지역사회를 위해 기꺼이 소모되고 닳아 없어지기를 함께 기도했다.

드디어 2013년 12월 25일 성탄절 예배를 입당예배로 드렸다. 아이들이 넓은 로비를 뛰어다니고 성도들은 마당을 서성이며 삼삼오오 짝지어 대화를 나누었다. 성도들이 교회에 머무는 시간이 길어진 것만으로도 불안하고 두렵고 힘겨웠던 시간들에 대한 모든 보상을 충분히 받는 듯하였다.

무엇보다, 공유하여 사용하는 형태이긴 하지만 학교는 나름대로 자기들의 공간을 가지게 되었다.

깨어짐으로
그리스도의 몸에 답하다

13

뜻 대신 현실에
답할 것인가?

아, 뭔가 문제가 있다

학교 겸 예배당 건축 완공과 입당이 선사한 뿌듯함은 짧은 수명으로 끝났다. 새 예배당에 들어온 지 불과 한 주 만이었다. 2014년 1월 첫 주일, 3부 예배를 마친 후 성도들과 눈인사를 나누고 있을 때였다. 1월 첫 주여서인지 유난히 새로운 얼굴들이 많았다. 그것 때문만은 아니었다.

수개월 혹은 수년을 다닌 분인 것 같기는 한데 어렴풋이 얼굴만 기억할 뿐, 그의 이름이 무엇인지 그가 살고 있는 곳이 어디인지, 요즘 어떤 눈물 혹은 감격 속에 살고 있는지에 관하여 일체 알 길이 없는 성도들이 최소 3분의 1 이상은 되어 보였다. 그 사실이 작은 충격으로 머리 한 켠을 차지했다. 성도들을 세밀히 살피지 못한 것이 깊은 자책이 되었지만, 무엇보다 그것이 나의 목회적 선택에서 비롯되었다는 각성을 하게 되었다. 단지 나의 불신실함이나 게으름의 문제가 아니라 목회적 추구가 낳은 지당한 결과였다. 어느 새 그리스도의 몸을 돌보고 세우는 목회가 아니라 성장과 확장을 더 기뻐하고 있었던 거다.

새 해 첫 주일, 한 주 만에 100여 명 이상의 성도들이 더 많이 예배에 참석했고 이전보다 세 배 이상 커진 공간에서 더 영광스러워 보이는 예배를 드렸지만, 나는 목양실의 의자에 웅크려 앉았다.

'아, 이게 뭐지…?'

교회의 얼굴이 보이지 않았다. 예수 그리스도의 몸으로 존재하며 상호 그리스도의 보혈로 연대하여 서로를 향하고, 서로를 향해 깊은 책임감을 느끼고 선선히 자신을 내어주는 헌신은 이미 멀어진 것 같았다. 대중교통편도 없는 이 황량한 허허 벌판에 건축된 공간을 향해 더 많은 성도들이 오고 있다는 사실을 내심 즐기는 듯 했으나, 단지 그런 결과에 안도하려는 자신에 대한 좌절과, 수다한 불확실한 얼굴 혹은 그들의 알 수 없는 형편으로 인한 죄스러움이 더 크고 강렬했다. 결국 교회의 사이즈는 목양의 가치를 바꿀 수 있고, 그것은 목회적 추구의 결과이고, 그 추구는 결국 교회의 신학에 대한 이해와 실천의 문제라는 것을 생각할 수밖에 없었다.

교회에 대한 신학적 이해와 실천이라는 문제와 더불어 처음부터 공간 배치가 잘못되었다는 사실을 즉각 알게 되었다. 전체적으로 보면 주일 낮 장년예배 참석 인원이 당분간 계속해서 늘어나기를 바라는 열망이 가장 우선적으로 반영된 구조였다. '본당'의 크기가 공간에 실린 나의 욕망을 지적하는 듯하였다. 총 건평 1300여 평 중 본당이 450평이었다. 로비와 강단, 복도와 여유 공간 등을 제외하고서도 무려 1,300여 석이 넘는 규모였다. 어떤 교회에 비하며 턱 없이 작은 규모이고 어떤 교회로서는 지나치게 큰 규모이겠지만, 중요한 것은 공간에 담긴 목회적 추구였다. 교회의 목회적 비전과 철학 대신 예측되는 현실이 반영된 구조였다.

전체적으로 만족스러운 부분이 없는 것은 아니었다. 1층 공간은 오롯이 학교와 주일학교가 같이 사용할 수 있는 형태로 움직이는 벽을 이용하여 공간을 배치했다. 경제적 취약성과 개인적 취향을 반영하여 저렴한 비용으로 단순하고 밝고 안전한 형태로 지어진 것은 나쁘지 않았다. 하지만 적어도 좀 더 깊은 신학적 고민이 있었다면, 이것보다는 좀 더 다른 형태의 건축이었어야 한다는 생각이 밀려들었다. 본당을 줄이고 다른 교육 공간이나 교사나 일꾼들을 위한 공간을 좀 더 확보했어야만 했다.

성장주의의 증거

성장주의는 대개 교회 규모의 확장에 관한 욕구라는 차원에서만 다루어지지만, 보다 근본적인 차원에서 그것은 존재의 규모에 관한 문제다. 단지 교회의 외연을 확장하려는 열망은

대답하는 공동체

보이지 않더라도, 자신이 교회의 규모 따위에는 신경을 쓰지 않고 오직 본질에 천착하는 목사라는 존재감을 어느새 추구하고 있다면, 그는 존재의 규모와 확장에 어느 새 마음을 빼앗긴 성장주의자라고 할 수 있다. 나는 그 둘 사이를 오가며 성장의 욕구를 노골적으로 드러내지 않는 동시에 내심 출석 성도들의 숫자와 규모에 신경을 쓰고, 시골 황량한 벌판에 있는 것이 좋다는 자기 위안 안에서 이미 존재 의미를 추구했다고 할 수 있다.

한때는 대형교회의 순기능에 대하여 서투른 논리를 편 적도 있었지만, 알량할지라도 작은 성장이라도 경험하고 보니 교회의 사이즈를 '추구'하는 마음이 복음의 진리를 노골적으로 거스르는 것임을 점차 뚜렷이 깨닫게 되는 것 같다. 놀랍게도 사람은 자신이 구체적으로 실천하지 않고 있음에도 불구하고, 혹은 또 다른 은밀한 욕망을 유능하게 잘 감추고 있음에도 불구하고, 자신이 개혁적 실천을 꿈꾸거나 자주 언급하거나 추구한다는 사실만으로 반쯤은 실천하고 있다고 착각할 수 있는 존재다.

내가 성장주의자라는 사실을 명쾌하게 깨닫는 계기가 있었다. 2015년 여름, 오랜 소원을 따라 어머니와 단 둘이서만 제주 2박 3일 여행길에 올랐다. 어머니를 모시고 꼭 가고 싶었던 식당들 중에 생선조림으로 유명한 M식당을 찾았다. 식당은 행색이 너무나 초라하여 그 식당이 그토록 유명한 식당이라는 사실을 알아본 것은 대기표를 받고 초라한 식당 앞에 길게 줄지어 서 있는 사람들을 통해서였다.

처음엔 마을버스 정류장에서 버스를 기다리는 사람들인 줄 알았던 터라 알아보지 못한 채 이리저리 돌다가 다시 찾아간 거였다. 그 덕에 나는 20여 분을 허비한 뒤 12시 30분 쯤 식당에 들어섰고, 직원은 한 가지 좋은 소식과 한 가지 나쁜 소식을 알려주었다. 좋은 소식은 재료가 거의 바닥나 갈치조림 하나와 고등어조림 하나가 마지막 남은 음식이라는 사실이었고 내가 그날의 마지막 손님이라는 거였다. 나는 간택 받은 자의 기쁨을 만끽했지만, 나쁜 소식은 최소 한 시간은 더 기다려야 한다는 거였다. 하지만 나쁜 소식은 좋은 소식에 대한 기대감이 가려주었다. 어머니와 나는 꽤 배가 고팠지만 한 시간을 기다리기로 결정했다.

드디어 점심시간이 훌쩍 지나 두 시가 다 되어 음식이 나왔다. 몇 젓가락을 뜨신 어머니가 말씀했다.

"내가 83년을 살아오면서 이렇게 맛있는 음식을 먹을 거라고는 생각도 못했다 야."

나 역시 음식을 먹으면서 어머니의 말씀에 전적으로 공감할 수 있었다. 식당도 허름하고 공간도 비좁고 반찬은 단출하였으나 갈치조림과 고등어조림의 정성들인 맛이 혀의 기대감을 정확히 저격했다. 가장 인상적이었던 것은 마지막 손님인 내가 입장에 성공한 후에도 수많은 손님들이 식당 문을 두드리는 모습이었고, 직원은 "오늘 영업은 끝났다"며 미안해하며 돌려보냈는데 그 상황과 말투가 매우 익숙해 보였다.

나는 식당 주인에게 몇 가지를 물은 후, 나름의 결론을 내렸다.

대답하는 공동체

2년 전, 이 식당을 찾다가 가까운 곳에 있는 비슷한 이름의 식당 (버스 기사들과 계약한 대형식당)에 가서 대단히 실망한 적이 있었기 때문에 더 뚜렷이 판단할 수 있는 결론이었다.

지금 이 식당은 규모를 키우고자 하면 현재보다 네 다섯 배 이상 되는 규모까지는 손쉽게 더 키울 수 있는 맛과 실력을 구비하고 있다. 그러나 자신들이 감당할 수 있는 힘과 찾아오는 손님들에게 최상의 맛을 전할 수 있는 수준을 감안해서 감당할 수 있는 분량만 감당하기로 결정했던 것이다. 매일 4시에 일어나 자신들이 감당할 수 있는 만큼만 신선한 재료를 구입해서 음식 재료가 떨어지는 순간까지만 영업한다는 철학을 40년째 유지하고 있는 중이다. 대량화시킬 경우 사라질지도 모를 정성스런 손맛을 포기하지 않으려 했던 거다. 그 허름한 식당을 나오면서 나는 식당을 운영하는 일가족에 대한 존경심을 마음 깊이 담았다.

일개 식당도 명확한 철학과 본래의 정직한 맛의 수준을 지키기 위해 40년 동안 자신들의 규모를 조정하면서 지켜왔다면, 교회가 그것을 못할 리 없다. 더 많은 손님을 받으려면 더 많이 투자해야 하고, 더 많이 투자한 만큼 더 많은 손님이 몰려오면 그들을 관리할 수 있는 시스템과 기계화와 조직이 움직이는 구조로 갈 수밖에 없다. 정성을 쏟은 가족들의 '손맛'은 정해진 레시피에 따른 기계적인 맛으로 대치될 게 분명하다. 그것은 결국 선택의 문제다. 음식 맛이 그러하다면, 서로 눈을 마주보아야 하는 지극히 인격적인 관계와 서로의 내면을 살피는 정성과 상호 간에 긴밀한 유대가 구체적이고 인격적인 책임으로 나타나는 가족 공동체는 더 말할 것이 없으리라.

몰려오는 성도들을 현재의 공간이 수용할 수 없기 때문에 불가피하게 공간을 늘릴 수밖에 없었다는 말은 현상에 따른 대답일 뿐, 실은 결국 나의 선택의 문제였다. 결국에는 내가 성장주의자라는 사실을 드러낸 것이었을 뿐이다.

이제
어떻게 할 것인가?

그리하여 "하나님은 왜 교회를 세우고자 하셨던가?" 하는 가장 기본적인 질문을 다시 지속적으로 반복해야 했다. '교회는 그리스도의 몸'이라는 가장 기본적인 주제부터 다시 시작해야만 했다.

그리스도는 자기주장을 중심으로 형성된 바벨의 영으로 가득한 이 땅, 참 생명을 낳지 못하는 불임의 땅에 생명을 창조하고 낳기 위해 오셨다. 그런데 그가 생명을 낳으시는 방식은 자신의 몸을 깨뜨리시는 거였다. 결코 깨뜨려지지 않고 흩어지지 않으려고 끌어 모으고 움켜쥠으로 도무지 생명을 낳을 수 없는 바벨의 세상에서, 예수님은 자신의 모든 것을 다 내어주시는 깨뜨려짐의 방식으로 생명을 낳으려 하셨다. 오직 하나님의 말씀을 따라 자신을 내어주는 사랑만이 생명을 낳고 세상을 살리는 유일한 길임을 자기 안에서 성취하신 거였다.

우리의 근본을 뒤흔들고 변화를 일으키는 모든 이야기에는 예외 없이 이렇게 자신을 깨뜨리는 사랑의 주제가 깔려 있다. 그리고 그것이 역사에 변화를 가져올 수 있는 유일한 길이었다. 따라서 깨어짐이야말로 우리를 끌어당겨 예수 그리스도 앞에 서게 만든 가장 강력한 메시지였고, 그것은 우리들의 삶과 삶의 표현들 속에서도 동일하다. 그렇다면 이 땅에 그리스도의 몸으로서 존재해야 하는 교회는 오래 전부터 이 강력한 메시지를 스스로 포기해 온 셈이다. 몸의 구성원들뿐 아니라 그 몸을 바라보는 세상을 향해 던질 수 있는 가장 강력한 메시지를 이미 포기하였던 것이다.

바벨 추구를 선도한 이들

현실의 교회 대다수는 몸을 깨뜨릴 생각은 하지 않는다. 단지 자신의 충분한 생존이 온전히 보존되는 한에서 여분의 어떤 것을 조금 내어줄 뿐인 '자선적 추구'를 깨뜨려짐이라 오해하고 싶을 뿐이다. 오히려 골격을 더 키우고 몸을 더 살찌워 영향력과 힘을 지속적으로 증대시키기 위해 몸부림친다. 그리하여 세상은 교회를 통해서 그리스도의 진정한 메시지를 들을 수 없었고, 교회의 행동을 통해서 그리스도의 몸을 볼 수 없었다. 오히려 끌어 모으고 영향력을 키우고 이름을 내는 바벨의 영이 교회 안에 꿈틀거리는 것을 보아왔을 뿐이다. 그 결과 교회가 뭔가 헌신하기는 하는 것 같은데 개운치 않은 것을 감지했던 것이다. 교회를 들락거리는 사람들의 얼굴에 한없이 친절한 미소가 가득하다 해도 이상하게 기분 나쁜 느낌을 지울 수 없었던 거였다. '활짝 웃고 친절하기는 한데 도무지 신뢰할 수 없는 이 느낌은 뭐지?'라며 의아해 했던 것이다.

사실 세상이 교회 구성원들의 삶이나 얼굴을 보면서 그다지 신뢰할 수 없게 된 이유는, 그들이 뭐라 말하건 그들의 추구가 바벨이라는 것을 이미 알았기 때문이다. 그것을 선도한 이들은 누가 뭐라 해도 목사들이었다.

성도들은 메시지를 듣기보다 본다. 듣는 메시지가 예수 그리스도였는지는 몰라도(실은 예수보다는 도덕을, 예절을, 그리고 예수를 통한 윤리를 설교했을 가능성이 더 많을 수 있지만), 목사들의 행동을 통해, 교회의 구체적인 선택과 결정의 상황마다 눈에 보인 메시지는 복음이 아니라 바벨이었기 때문이다. 지속적으로 예수를 말하지만 힘을 키우고 영향력을 팽창시키려는 제국주의적 바벨의 영을 교회 안에 고스란히 끌어들였기 때문이다. 성도들은 예수라 적힌 바벨의 음식을 꾸준히 먹으면서, 바벨의 근육을 키우느라 예수를 사용하는 자들로 변화되었다.

대답하는 공동체

14 깨어짐으로
대답하는 공동체

성급히 피었다 진 꽃 :
교회 구조에 관한 규정

분립 개척을 포함한 교회 규정이 통과된 후 3년여 의 시간이 흐르자 본 교회 사역 5년 규정에 따라 분립 개척이 더디 게 진행되는 것이 잠시 조급하게 느껴졌다. 무엇보다 이렇게 교회 와 내 안에 흐르는 바벨적 영성에 대한 긴장 때문에 무언가 좀 더 확실한 구조적인 갱신이 필요하다는 생각을 하기 시작하면서, 분 립 개척보다는 교회 구조 자체가 흩어지는 구조로 바뀔 수 있지 않겠는가 하는 생각에 점점 사로잡혔다(불행하게도, 이 대목에서는 당회와 충분한 논의가 없었고 성도들의 의견을 묻지도 않았다. 다만 조급 함과 약간의 영웅심에 들떠 있었던 것 같다).

그럼에도 불구하고 나름대로 그렇게 하는 것의 합당함을 위해 근거를 찾으려 애썼다. 현재의 움직임은 담임목사 중심으로 힘을 키우는 모드로 돌아가는 것이 분명하므로 구조부터 손을 대어야 한다는 생각이었다. 구조보다는 방향과 정신이라는 것을 알고 있었지만 구조에 이미 방향이 담긴다는 것을 느낄 수 있었기 때문이다.

구조는 철학과 정신마저 바꿀 수 있다. 이에, 담임목사 중심성에서부터 가장 혁신적으로 탈중심화를 시도하고 있다고 알려진 원천침례교회를 찾아 배우고자 했다. 교회 안에 여러 교회를 두고, 각 교회 재정은 여전히 통합적으로 운영하더라도 목회는 각 교회의 담당목사가 상당 부분 자기 교회 리더십과의 논의를 통해 주도적으로 시행할 수 있게 한 형태에 매력을 느꼈다. 그리고 여건이 되면 분립하여 독립할 수 있게 한다는 취지가 교회의 깨뜨려짐, 흩어짐의 신학에 적절하다는 생각이었다. 그에 따라 당회의 협의를 거쳐 아래와 같은 항목도 규정에 더해졌다.

분립교회 : 9조 2항
동사목사 및 동역 교역자

– 목양, 교육 등 전문 영역을 위하여 복수의 전임 동사목사, 준전임 목사, 전임 및 준 전임 전도사를 초빙할 수 있다

– 전임 동사목사의 임기는 총회법에 따라 기본 1년으로 하되 노회의 시무계속청원을 통해 연장한다. 단, 내부적으로는 최초 사역 기점부터 기본 3년으로 하고 3년째 말 당회 및 동역자회의 재

신임 이후에는 매 7년마다 재신임의 과정을 거쳐 만 70세까지 연장할 수 있다.

– 동사목사는 부임 3년까지는 매년 2주간의 휴가를 갖는다. 단, 3년 시무 후에는 1개월 1회, 6년 시무 후에는 3개월 1회의 연구 안식월을 가지며, 이를 위한 적절한 비용을 산출하여 지급한다.

– 동사목사가 해당 교회의 담임목사직을 수행하는 경우, 사례는 교육공무원에 준하여 지급한다(단, 호봉은 타 교회 교육전도사 직무기간까지 감안하여 정하며, 시행시점은 당회의 논의를 통하여 정한다. 교회는 이를 위해 관리적 용어인 교구 대신 유기체를 느끼게 하는 교회라는 표현을 도입하여 1교회, 2교회, 3교회, 4교회라 했고, 목사의 경우에는 각 교회의 담임목사라 칭하기로 했다).

– 동사목사에게는 사택 및 차량 지원을 원칙으로 한다(단, 교회의 재정형편에 따라 상호 조정될 수 있다).

– 동사목사가 해당 교회 담임목사 시무 시점으로부터 만 5년이 지나면 해당 교회 성도 3분의 2 이상의 찬성과 당회의 동의를 거쳐 예수향남교회 캠퍼스 밖으로 독립할 수 있다. 독립하는 경우, 재정적으로는 분립교회와 모교회가 각 50퍼센트씩 개척 비용을 분담하고 담임목사의 사례는 분립 교회가 담당한다. 그리고 재정정책은 분립 개척 교회와 같은 규정을 적용하여 매월 10퍼센트를 Pooling System에 적립하여 공동의 사역을 감당한다.

* 단, 동사목사의 항목 중 교구를 교회로, 부목사를 동사목사 및 각 교회의 담임목사로 호칭을 변경하는 것은 2015년 1월부터

실시하며, 3-5년에 걸쳐 서서히 변화시켜가는 과정을 통해 늦어도 2020년부터는 정식으로 '예수향남 가족교회'를 시작한다.

피다 만 꽃

이 야심찬 규정은 이후 피다 만 꽃이 되었다. 무엇보다 교역자들 내부에 반발이 있었다. 각 교회의 담임목사라 할지라도 개척한 목사가 있는 한 담임목사가 될 수 없다는 게 주된 이유였다. 개척 목사의 비중을 감출 수 없으므로 지나치게 이상적인 구조에 불과하다는 반발이었다. 게다가 이 규정을 통과시켰던 당회에서도 시간이 흐르면서 새로운 구조에 대하여 회의적이었다. 너무 빠른 변화라는 의견이었다. 더구나 우리는 침례교가 아니라 장로교라는 지적도 있었다. 각 교회가 교회로 제대로 작동하려면 교회마다 당회가 있어야 하는데, 그것은 또 다른 혼란을 불러올 가능성이 너무 많다는 의견이었다.

희생적 내어줌이 순전하지 못할 경우, 그것은 명예와 영광을 위한 훨씬 더 교묘하고 강력한 수단이 될 수 있다는 것을 느끼게 되었다. 나의 많은 희생은 동시에 나도 모르는 사이에 다른 방식의 대가를 요구하는 쪽으로 흐를 만큼 내가 연약한 자라는 사실을 인정해야만 했다. 내가 명예와 영광을 구하지 않을 만큼 순수하지는 않다는 사실도 인식하기 시작하였다. 내가 예수 그리스도와 신앙의 본질을 위하여 자신의 인생을 온전히 드리려 애쓰는 자라는 자

대답하는 공동체

의식을 떨쳐낼 가능성은 거의 없는 사람이라는 것을 인정하기로 했다.

이 규정은 당장은 시행되기 어려운 것으로 자연스럽게 결론이 났고, 그에 따라 교회는 분립 개척에 더 집중하기로 하였다. 다만 규정이 여전히 살아 있으므로 최종적으로는 다른 형태로 시행될 여지가 얼마든지 있었는데, 수 년 후 이것은 개척 목사의 은퇴 전 5년간 점차적으로 이루어 가기로 한다는 새로운 규정으로 성취되었다. 결국 여러 숙고 끝에 생각을 정리하고 당회원들과의 협의를 거쳐 아래와 같이 정리하게 되었다.

1. 예수향남교회의 개척 목사는 하나님께서 특별히 다른 명확한 지시를 하시기 전까지는 본 교회의 담임목사로서 최선을 다하여 교회를 섬긴다. 단, 그가 20년 임기를 채우더라도 원로목사제도를 채택하지 않기로 한 원칙에 따라 원로목사가 되지는 않는다.

2. 그리스도의 몸 된 교회의 깨뜨려짐을 위하여 개척 초기부터 계획하였던 분립 개척 비전을 더욱 활발하고 책임있게 수행한다.

3. 개척 목사가 교회를 사임하게 될 때, 불가피하게 급히 떠나게 되는 상황이 아니라면 적어도 교회를 300여 명 단위로 나누어 각 교회별 담임목사를 세우는 일을 은퇴 전 최소 3-5년간 지속적으로 진행하되, 이를 위하여 지금부터 동

역할만한 사역자들과 비전을 나누고 장기적인 동역체계를 만들어간다.

이상 조정된 규정은 당회를 논의를 거쳐, 2018년 2월 전교인 공동의회에 상정되어 특별한 반대 없이 통과되었다.

분립 개척에 대한 인식

내 인식의 사전에 분립 개척이라는 어휘가 처음 들어온 정확한 연도는 기억나지 않는다. 2002년에서 2004년 사이 어느 시점에선가 안산동산교회 부교역자로서 사역하던 중 처음 들은 말일 것이다. 신선했으나 이해가 충분할 수 없었다.

분립 개척이라는 이야기가 회자되기 시작할 당시 가장 많이 반복되었던 어떤 명제 혹은 선언은 이것이었다.

"대다수의 사역자들이 교회를 시작하면서 하나의 나무를 심어 많은 열매를 거두는 것을 꿈꾸고 있으나, 나무를 잘라 이식된 가지들이 또 다른 나무들로 자라 숲을 이루는 것이 하나님 나라 비전이다."

이 선언이 몇 번 반복되더니 실제 이루어졌고, 앞서 언급했듯이 출발은 매우 성공적이었다.

들어보니, 분립 개척 교회의 비전은 이미 어떤 계기에 의해 오래 전부터 김인중 목사 안에서 싹튼 개념이라 하였다. 안산동산교회를 개척하고 한 성도를 전도하게 되었는데, 출석한 지 얼마 되지 않는 그와 대화를 나누던 중 안산의 동서남북에 교회들을 분립하여 세움으로 좀 더 지속적인 교회의 건강성을 지킬 수 있지 않겠는가 하는 생각이 서로 소통되었다고 하였다. 1990년대 초중반부터 이 비전을 부교역자들과 공유하기 시작하였으나, 안산동산고등학교 설립에 모든 에너지를 쏟는 동안 공수표가 되고 말았다는 거였다. 하지만 그 비전이 10여 년을 지나 다시 구체적으로 기획되었고, 그것은 이제 동산교회의 건강성을 담보하는 중요한 표지가 되었다.

어설픈 흉내

　44세의 젊은 목사로 70세가 된 창신교회에 부임하자 곧 눈에 들어온 이들은 오래 전부터 사역해왔던 부교역자들이었다. 이들은 이미 성도들과 친밀한 관계를 형성하고 있었고, 교회의 세월에 익숙하여 나의 모든 목회적 결정과 선택들에 대하여 생경함을 느꼈을 가능성이 많았다. 이들은 담임목회자가 교체되는 상황에서 본인들의 거취를 고민하였으나 당분간은 새로운 리더를 도와야 한다는 장로들의 '다소 인정에 끌린' 결정에 따라 남아 있는 중이었다. 이들 중 다수가 나보다 연배가 높았고, 그들 중 두 명은 50대였다. 한 사역자는 이미 교회를 통해 개척지원을 받기로 약속을 받아 놓은 상태였고, 다른 사역자는 별다른 계획이 없었다.

나의 편견이나 과도한 두려움이 작동했기 때문일 수 있으나, 나는 나보다 교회를 월등히 잘 알고 있을 뿐 아니라 나에 대하여 썩호감이 없어 보이는 연배 높은 교역자들에 대하여 부담을 느꼈다. 그리하여 개척이 약속된 한 분의 개척을 서둘렀고, 다른 한 분도 개척을 시켜야겠다고 결심했다.

첫 번째 개척은 어떤 조건으로 했는지 명확히 기억하지 못하겠다. 이후 개척하는 이에 대해서는 개척조건을 초기 개척자금 1억 5천만과 2년간의 생활비를 지원하는 것으로 정했다. 개척에 참여하고자 하는 성도들에 대해서는 제한하지 않기로 했다. 형식적으로는 관대하고 바람직해 보이는 조건이었지만, 담임목회자로서는 책임감이 적은 행동이었다. 그들이 얼마나 개척에 적합한 준비가 되어 있는지, 그에 따른 적절한 훈련의 내용을 어떻게 지원할수 있는지, 성도들에게는 개척에 참여할 수 있는 신학적이고 정서적인 근거를 어떻게 갖게 할 수 있는지 등에 대해서는 생각할 여력도 실력도 없었다. 다만 개척시킨다는 명분만 가졌다.

두 사역자는 1년에 걸쳐 차례로 개척을 했다. 첫 사역자는 용인동백에, 다른 사역자는 광명에 터를 잡았다. 하지만 처음부터 교회 개척에 대한 분명한 철학과 방향과 적절성에 대한 세밀한 검증이 없었을 뿐 아니라, 경제적인 지원 외에는 그들에 대한 보다 책임 있는 목회적 지원이 없었던 터라, 두 교회는 모두 힘겨운 시간을 보냈다. 동시에 분립 개척에 대한 보다 책임 있는 목회적 지원

대답하는 공동체

이 무엇인지에 대해서 교회도 나도 명확히 이해하고 있지 못했기 때문에, 동백의 교회 사역자는 결국 개척 교회를 접고 지방의 교회로 청빙을 받아 떠났다. 광명의 교회는 10여년이 훌쩍 넘은 지금까지도 어려운 상황을 통과하고 있다는 이야기를 들었다.

사역 당사자의 관점에서는 다르게 생각할 수 있는 면이 없지 않겠으나, 건강한 분립 개척을 통한 하나님 나라 운동이라는 관점에서 보면 결국 무모한 시도였다고 말해야 할 것 같다. 성숙하지 못한 담임목사의 애매하고 책임 떠넘기는 방식의 요식적 개척이었던 것이다. 결과적으로는 함께 있기 어려운 오래된 부교역자들을 내보내는 과정에 불과하게 되었다. 나는 3년 6개월간의 짧은 담임목회 기간 중 두 개의 교회를 개척시켰다는 허울 좋은 명분을 가지긴 했지만, 속으로는 매우 부끄러운 속 빈 강정 같은 명분이었다. 교회 개척이 무엇인지, 교회가 개척된다는 것이 무엇을 의미하는지, 결정적으로 어떤 준비가 중요한 것인지, 이 운동이 하나님 나라 관점에서 어떤 의미를 가지고 위치를 차지할 것인지에 관해서는 거의 생각해본 일이 없었다. 감상적인 온정주의와 책임지고 싶지 않은 목회적 방치만 있었다고 해야 할 것이다.

분립 개척을 다시 배우다

분립 개척은 명분의 이야기일 수 없다. 재정 지원이라는 차원이기보다 비교할 수 없이 큰 이야기다. 그것은 오히려 신학의 문제이고 마음의 문제이다. 사역자 자신과 하나님 사이의 깊은 관계의 문제이고, 그 사역자를 둘러싸고 있는 교회와 성도들의 정서와 분위기와 신앙적 추구의 문제이고, 온 성도들과 공유해야 하는 교회 신학에 관한 이야기다. 따라서 한 교회를 개척하여 신실하게 책임질 수 있는 목회자를 발굴하고 훈련하고 지원하고 코칭하는 일이 무엇보다 중요하다. 그를 따라 기꺼이 하나님 나라의 비전에 뛰어들어 분립 개척에 동참하려는 성도들의 복음적 생태계를 준비하는 것도 필요하다. 더 나아가, 교회의 구조 자체가 개척을 위해 준비된 구조여야 하고, 그 구조 속에서 자연스럽게 분립 개척의 정신이 형성되어야 한다.

이런 생각들은 안산동산교회를 비롯하여 이미 분립 개척을 광범하게 행하고 있는 선배 목회자들의 실패와 성공 이야기를 간헐적으로 접하는 동안, 또 큰 숲 목회자 모임을 통해 교회의 본질과 실천에 대하여 지속적으로 대화하고 상호 배움을 거듭하는 동안, 그리고 무엇보다 팀 켈러 목사와 뉴욕 리디머 장로교회를 중심으로 펼쳐지고 있는 City to City(이하 CTC) 사역의 복음적 교회 개척 운동으로부터 배우는 동안 조금씩 인식되고 있는 과제들이다.

큰 숲 목회자 모임

철이 철을 날카롭게 한다는 말씀은 듣기 좋은 상투적 격언이 아니었다. 큰 숲 목회자 모임은 그야말로 개성 가득한 철들의 모임이었다. 어떤 의도와 상관없이 모임을 지속적으로 이어가는 동안 목회현장을 보다 예리하고 날카롭게 분별할 수 있는 통찰을 선물해 주었다. 형식적으로는 김인중 목사를 중심으로 김찬곤, 이기동, 곽수광, 김광이, 이인호, 이규현, 정갑신, 김영삼, 정상혁, 정창욱 등 셀 교회 비전에 공감하는 10여 명의 목회자들이 지속적인 셀 공동체 나눔을 하고자 모였던 거였다.

향후 이 모임이 CTC 사역과 연관되면서는 김정우, 오종향 목사 등이 합류하였고, 10년 가까운 세월을 이어오는 중 적지 않은 이들이 모임을 거쳐 갔다.

모임의 가장 큰 동력은 김인중 목사의 존재와 헌신이었다. 개척 교회의 숫자를 쌓아가는 명분과 성과를 의식하는 방식이 아니라, '말이 되는' 분립 개척을 통해 '깨어지는 교회'의 신학을 실천하고 있는 대표적인 목회자였을 뿐 아니라, 교회의 형태와 추구를 전적으로 개척자에게 맡김으로 유연하고 다양한 개척이 가능하게 한 위임의 목회자였기 때문이다.

모임에 참여하는 이들은 대체로 김인중 목사의 헌신적인 출석과 소탈한 자기 고백적인 투명함에 이끌려 그와 지근거리에서 친밀한 소통을 이룰 수 있는 시간에 매력을 느꼈다. 모인 이들 중에는 나를 필두로 충동적이고 변화를 즐기는 자들이 다수였기 때문에 모임은 수시로 변화무쌍한 변화를 경험했다. 이들은 직관적 통찰에 의한 상황 판단을 좋아하고 충동적으로 꿈틀거리는 동기로 움직이는데다 목소리도 크고 주장도 집요했기 때문에, 모임은 자연스럽게 살짝 들떠 있었다. 하지만 이렇게 반복되는 충동적 결정들에도 불구하고 이 모임이 지속성을 가질 수 있었던 가장 중요한 요소는 서로에 대한 '개방성'이었다. 때로 큰 형님으로 통한 김인중 목사의 지치지 않는 훈계와 꾸지람이 반복되었음에도 멤버들은 대체로 개의치 않고 말할 수 있었고, 동시에 그의 번득이는 연륜을 배울 수 있었다.

분립 개척을 위한 영혼은 이런 자유로운 대화와, 가르치지 않으나 서로를 통해 배우는 통찰과, 각자의 교회에서 고군분투 실행하고 있는 선교적 실천을 서로에게서 남모르게 배우는 동안 형성되는 것이었는지도 모른다. 그에 따라 모임에 참여하는 이들의 교회 중에서 적어도 6,7개 이상의 교회들은 이미 분립 개척을 성실히 수행하는 중이었다. 이런 대화적 분위기는 모임 초기에 읽고 나눈 앨런 록스버그의 《길을 잃은 리더들》(국제제자훈련원 간)에서 얻은 통찰을 밑바탕에 두었다고 할 수 있다.

앨런 록스버그는 무엇보다 텍스트와 전통적 가치에 천착한 기존의 질서와 '시대 적응적 창조 대안'을 추구하는 이머징 사이에서 어떤 고정된 목회 프로그램이나 방식은 더 이상 답이 될 수 없음을 파악하였다. 오직 다양한 사고와 기질과 목회적 배경을 가진 이들이 모여 개방성 가득한 대화를 마음껏 펼치는 동안 얻게 되는 성경적 전망과 통찰에서 답을 찾을 수 있을 거라고 기대했다. 따라서 그는, 이런 식의 소위 '열려있는 대화 공동체'에는 누구든지 일정한 방향으로 끌고 가려는 의도가 배제된 상태에서, 마치 대수

대답하는 공동체

도원장처럼 그 존재만으로도 전체를 보듬을 수 있는 역할자가 필요하다고 했는데, 우리는 자연스럽게 김인중 목사에게 그 역할을 기대하게 되었다. 그 덕분에 모임의 목적과 이유에 대한 지지부진한 느낌의 반복에도 불구하고 꾸준한 만남을 이어갈 수 있었다.

15

중심을 잡는
교회를 배우다

'씨티 투 씨티'(City to City)를
배우다

2015년이었다. 매주 금요일 오전에 모이던 큰 숲 모임은 각자의 분주한 일정에 밀리면서 다소 지지부진해지는 중이었다. 모두가 함께 집중할 수 있는 의미 있는 계기를 마련하자는 논의가 자연스럽게 시작되었다. 그 와중에 CTC 사역의 한국 카탈리스트(Korea Catalyst) 노진산 목사의 도움을 받게 되었다.

노 목사와는 이미 중국선교 사역을 위해 7,8년 전부터 동역해오는 중이었는데, 그는 팀 켈러의 웨스트민스터신학교 제자로서 리디머교회의 지원을 통해 뉴욕에 개척된 최초의 개척 교회를 담임하고 있었다. 중국인 2세와 한국인 2세, 소수의 백인과 흑인이 출석하는 다민족 교회였다. 그는 CTC의 분립 개척 철학에 따라 몇 개의 멀티싸이트 교회를 분립하여 목회하는 중이었다. 그가 CTC의 개척 훈련을 충실히 받고 한국에서 이미 개척 사역을 하고 있던 오종향 목사를 소개해 주었고, 우리는 오 목사를 큰 숲 모임에 초대하여 팀 켈러와 CTC 사역에 대한 소개를 경청했다. 모두가 예외 없이 하나님께서 이 사역을 우리 모임을 향해 허락하셨다는 확신을 얻는 순간이었다. 그리고 이미 오종향 목사와 학습공동체를 이루고 있던 다음세대 목회자들과 더불어 CTC가 공식적으로 인정하는 교회 개척 훈련 과정(인큐베이팅)을 이수하기로 했다. 팀 켈러의 저서들이 최근 들어 봇물 터지듯 번역 출간되고 있지만, 당시까지만 해도 주로 오 목사와 몇 몇 경로를 통해 팀 켈러와 그의 사역들이 소개되는 중이었다.

CTC와 CTCK

　　CTC는 종종 Redeemer City to City라 불림으로 이 단체가 팀 켈러가 개척한 리디머교회를 중심으로 시작되었다는 것을 명시한다. 6개 대륙 주요 나라들의 주요 대도시들에서 복음 중심적 교회 개척과 복음 갱신을 통해 복음 운동을 일으키고, 이에 따라 복음적 가치 위에서 도시를 흥왕케 하는 것을 목표로 복음적 건강성과 균형을 중시한다.

　이 운동의 교과서라 할 수 있는 책《센터처치》(두란노 간)에서

'센터'는 어떤 힘과 영향력을 추구하는 '중앙'이라는 의미라기보다 '중심을 잡는다'는 의미의 '균형'에 가깝다. 물론 모든 자원과 기회가 몰리는 각 나라 대도시의 중심에서 복음적 갱신을 추구한다는 면에서의 센터이기도 하다. 그런 의미에서 CTC는 무엇보다 도시에 깊은 관심을 가진다. 도시를 향한 성경적인 전망에 따른 도시 신학, 도시와 도시 문화에 대한 이해, 도시에 대한 문화적 상황화와 그들의 언어와 이해에 맞는 복음적 변증, 도시와 도시인들의 우상과 종교성에 대한 들추어냄, 그에 따른 복음적 진단과 처방을 통한 도시 섬김에 집중하고 그것이 도시의 영적 네트워크를 통해 운동화되는 과정으로 복음적 생태계가 형성되는 것을 꿈꾼다.

이 모든 운동의 중심에 복음적 추구가 흐르도록 하기 위해, 실제로 리디머교회는 2017년 팀켈러 목사가 은퇴하면서 교회를 3개로 나누었고(형태적으로 나뉜 것은 훨씬 오래 전이지만, 각 교회를 독립적인 형태로 인정하고 담임목사들을 공식적으로 세운 것은 이때였다), 현재의 목표는 각 교회들을 2년 안에 각각 12개의 교회들로 더 잘게 나누는 것이다. 그렇게 함으로 거대한 규모가 가지는 복음 외적 요소들이 중심을 차지하는 병폐에서 벗어나 더 많은 작고 강한 교회들이 연합한 힘으로 도시를 향하게 하려는 것이다.

CTC는 이 비전을 위해 가장 합당하고 효율적인 성경적 사역이 바로 도시 내에 건강한 복음 중심적 교회들을 개척하는 것이라고 확신하고, 교회 개척자를 모집하고 훈련하고 파송하고 코칭하는 일을 지속적으로 행하고 있다. 복음 중심적 교회 개척에서 가장 중요한 요소가 바로 복음을 이해하고 복음적 삶을 추구하고 복음 중심적 인격을 형성하여 복음적 설교와 목양을 통해 교회를 섬기는 '사람'이기 때문이다. 실제로 CTC는 지금까지 전 세계 56개 도시에서 421개 이상의 교회들을 개척했다. 이 교회들로 하여금 지역사회의 질문에 답하도록 격려하기 위해 13,000명 이상의 도시교회 개척 지도자들을 양성했고, 이들이 각 나라에서 50개의 네트워킹 그룹을 형성하고 활발한 활동을 이어가도록 지원했다. 이를 위해 예비 교회 개척자, 교회 개척자, 교회 네트워크 지도자, 경험 많은 목회자들, 신학교 학생들, 각 교회 리더십들을 포괄적으로 연결하여 동역하게 하는 일에 집중하는 중이다.

본래 CTC에서 진행하는 교회 개척 리더들을 위한 교육과정은 주 1회 주말마다 2년간 진행하는 프로그램으로 알려져 있지만, 우리 상황에 그것을 기계적으로 적용하는 것은 불가능하다고 여겼다. 논의 끝에 한국에서는 3박 4일씩 4회에 걸쳐 2년간 압축하여 진행하기로 협의하고, CTC의 동의와 지원을 통해 2015년부터 2년간 실행했다. 그 후 모든 과정을 수료한 목회자들을 중심으로 2017년 1월 CTC Korea(CTCK)를 출범했고 본부의 지원과 승인을 통해 협력을 시작하게 되었다. 그리고 2017년 1월과 2018년 3월, 2회에 걸쳐 서울에서 센터처치 컨퍼런스를 열어 이 운동을 국내 목회자들에게 알리기 시작했는데, 2회 때는 팀 켈러가 방한하여 큰 호응을 얻었다.

CTCK는 현재 인큐베이팅 과정을 지속적으로 진행하는 한편,

컨퍼런스를 통해 자원한 신청자들을 중심으로 전국적으로 학습공동체를 형성하고, 그들 중 갓 개척한 이들과 곧 개척할 이들을 통해 복음적 생태계가 운동화될 수 있기를 기대하고 있다. 이를 위해 이미 중견교회를 담임하고 있는 목회자 그룹을 통해 각 교회의 복음적 갱신이 가능하도록 하는 일과, 이들이 다음세대의 목회자들과 함께 한국교회의 생태계 변화에 참여할 수 있기를 기도하고 있다.

우리는 복음에 대한 탁월한 변증으로 맨해튼의 젊은 회의론자들을 설복하였던 팀 켈러의 복음적 설교와 균형 잡힌 교회사역(센터처치)으로 인해 깊은 감격에 젖었다. 무엇보다 팀 켈러가 표방하고 그의 동료들이 전하는 복음 중심성에 기초한 복음적 설교와 복음적 삶의 실천, 종교와 우상, 문화, 선교적 교회와 복음 생태계 등에 관한 강의들, 그것이 구체적인 교회 개척의 실제와 어떤 방식으로 결합하는지에 관한 정리된 생각들, 복음적 교회 활동과 사회활동 등이 마음을 잡아끌었다. 강력한 선포로서의 복음에서 진보하여, 그 복음이 어떻게 적절히 우리의 이성과 감성을 굴복시켜서 내 전 존재로, 손발로 표현되게 할 수 있는지가 더욱 궁금해졌다. 단지 설교뿐 아니라 목회와 관련된 모든 총체적 영역들이 어떻게 복음적으로 형성될 수 있는지, 복음이 어떻게 교회 구석구석에서 진행되는 모든 사역들에 적절한 방식으로 드러날 수 있는지, 복음이 어떻게 교회를 통해서, 또 성도들의 삶을 통하여, 어떻게 모든 교회 밖 영역에서 책임 있게 실천될 수 있는지, 교회는 세상의 질문에 대하여 어떻게 적절한 복음적 답변을 실천적으로 내어놓을 수 있는지 등에 대하여 크고 깊은 관심을 갖게 되었다.

예수향남교회의
분립 개척

나는 앞서 분립 개척은 명분의 이야기일 수 없다고 했는데, 그것은 CTC를 통해 배우게 된 교회 개척과 관련된 보다 큰 전망을 통해 얻게 된 반성적 고백이다. 분립 개척을 주로 재정 지원의 영역에서 생각하던 것이 얼마나 부분적이었던가에 관해 각성했다. 개척을 위한 적절한 사역자를 발굴하고 동역하면서 함께 훈련하고 개척의 실제적 준비를 위해 함께 준비하고 코칭할 뿐 아니라, 동시에 함께 할 성도들을 준비시키는 모든 과정들의 중요성이 점차 큰 비중으로 부각되었다.

이를 위해 사역자를 선발할 때, 특수한 상황이 아니면 가급적 개척 비전을 가지고 개척할 만한 인격과 역량이 엿보이는 사역자를 선발하려고 노력하게 되었다. 부교역자로서 사역이 개시된 후에는 사역의 기술과 성과나 효율성에 관한 이야기는 가급적 피하고, 주로 사역의 본질과 본질에 대한 우리의 태도에 관하여, 우리의 추구와 사역의 태도가 과연 복음 중심성을 제대로 담고 있는지를 질문하는 방식으로 셀 모임을 진행했다. 매 주일 오후 4시부터 두 시간 가량 진행되는 셀 모임에 파트 사역자들을 포함한 모든 동역자들이 모여 빠짐없이 자신의 이야기를 나누되, 사역의 성과나 계획이 아니라 사역에 임하는 자신의 마음과 자세, 주님과의 관계, 사역과 가족과 자신 안에서 발생한 고민과 기쁨에 관해 허심탄회하게 고백할 수 있는 분위기를 조성하려 애썼다.

분립 개척을 앞둔 전임목사는 CTCK에서 진행하는 2년간의 인큐베이팅 과정(최근 그 이름을 '복음 도시 운동(GCM) 세미나'로 변경하였다)에 참여하게 한다. 개척지를 염두에 두고 기도를 시작하게 하고, 개척 1년 전쯤에는 가급적 '평가'를 받게 한다. 평가의 이유는 개척 여부를 결정하거나 시기를 조정하기 위해서라기보다, 개척자가 동역자와 교회 리더십과 성도들의 눈에 자신이 어떻게 비추어지고 있는지를 객관적으로 알 수 있게 하고, 자신의 장점과 연약한 점을 정확하게 파악한 상태에서 개척 준비를 하도록 돕기 위해서다. 아쉽게도 예수향남교회에서 첫 번째 개척한 사역자는 평가는 받았으나 GCM 세미나는 참석하지 못했고, 두 번째 개척자는 GCM 세미나는 수료했으나 평가는 받지 않았다. 나의 치밀하지 못함 때문이었다. 평가는 보다 엄밀하게 적용해야 할 측면이라는 게 점점 더 분명해진다. 개척 후에는 격월로 함께 만나 자연스러운 대화와 고민의 나눔을 통해 사역 점검의 기회를 갖게 하고 있다.

성도들이 개척 비전을 이해하고 분립 개척 사역에 적극적으로 참여할 수 있도록 돕기 위해서는 한 달 혹은 두 달에 한 번 꼴로 진행되는 새가족 환영식을 통해 분립 개척 비전을 중심으로 '예수향

대답하는 공동체

남교회론'을 강의한다. 예수향남교회가 이곳에 존재하게 된 이유와 목적에 관해 공감하게 하고, 그 비전을 위해 언젠가는 분립 개척에 동참할 것을 요청하는 시간인데, 실제로 등록한 지 채 1년이 채 안 된 새가족들 중 분립 개척 교회에 동참하는 성도들이 일어나는 것을 보면 대부분의 새가족들에게는 신선함을 주는 시간인 게 분명하다.

그밖에 분립 개척 비전으로 사역을 시작한 목사는 특별한 일이 없는 한 처음 사역을 시작한 교회(교구)에서 5년간 지속적으로 사역하는 해당 교회의 담임목회자가 되게 함으로 성도들과 각 담임교역자 사이에 의미 깊은 관계가 형성되도록 유도하고 있다.

그리스도의 몸이
깨어짐을 구체화하다

해당 교회를 담임하는 사역자가 사역 개시 만 4년째가 되면 년 초에 교회 앞에 분립 개척을 선포한다. 그리고 구체적으로 개척을 준비할 수 있도록 시간의 여유를 허락한다. 본인의 목회철학을 담아 미리 준비한 '이런 교회가 개척될 예정'이라는 전단지를 준비하여 해당지역에 알리게 한다.

개척 전 6개월 전부터는 교회 내에서 혹은 본인의 선택에 따라 제3의 장소에서 개척을 위한 준비기도회를 시작하게 하고, 그 기간 중에 관심 있는 성도들이 기도회에 참여할 수 있도록 지원한다. 그 모임을 통해 개척 교회 일꾼의 선발 라인업이 어느 정도 형성되는 것을 볼 수 있다.

8월 말 교회 생일 축하 예배를 드리는 주일이 되면 커다란 생일 축하 케이크를 준비하여 하나님께 감사를 표시하고, 분립 개척할 사역자 가족과 개척에 참여하기로 확정한 멤버들을 앞으로 나오게 하여 축복한다. 이때 감동의 절정은 케이크의 한 조각을 잘라 개척 사역자에게 떼어줌으로 그리스도의 몸의 깨뜨려짐을 그림 언어로 선포하는 순간에 발생한다. 성도들은 이 순간을 엄숙하고 기쁘게 즐기면서 그리스도의 몸의 깨뜨려짐을 배운다.

정해진 때가 되어 파송예배를 드리게 되면 시무장로 한 가정을 파송하되 개척 교회가 재정적으로 자립할 때까지 섬기도록 하고, 그 후에도 해당 교회에 계속 남아 시무하기를 원할 경우에는 특별한 사유가 없는 한 허락한다. 이렇게 하여 2015년 1월 첫 번째 분립 개척 교회(예수평화교회)가 평택 안중에서 시작되었고, 2017년 9월에는 수원 호매실에서 두 번째 분립 개척 교회(예수호매실교회)가 시작되었던 거다. 두 곳 모두 성도들이 큰 무리 없이 이동할 수 있도록 예수향남교회에서 20여분 떨어진 곳에 위치하고 있다.

예수평화교회(담임 여환옥 목사)는 자녀들을 포함하여 55명가량이 파송 받았으나, 개척 전부터 주일학교 자녀들을 위한 전도와 교육에 열중하면서 개척 3년 차인 지금은 60여명의 주일학교 학생들을 포함하여 160여명이 예배하는 건강한 공동체로 성장하는 중이다. 이 교회는 특별히 안중 지역에서 다음세대에 집중하고 지역의 연약한 자들에게 관심을 가지는 교회로 조금씩 알려지고 있다. 예수호매실교회(담임 양순웅 목사)는 자녀들을 포함하여 65명 가량이 파송받았고, 1년이 채 되기도 전에 주일학교 40여명을 포함하여 120여명이 출석하는 중이며, 예배와 전도 중심의 건강한 교회로 일어서고 있다.

이들과 함께 예수향남교회에서 동역했던 사역자들 중에는 분립 개척 대신 타 교회 담임목사나 찬양사역자로 부임한 이들이 있어, 현재 순서를 기다리며 사역하고 있는 이들은 2020년 여름부터 매년 연속적으로 분립 개척하게 될 예정이다.

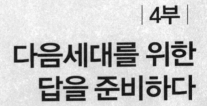

| 4부 |

다음세대를 위한
답을 준비하다

교회를 떠나라고
가르치는 공동체

16

신앙은 힘이 없는 곳을
찾아 흐른다

"신앙은 힘이 없는 곳을 찾아 흐르고 있기 때문이다."

초대교회 이래 민족과 대륙을 바꾸어가며 끝없이 이동해온 기독교는 시류를 따라 움직이는, 뿌리 없는 천하고 얄팍한 종교가 아니냐는 비판에 대하여 팀 켈러 목사가 요약적으로 정리한 대답이었다.

불교는 수천 년간 아시아권에, 힌두교는 인도에, 모슬렘은 중동에 머물러 있다. 반면 기독교는 유독 중동에서 시작하여 유럽 북미를 돌아 남미 아시아 아프리카를 지속적으로 순방하며 흐르고 있다. 가만히 들여다보면 적절한 정착지를 찾지 못해 헤매거나 방황하는 것처럼 보이지만, 실상은 약한 자들을 찾아 매우 용의주도하게 이동해왔다는 사실을 알게 된다.

기독교 복음은 언제든지 힘이 없고 약한 곳, 그리하여 진리와 구원에 대한 갈망이 가득한 곳, 현재의 결핍을 제대로 인식하면서 진정한 존재의 충만함을 본능적으로 갈구하는 곳을 향해 끝없이 이동해왔다. 예수께서 우리에게 전하신 복음은 권력이 없는 곳, 바벨탑을 세울 엄두를 낼 수 없는 곳, 혹은 바벨을 적극적으로 무너뜨리는 곳을 찾아 지속적으로 이동한다. 따라서 복음이 우리로부터 멀어지고 있다면, 멀어진 만큼 우리에게 힘이 생겼거나, 생긴 힘을 의식하고 의지하는 것을 삶의 방식으로 어느덧 채택했거나, 그런 힘을 추구하고 있기 때문인 것이 분명하다. 그 과정은 우리도 모르는 사이에 어느 새 우리의 현실이 되고 있다.

히스기야에 대해 이해할 수 없는 점

히스기야를 믿음의 사람으로 분류하는 데 즉각 반기를 들 사람은 찾기 어려울 것이다. 그는 앗수르의 완전한 승리가 분명한 상황에서, 한 점 탈출구가 보이지 않는 완벽한 절망의 현실을 뚫고 오직 믿음의 기도와 더불어 역사상 가장 극적인 승리가 어떻게 펼쳐지는지를 경험한 자였다. 또한 그 각별한 기록이 우리 앞에 남게 하여, 우리에게도 불가능해 보이는 현실에서 믿음의 기도를 드릴 수 있도록 해준 인물이다. 그런 인물에게서 희대의 영적 반역자 므낫세가 태어났다. 히스기야와 므낫세 사이에서는 영적 연속성을 찾기 어렵다. 그렇다면 히스기야와 므낫세 사이에는 단지 불쑥 개입된 우연의 법칙만 존재하는 것인가? 아니면 우리가 찾을 수 있을 만한 이유가 있었던 것인가?

히스기야를 다소 냉정하게 살피면, 그가 앗수르와의 치열한 대치상황에서 극적인 승리를 경험한 직후 어느새 절체절명의 갈급함에서 자기중심적 배부름으로 이동해 있는 것을 발견할 수 있다. 모든 상황을 하나님께 온전히 맡긴 자리에서부터, 자기 자신이 이해할 수 있을 때만 맡길 수 있다는 자기 확신으로 어느새 마음의 중심이 이동해 있었던 거다.

그는 큰 승리 이후 이유 없이 발생한 죽음에 이르는 질병을 받아들이지 못한다. "내가 죽는 게 하나님의 뜻이라고 한다면 죽어도 좋습니다. 하지만 하나님의 뜻이 뭔지는 알고 싶습니다"라고 말할 수 있는 맡기는 자의 힘이 사라졌다. 대신 자신이 그동안 어떻게 바르고 합당하게 살아왔는지를 하나님이 아신다면 나에게 이러실 수는 없다는 식으로 원통해 한다. 다시 말하면, 자신의 지나온 모든 삶은 이보다 더 나은 결과를 얻을 만한 업적과 공로로 기억되어야만 한다고 주장한 셈이었다.

그는 자신에게 임한 불행을 결코 받아들일 수 없다는 태도로, 성전을 찾는 대신 벽을 향해 돌아 앉아 통곡하며 억울해하며 슬퍼한다. 급기야 하나님이 보내신 선지자 이사야를 통해 15년 생명 연장의 약속을 받은 다음에는 연장기간이 왜 15년인지, 15년에 담긴 의미가 무엇인지를 묵상할 힘이 없었다. 대신 15년 더 살게 해 준다는 약속이 확실한 것인지를 자신이 친히 확인할 수 있도록 증표를 달라고 요청한다. 나을 것이라는 하나님의 말씀만으로는 충분치 않았던 거다. 자신이 가시적으로 확인하기 전에는 자신의 믿음을 확증할 수 없다고 선언한 셈이었다. 그 15년이 후계자를 준비하는 시간이라는 사실을 생각할 겨를이 없었던 거다.

더 나아가, 생명을 연장 받은 이후 유다 백성들을 제대로 섬길 후계자를 준비하는 대신 정치적 목적으로 찾아온 바벨론 신하들에게 자신의 힘과 권세를 자랑하느라 바빴다. 그 자랑에 대한 심판으로 모든 보물들이 갈취당하게 될 거라는 선지자의 말 앞에서 "내가 살아있는 동안에만 평안할 수 있다면 괜찮다"는 식으로 말함으로, 자신에게 존재의 공공성이나 다음세대를 위한 간절함이 없다는 사실마저 드러냈다. 하나님이 진정한 왕이시라는 고백이, 그 고백에서 경험되는 은혜가 히스기야를 떠나고 있는 장면들이다. 그 와중에 태어난 아들이 므낫세였다.

아마도 히스기야는 므낫세에게 하나님을 가르쳤을 것이다. 계명을 말했을 것이다. 하지만 귀에 들리는 가르침은 눈에 보이는 가르침을 당할 수 없다. 히스기야는 무의식 중에 자신의 왕 됨, 자신이 모든 것의 중심됨, 자신의 공로와 업적을 충실히 기억함 등의 행동으로 므낫세를 가르쳤을 것이다.

교회를 떠나도록
가르치는 교육?

최근 하나님께서 나 자신과 우리 교회를 다음세대를 향한 관심으로 강하게 끌고 가시는 것을 경험하고 있다. 나는 교육에 깊은 관심을 가진 자가 아니다. 다음세대에 관심 없는 목사로 알려지지 않기를 바라는 정도였을 뿐이다. '다음세대'라는 말에 담긴 어떤 엄숙함이나 가치를 사용하거나 즐긴 적은 있어도, 다음세대를 진지하게 책임지려는 수고에 대하여는 고민하지 않았다. 하지만 최근 별다른 교육 철학도 없이 시작한 대안학교를 통해 사람에게 실망하고 자신에게 절망하고, 가까운 이들에게 낙망하는 과정을 통해 다소 어둡고 칙칙한 반성 속에서 교육을 돌아다보게 되었다.

내가 교육을 입에 담고 있다는 사실로 인해 학부모들과 학생들에게 민망했다. 학교사역과 관련하여 거칠고 과한 불세례를 경험한 탓에, 내가 가진 다혈질적 성품과 고집스런 저항심이 충돌한 탓에, 나는 본의 아니게도 다음세대를 향해 어떤 '거룩한' 열망에 사로잡히게 되었던 것이다. 그것 외에 무엇을 남기랴. '거룩한' 열망인 이유는 그것이 나로부터 비롯한 열망이 아니기 때문이다. 동시에 열망의 동기가 어떤 이해관계와도 얽혀 있는 것 같지 않기 때문이다.

다음 장에서 좀 더 자세히 언급하겠지만, 학교 사역 개시 3년 차쯤 되었을 때 깊은 고통과 번민이 시작되었다. 학부모들의 불평이 늘어가고 학생들이 줄고 교사들은 비토당하는 가운데 상황 판단은 이미 흐려졌다. 문제는 사방에서 터졌다. 나는 감당할 수 없다고 확신했다. 하지만 그 순간 질문하게 되었다.

'이 학교는 폐교의 위협을 무릅쓰더라도 붙들어야만 하는 가치를 가지고 있는가? 하나님이 시작하신 학교가 분명하다면 하나님께서 책임지실 것이 분명한데, 나는 어찌하여 재정과 제도와 탁월한 교사가 담보되지 않으면 하나님도 어떻게 하실 수 없을 거라 확신하게 되었는가? 나의 이런 마음은 고스란히 교사들에게 전달되고, 그것은 또한 학부모들과 학생들에게 전달되지 않겠는가? 우리에게 폐교의 위협을 무릅쓰고라도 붙들어야만 하는 하나님이 주신 가치가 없다면, 이 학교는 대체 여기에 왜 있는 것인가?'

하나님께서 하게 하신 질문이리라.

그 질문은 고스란히 교회 주일학교로 다시 옮겨졌다. 다음세대들은 왜 더 이상 교회에 머물러 있으려 하지 않는 것인가? 30여 명의 고3 졸업생들 중 청년예배의 자리에 함께 앉는 친구는 왜 고작 2,3명뿐인가? 교회는 왜 아이들을 잃고 있는 것인가? 목회자들과 교사들은 입만 열면 하나님을 말하지만, 어쩌면 아이들의 귀에는 다른 소리가 들리고 있는 것은 아닌가? 진실로 목회자들과 교사들의 행동에서 복음을 듣고 있다면, 우리들의 목숨을 건 복음 이야기를 이들이 듣고 있다면, 이들이 과연 자신이 있어야 할 하나님 앞의 자리를 떠나 엉뚱한 곳에서 방황하는 일이 이토록 광범하게 이루어질 수 있는 것인가? 우리는 과연 모든 절망스런 환경에도 끄떡하지 않을 타협할 수 없는 복음을 붙들고 있는 것인가?

어느새 우리들 안에서는 초등에서 중등으로, 중등에서 고등으로, 또 청년으로 넘어가는 과정에서 아이들을 조금씩 잃어가는 것을 거의 체념하는 문화가 정착되었다. 그리고 책임감이라고는 눈곱만큼도 없는 '시대'를 핑계하면서 "너의 책임 아니냐?"며 하소연한다.

시대가 지나치게 개인화된 시대인지라, 시대가 아이들을 전통적 가치와 진리 앞에 가만히 있도록 내버려두지 않는지라, 교회가 시대의 매력을 좇아가지 못하는지라, 교회가 시대와 제대로 구분되지 못한지라… 하는 따위의 책임 없는 해명은 어떤 대답도 주지 못한다. 지나치게 시대적이 되려고 몸부림하든지, 지나치게 반시대적인 길을 고집하든지, 또 다른 비본질적인 반응으로 양극화될 뿐이다.

틀림없이 CTC의 영향이었으리라. 주님의 마음이 내 마음을 틀어쥐고 이르게 하신 해결의 지점은 '복음'이었다. 복음은 힘이 없는 곳을 찾아 흐른다! 복음은 언제든지 스스로를 책임질 힘이 없음을 인정하는 곳, 자신의 힘을 스스로 빼어 하나님께서 일하시게 내어드리는 곳을 찾아다닌다. 하지만 우리는 복음을 외치면서도 힘을 추구한다. 힘을 얻으려 복음을 사용한다. 복음을 권세를 위한 도구로 사용한다. 교세와 재정과 영향력 있는 프로그램의 운용, 그리고 사람들에게 알려지려는 초라한 열망을 향해 힘을 다해 돌진한다. 입에는 복음이 있지만 보여주는 것은 힘의 추구다. 우

대답하는 공동체

리 아이들은 어느 샌가 보여주는 것을 들으며 자신들이 설 자리를 찾았다.

복음이 생명을 낳는 방식은 깨뜨려짐이다. 하지만 우리는 결코 깨뜨려지려 하지 않는다. 깨뜨려지는 것 같아 보이는 퍼포먼스로 자신을 포장할 뿐이다. 따라서, 심지어 내가 추구하려는 분립 개척조차 신선한 자기포기, 개혁적인 결단이라는 명분을 얻음과 동시에, 성도들에게 교회의 매력을 과시하여 더 많은 성도들을 끌어들이려는 전략으로 사용될 수 있다고 느껴졌다.

진정한 깨뜨려짐은 멀다. 바로 내 안에서 늘 발견되는 고통이다. 심지어 힘을 추구하는 열정은 이미 다음세대를 향한 교육의 핵심에 들어가 있었다.

'하나님 사용법'을 가르치다

나의 가르침과 우리의 기도를 가만히 관찰하여 가장 단순화된 참람한 명제로 요약하면 이런 문장들이 될 수 있다.

"어떻게 하면 하나님을 잘 사용할 수 있는가?"

"내가 어떻게 하면 하나님이 나의 삶에 더 좋은 방식으로 개입하시도록 할 것인가?"

"내가 무엇을 어떻게 하지 않음으로써 하나님이 나의 삶에 나쁜 방식으로 개입하지 않게 할 수 있을 것인가?"

이런 질문들은 우리의 뇌리에 숱하게 박혀 이미 우리들의 몸과 본능을 지배하고 있는 논리다. 그런데, 그것이 신앙이 되었다. 결국 내가 어떻게 하는 것이 나에 대한 하나님의 행동을 결정할 수 있는 양 생각하게 된 것이다. 궁극적으로 모든 상황에 대한 최종적인 조정자는 '무기력하고 가련하기 짝이 없는 나'가 되는 거다. 그러니 수없이 많은 날들을 기도하고 예배하고 찬양해도 신앙은 결국 하나님을 믿는 것 같은 모양새로, 결국은 자신의 행동을 믿고 의지하고 신뢰하는 종교의 자리를 벗어나지 못하는 거였다.

이 논리가 우리 자녀들을 향하면 사태는 더욱 심각해진다. 아이들은 어릴 때부터 "내가 어떻게 해야 하나님이 기뻐하시고, 내가 어떻게 하면 하나님이 싫어하시는지"를 배운다. 한 마디로 그들은 복음을 배우지 않고 나의 행함 여부가 결정하는 인생의 규칙을 배운다. 그리하여 하나님을 바라보게 하기보다 끊임없이 자신의 행동을 보게 만든다. 하나님이 무엇을 하셨는가를 더 충분히, 더 풍부하게, 더 매력적이고 아름답게 느끼도록 배우기 훨씬 전부터 이런 식으로 배우고 있는 것이다. 마치 예수께 달려 나온 부자 청년처럼, "내가 무엇을 해야 원하는 것을 얻을 수 있겠는가? 내가 무엇을 하지 않으면 원하는 것을 놓치게 되겠는가?"라고 묻도록 교육하고 있는 중이다. 결과적으로 우리 자녀들은 다만 하나님을 잘 사용하는 법을 주입받고 있는 셈이다.

문제는 하나님을 사용하기가 쉽지 않다는 데 있다. 하나님은 좀처럼 내가 기대하는 방식으로 움직여주지 않으신다. 나의 초라한 소원과 하나님의 거룩한 뜻의 초점이 일치하기에는, 바라보는 피

사체가 다르고 그것을 바라보는 각도와 해석이 다르다.

더 큰 문제는 아이들이 자란다는 것이다. 어릴 때는 하나님을 제법 잘 사용할 수 있는 것 같은 확신을 가질 수 있다. "하나님, 제가 이렇게 할 테니 저렇게 해주세요"가 제법 통하는 것 같기도 하다. 산타클로스를 대신하여 부모가 머리맡이나 침대 밑에 선물을 감추듯이, 부모가 매사에 하나님을 대신하여 많은 것을 해줄 수 있기 때문이다. 하지만 아이들의 자의식이 커가고 부모가 산타클로스를 대신했다는 사실을 알게 되면 문제는 심각해진다.

청소년기에 들어서기 시작하면 아이들은 하나님을 사용하는 방식이 유치하게 느껴진다. 실제로 부모 도움 없이 하나님을 움직인다는 것은 불가능하다는 사실을 확인하기 시작한다(물론, 때로 극적인 문제 해결을 통해 하나님의 실존하심과 그 은혜를 깊이 간직하게 되는 다행스런 시간이 완전히 배제되는 것은 아니나, 그것은 보편적으로 일어나는 현상일 수 없기에 하나님을 상대하는 것은 갈수록 어렵고 싫어진다). 그리하여 하나님은 부모와의 적절한 거래를 통해 '만나주는' 대상으로 전락한다.

반면, 하나님보다 훨씬 더 효과적으로 사용할 수 있는 대상들이 인식되기 시작한다. 바야흐로 돈, 친구, 공부라는 강력한 삼형제가 등장하는 것이다. 이 세 친구들의 효과는 거의 즉각적이다.

돈은 모든 것을 가능하게 하는 만능 팔이고, 친구는 나에게 공감하고 나를 알아주는 유일한 위로자가 된다. 공부는 그 어떤 것보다, 심지어 신실한 신앙생활의 태도보다 부모에게 영향력을 발휘하는, 힘들지만 효과적인 도구라는 사실이 분명해진다. 하나님은 더 이상 사용할 가치가 없어졌다. 따라서 자의식이 발달하고 스스로 신앙의 자리를 선택할 만한 고집이 자라는 순간, 아이들이 하나님을 버리는 것은 매우 당연한 현상이 된다.

하나님과 예수 그리스도의 아름다우심에 대한 각성과, 그가 행하신 모든 일의 영광에 대한 자각을 통해 성삼위 하나님을 사랑하게 된 자들을 제외하고는, 모든 자녀들은 느껴지지 않는 하나님이 다스리는 교회를 떠나는 것이 언젠가는 자연스럽게 느껴지게 될 방식으로 가르침 받아 온 것이다.

몸으로 복음을 살아라

나는 설교와 교육의 모든 초점을 하나님이 누구신지, 예수 그리스도가 누구신지, 성령님이 누구신지, 성삼위 하나님께서 행하신 일이 무엇인지, 예수 그리스도의 십자가와 부활이 얼마나 영광스럽고 아름다운 사건인지, 그 사건이 나의 인생과 역사를 어떻게 바꾸셨는지, 그에 따라 나는 어떤 신분을 얻게 되었는지, 그 신분은 우리의 삶에 어떤 방식으로 실제가 되는 것인지 등을 가르치는 일에 모든 초점을 맞추기로 했다. 우리도 모르게 솟아오르는 하나님을 잘 사용하는 방식에 관한 설교나 교육을 의지적으로 점검하기로 했다. 자신이 책임지지 않으면 하나님도 어쩔 수 없을 것처럼 느끼게 하는 방식의 가르침을 면밀히 점검하여 교정하기로 했다. 우리 자녀들이 하나님을 알고 하나님을 사랑하고 그 사랑이 그들을 설득하고 감격시켜 살게 하는 자리에 이르도록 마음을 집중하기로 했다.

이와 더불어 복음이 우리들의 몸을 통해서 드러나는 방식을 미약하더라도 시도해보기로 했다. 교회 공간을 개방했다. 지역의 약자들을 초대했다. 개척 초기에는 지역 청소년들을 대상으로 하는 길거리 농구대회를 개최하되, 모든 경기 진행 방식과 과정을 통해서 예수 그리스도의 희생적 사랑이 묻어나기를 원했다.

최근에는 수년에 걸쳐 풋살대회를 열고 있다. 기업을 경영하는 성도의 후원과 몇몇 성도들의 자발적인 헌신과 청소년 사역을 전담하는 '드림청' 사역팀을 중심으로 진행되고 있다. 매주 금요일 오후에는 (마을의 중심 상가에 위치한) 교회가 운영하는 카페에서 '컵라면 데이'를 연다. 방문하는 지역 청소년들에게 컵라면을 무상으로 제공하고 그들에게 경청하고 때로는 상담을 하고, 홍보를 통해 자원하는 친구들과 여행을 하고, 때로는 그들을 대상으로 마태파티(전도잔치)를 연다. 모든 여정에서 그들의 마음에서 복음에 대한 질문이 일어나게 하려는 방식을 고민한다.

주중에는 지역의 몇몇 고등학교의 점심시간을 이용하여 청소년사역을 전담하는 교역자가 학교별로 15분 예배를 인도한다. 모임에는 그리스도 안에 있는 학생들이 그리스도 밖에 있는 친구들을 데리고 오기 위해 힘쓰는데, 학교에 따라 20~30명에서 많게는 150여 명까지 모이기도 한다. 동시에 자발적으로 일어난 몇몇 성도들은 어린이전도협회로부터 전수받은 프로그램으로 매주 두 곳에서 새소식반을 열어 거리나 놀이터로 놀러 나온 어린이들에게 복음을 전하는데, 매년 150~200여명의 어린이들이 예수님을 믿기로 결신한다. 이 팀은 때로 지역의 미자립 교회와 협력하여 함께 사역을 진행하기도 한다.

중요한 것은 이미 선교학적으로 미전도 종족이 되어버린 자녀 세대를 어떻게 주님 앞에서 자발적인 사랑의 열정으로 일어서게 할 수 있는가 하는 것이다.

먼저 교회에서 복음이 흥왕해야 한다. 그들로 하여금 다른 무엇보다 복음을 듣게 해야 한다. 이를 위해 부흥과 성장을 갈망하는 논리와 성공적인 삶과 바르고 반듯한 삶을 위한 윤리적 강령들이 잦아드는 대신 복음이 지속적으로 선포되어야 한다. 강단에서부터 성도들의 삶에 이르기까지 복음으로 형성된 삶, 복음으로 형성된 얼굴과 관계와 삶의 선택들이 치열하게 추구되어야 한다.

세상을 향한 교회의 얼굴과 세상의 질문에 대한 교회의 대답은 보수 혹은 진보의 정치적 구호와 습관을 좇는 대신 언제나 복음적이어야 한다. 인접한 이웃과 교회의 관계는 언제나 복음적이어야 한다. 자녀들을 향한 부모의 훈계는 언제나 복음적이어야 한다. 부모는 틀림없이 윤리강령이 아니라 복음을 통해서 변화를 경험했지만, 놀랍게도 자녀들은 복음을 통해서 변할 거라 믿지 않는다. 그리하여 끝없이 윤리강령과 도리와 율법을 나열한다. 그 바탕에는 두려운 미래를 보장받고자 하는 탐욕이 자리한다.

그리스도가 자신을 깨뜨려 내어주심으로 우리를 얻으신 복음이 우리의 일상에서 어떤 방식의 사고체계를 형성해야 하는가가 우리의 최고 관심사여야 한다. 그와 더불어 복음적 사고를 통해 목사와 교회와 부모가 복음적인 행동을 지속적으로 드러내야 한다. 자녀에게 자신의 욕망과 상처를 투사하는 대신, 복음을 통해서 자녀의 민감한 영혼에 접촉해야 한다. 복음이 내 안에서 실제가 되고, 복음만이 내 인생과 가족공동체, 교회공동체, 세상을 위한 유일한 대답인 것을 구체적으로 살아내야 한다. 그럴 때라야 우리는 무언가를 시작해볼 수 있을 것이다. 복음의 원형 위에서 진정으로 다시 시작해볼 수 있을 것이다.

17

직접 다음세대
교육을 책임지다

교회 안으로 들어온 학교

다음세대를 위한 몇 가지 폼 나는 주제들이 마음을 맴돌며 야심을 자극했다. '다음세대를 걱정만 하지 말고 교회가 직접 대안학교를 운영하면서 자녀들 교육을 책임져야 돼'라는 친구의 말을 선뜻 받아들인 건 다음세대를 향한 통렬한 안타까움 때문이 아니었다. 물론 성도들에게 교회가 다음세대를 주중에도 책임져야 한다는 식으로 말해오기는 했다. 그것은 사실이었고 내면에 담겨 있는 생각이기도 했다. 다음세대에 대한 나의 관심은 한국교회 목회자들이 일반적으로 가지는 상식적 필요에서 크게 벗어난 것은 아니었다. 하지만 우리 교회 안에서 교회의 사회적 행동이 실제로 작동하고 있다는 사실을 확인하고 싶은 욕구가 더 큰 필요였다고 해야 할 것 같다. 이유는 대안 교육에 대한 신념과 철학을 위한 고민과 준비가 부재한 채로 성급히 대안학교 개교에 몰두했기 때문이다.

공교육 책임자들은 교육의 현실이 교육의 본질에 적합한지, 시대의 변화를 적합하게 반영하는지에 대하여 그야말로 치열하게 고민할 것이다. 그리고 막대한 자본과 조직력을 통해 고민의 결과들을 효율적으로 실험하고 시도한다. 우리나라 공교육 현장의 교육적 조건들은 대다수 대안학교들의 열악함과는 비교되지 않을 만큼 우수하고 안정적이다. 인력과 자원과 시설과 공인된 프로그램과 검증된 커리큘럼, 그리고 체계적 관리라는 측면에서 대부분의 대안학교가 따라갈 수 없다. 그 모든 훌륭한 시설과 조직과 막대한 자원을 동원하여 추구하는 가치가 다만 '행복과 번영'일 뿐이라는 사실에서만 '부족함'이 있다고 할 수 있다. 행복과 번영의 가치를 떠받치고 있는 주제는 궁극적으로 상생의 얼굴을 한 치열한 경쟁이기 때문이다. 우리나라 교육은 나라 전체가 추구하는 가치추구에 힘입어 어쩔 수 없이 치열한 경쟁적 영혼을 생산할 수밖에 없다. 그것이 공교육 현장에서는 부족함으로 느껴질 이유가 없지만, 복음의 영광과 하나님의 질서를 생각하게 되는 순간, 그게 전부라는 사실은 치명적인 약점이 된다.

교회가 운영하는 복음적 대안학교 사역에 대한 일차적인 도전과 자극을 받은 후, 나는 하나님의 뜻을 깊이 묻는 시간을 충분히 가지지 못했다. 단지 명분이 있는 일이었을 뿐 아니라, 그것이 개척 초기부터 공유했던 교회의 장기 비전에 담겨 있는 과제였다는 사실에 의지해서 서둘러 출발한 것이다. 교회가 운영하는 대안학교 사역이 여력이 되는 모든 교회들의 필수 사역이 되어야 한다는 친구의 도전이 맞다면, 개척 후 3년간 하나님께서 이끌어 오신 예수향남교회의 모습은 대안학교를 시작해도 된다는 하나님의 허락처럼 여겨지기도 했다. 하지만 좀 더 신중하고 차분하게 시작하지 못한 것에는 변명의 여지가 없으므로, 결국에는 학생과 학부모 모두에게 대단히 송구할 수밖에 없는 상황을 전제하고 시작하게 되었던 것 같다. 대안교육과 학교 사역에 대한 깊은 묵상과 폭넓은 배움과 논의, 그리고 숙고의 과정이 충분치 않았다.

그러나 언제나 그렇듯이, 나의 부족을 채우는 선한 손길들을 통해 예수향남기독학교는 개교 이래 5년을 지나는 동안 숱한 위기들을 넘어 조금씩 안정적인 형태를 갖춰가고 있는 중이다. 그럴지라도 나의 부족함은 결코 합리화될 수 없고 심지어 부끄러운 것이다. 나의 부실함이 낳은 위기와 주께서 보내신 선한 손길들을 통한 극복의 면면들이 어떤 여정을 밟아 왔는지를 생각한다.

준비는 언제나 설렌다

학교 사역에 대한 계획이 가슴에 들어오면서, 준비된 교장 한 사람이면 학교가 시작될 수 있다는 낙관적 충고를 가볍고 유쾌하게 받아들였다. 학교 사역을 도전한 친구가 추천한 공립초등학교의 현직 교사를 만났다. 친구는 그가 본인의 교회에서 운영하는 학교에서 교장으로 초대하기를 열망했던 분이지만 기회가 없어서 못했다는 말과 더불어, 그가 반을 맡으면 연말에는 아이들 대부분이 예수님을 믿게 되고 성적은 평균적으로 높아진다는 말로 자극했다. 그를 초대해야 한다는 사명감이 불타올랐다. 그(박연희 권사)는 당시 공립 초등학교에서 35년 이상 근무하는 중이었고 은퇴를 5년 여 앞두고 있었다. 나는 그를 처음 만난 자리에서 특유의 열정으로 강력하게 도전했다. 원색적이었다.

"선생님! 정년까지 앞으로 5년을 채우시고 고요히 은퇴한 후 편안하고 고즈넉한 나날을 여유로이 보내다 주님 앞에 가시겠습니까? 아니면 막 개척된 교회의 열정과 함께 주님의 뜻을 붙들고 사투를 벌이면서 하나님께서 새롭게 이루어 가실 일을 함께 기대하시겠습니까? 기도해주십시오!"

그는 매우 순수했고 열정적이었다. 3일을 금식하며 기도하겠다고 약속했다. 3일 후, 그는 학교에서 명예 퇴직하기로 결정했다고 연락해왔다. 나는 기쁨에 겨워 교사 선발에 관한 전권을 위임하되, 교사를 꿈꾸어 왔던 교회의 유치부 전도사를 초등 과정 교사 및 교목으로 추천하는 것에 대해서만 양해를 구했다.

앞서 언급했듯이, 나는 확신 때문이라기보다는 확신이 없었던 이유로 초등 1학년부터 시작하여 6년에 걸쳐 초등 과정을 완성하는 안정적인 방식을 제안했다. 하지만 초대 교장은 유치원부터 초등 5학년까지를 한꺼번에 선발해도 가능하겠다고 제안했다. 그의 뜻을 따르기로 했다. 그는 이후 함께 학교를 세워갈 교사들을 선발하는 한편, 아직 정식 개교를 하기도 전에 그들과 함께 장장 6개월에 걸쳐 매주 수시로 모여 개교 준비에 열정을 쏟았다. 학교가 공식적으로 시작되지 않았으므로 활동비를 지급하기도 어려웠지만, 그의 팀은 신경 쓰지 않았다. 새로운 학교를 시작한다는 열정과 기쁨에 빠진 채로 밤낮으로 애썼다.

앞서 언급했던 것처럼, 상가건물에서 시작한 학교의 시설은 극단적으로 열악했다. 하지만 이미 학생 모집을 시작했고 성도들 중 신앙중심 교육에 마음을 정한 이들이 유치원부터 5학년까지 36명의 자녀들을 등록시킨 상태였기 때문에, 급한 대로 기존 시설에 교실을 꾸렸다.

드디어 2012년 9월, 교회 설립 3주년을 기념하여 예수향남기독학교가 개교되었다. 설렘과 미안함이 가득한 채로 밀리듯 시작된 시간이었다. 하지만 생각지 못했던 기쁨이 찾아왔다. 학교가 열리면서 주중 내내 비어 있던 공간은 갑자기 아이들의 웃음소리와 시끌벅적한 장난과 진지한 수업의 눈빛들로 가득 찼다. 수업 준비로 분주한 교사들의 발걸음과 아이들과 눈높이에 맞추어 나누는 대화 등 주중 내내 들리는 소리들은 생각했던 것보다 큰 기쁨을 주었다. 하지만 열악한 환경과 조건에서 공부하고 가르치는 학생들과 교사들, 교회와 학교를 신뢰하고 자신의 금쪽같은 자녀들을 보낸 학부모들에게는 미안함과 송구함이 떠나지 않았다.

어쨌거나 학교는 그렇게 시작되었다. 1년 6개월 후 첫 초등 졸

대답하는 공동체

업생들이 배출되었고, 학교는 자연스럽게 중등 과정을 개설하게 되었다. 하지만 문제가 생겼다. 초등 과정은 담임교사를 중심으로 대부분의 수업을 진행할 수 있기 때문에 한 학년 한 선생님으로 어느 정도라도 버티는 형식을 취할 수는 있었지만, 중등은 과목별로 교사들이 필요했으므로 강사를 활용한다고 해도 주요과목들은 전임교사를 채용할 수밖에 없었다. 그렇게 되면 초등 졸업생들 숫자로는 운영이 불가한 상황이었다. 결국 여러 논의를 거쳐 또다시 중등 과정도 1-3학년을 동시에 선발하게 되었다.

공교육과
대안교육 사이에서

우리는 조금 더 편하기 위해 '모든 상황에서 갈등은 필연'이라고 말하는 것인지도 모른다. 갈등이 필연이라는 말이 잔인한 이유는 지나치게 고통스럽기 때문이다. 학교에서도 갈등은 여지없이 찾아왔다. 무엇보다 신실한 교장의 교육적 추구가 내 안에서 조금씩 형성되기 시작한 기독교 대안학교의 정신, 복음으로 형성되는 교육의 목표와 어긋나는 모습이라고 인식되기 시작했다. 교장은 유능했고 그 누구보다 신실했다. 다만 그가 평생 자신을 쏟아 부은 공립학교 35년의 경험을 그의 몸이 충실하게 기억하고 있었으므로, 아이들로 하여금 사람들에게 인정받게 하는 성과 지향적 표현들이 자연스럽게 드러나고 있었다. 결과를 만드는 과정에 열정을 쏟다보니 수직적인 질서 속에서 교사들과의 갈등도 조금씩 불거졌다. 하지만 전적으로 그의 잘못은 아니었다. 기독교 대안학교의 취지와 목적에 대하여 처음부터 내 안에 탄탄한 이해와 확신이 없었던 것이 결정적인 문제였고, 그것을 그와 충분히 공유하지 못한 것이 더 큰 문제였다.

예수를 사랑함으로 그 사랑이 아이들을 자유롭고 담대하게 만드는 교육에만 희망이 있다는 것에 강렬한 확신이 일어나는 만큼 갈등은 깊어졌다. 물론 교장도 알고 있었다. 복음의 핵심을 알았고, 복음적이고자 눈물겨운 노력을 경주했다. 그처럼 열정과 성실을 다하는 교사는 어디에서도 찾기 어려울 게 분명했다. 다만, 공교육적인 가치추구가 매우 자연스럽게 교육 전체 분위기에 묻어날 수밖에 없었고, 교육이 그런 방식으로 계속 진행된다면 기독교 대안학교의 존재의미를 찾을 길은 없었다.

교사들은 자연스럽게 나를 찾았고, 나는 갈등 한 가운데에서 지혜롭지 못했다. 돌아보아 후회되는 것은 내가 교장과 교사들 사이에서 너무 오래 서 있었다는 거였다. 그리고 교장보다 교사들과 보다 친화적인 태도를 취했다는 거였다. 물론 나는 교사들을 좋아했고 신뢰했고 그들과 친밀했다. 내가 바라는 기독교 대안교육에 대한 철학과 방향 역시 교사들이 제시하는 쪽이 더 실제적으로 느껴졌다. 하지만 교장을 끝까지 신뢰하고 지지하면서 더 깊고 긴 소통을 지속했어야 했다. 그렇게 하지 못했고, 교장의 중간관리자로서의 위상은 점차 약해졌다.

이러한 고통스런 갈등 속에서도 학생들이 조금씩 늘어나면서 학교가 안정을 찾아갔다는 사실을 무엇으로 설명해야 할까? 무엇보다 흔들리는 분위기 속에서도 성실하게 동역해온 교사들과 신뢰를 잃지 않고, 혹은 신뢰를 잃을 것 같은 상황에서도 다시 한 번 교회와 학교를 신뢰하여 자녀들을 부탁한 부모들의 믿음이 큰 역할을 했던 게 분명하다. 하지만 거기에는 교장이 있었다. 이사장의 반복적인 훈계와 '핍박'에도 불구하고 흔들림 없이 자기 걸음을 잘 지키고, 식지 않는 성실한 열정으로 학부모들과 소통하면서 헌신한 교장의 아름다운 뚝심이 가장 큰 이유였다고 말할 수 있다.

박 교장은 거룩한 부담으로 헌신한 학교에서 결국 영예로운 정년퇴임을 하지는 못했지만, 이후 예수향남교회의 교육선교사로 파송받아 여러 학교에서 기간제 교사로 사역하는 동안 아이들에게 복음 전하는 사역에 변함없는 정열을 쏟고 있다. 기독교사선교회를 통해 복음으로 형성되는 교육을 선명하게 알리기 위해서도 힘쓰고 있다.

나는 그가 여전히 예수향남교회의 가족으로서 충성스럽게 동역하는 모습을 볼 때마다. 그의 한결같은 신실함과 충성에 깊은 존경심을 가지게 된다. 이 모든 소중한 동역자들은 하나님의 깊은 은혜였다. 하지만, 또 다른 얼굴로 나타난 시련이 나와 교사들과 학생들을 기다리고 있었다.

18

사람이
사람을 키우다

사람을 알 길이 없다

2014년 성탄절 직전, 중등교사들이 면담을 요청했다. 몇 가지 주변적인 이야기도 있었으나 핵심은 "봉급이 한 달 반째 밀리고 있다"는 거였다. 나는 깜짝 놀라 숨을 죽였다. 뭔가 큰 사고가 터졌다는 것을 직감했다. 재정적 어려움으로 행정실장을 따로 둘 수 있는 형편이 못되었으므로 교무와 행정 전반을 교장이 책임지는 구조였다. 초등 교장은 행정과 재정 전반에 관해서 늘 신실하고 정확하였지만, 중등 교장도 그런 줄만 알고 있었다가 겪게 된 위기였다.

부임한 지 일 년이 채 안 된 중등 교장과 소통을 한다고 하였으나 내면의 과제들까지 나누는 살가운 소통은 이루지 못했다. 나는 내 분량을 넘어서는 버거운 사역들 탓에, 정체되거나 줄고 있는 학생들의 숫자로 몇 번 야단치듯 그를 대했던 것 같다. 엄격하고 명백한 리더가 보여주는 작은 친절의 능력보다, 적당히 부드럽고 애매한 리더가 보여주는 작은 책망의 함정에 더 쉽게 빠질 수 있었던 나의 미숙함이 문제였다. 하지만 중등 교장이 자기와의 싸움에서 이기지 못한 자라는 사실도 말해야 하리라.

침례교 목사이기도 했던 중등 교장은 고치지 못한 옛 습관에 따라 학교 재정을 주식에 투자하고 회수하는 일을 반복했다. 심지어 무언가 숫자를 맞추기 위해 초등 재정에서 돈을 차용하기도 했고, 그것을 여전히 해결하지 않은 상태였다. 그 과정에서 교사들의 월급을 제때 지불하지 못했던 거였다. 그럼에도 불구하고 그는 오히려 이사장과 교회의 지원 부족을 탓하는 방식으로 자신의 불신실함을 위장했다.

교장은 이사장의 면담 요청을 받자 자신의 비행이 드러났다는 사실을 직감하고 가족도 모르게 즉시 잠적하였다. 그가 자기 아내에게 남긴 메시지에는 자신의 마지막을 암시하는 듯한 내용이 있었으므로, 나는 초조함을 감추지 못한 채 그의 아내와 경찰서를 들락거리며 그의 행방을 추적했다. 그의 여권이 없어졌다는 사실을 알고 새벽에 인천공항으로 달려가 사방을 뒤지기도 했다.

며칠 후 그는 대담하게도 라스베이거스에서 찍은 사진을 페이스북에 올려 자신이 미국에서 '건재하게 놀고 있음'을 과시했다. 그것으로 그와의 만남은 끝이었다. 그가 미국에서 돌아왔다는 이야기를 듣기는 하였으나, 그는 결코 다시 찾아오지 않았다. 오히려 많은 성도들이 살고 있는 지역에서 대범하게 학원을 차리며 자신을 방어했다. 그가 자신이 접촉할 수 있는 모든 이들에게는 자신만의 설명을 하였으리라. 나는 단지 자신의 부족함을 부끄러워하고 그의 정직함을 주님께 요청하면서도, 아직도 내가 먼저 찾아갈 용기는 내지 못하고 있는 중이다.

학부모회와 이사회는 큰 충격을 받았고 교사들은 크게 실망했고 학생들은 깊은 상처를 받았다. 동시에, 이 이야기가 꼬리를 물고 확대 재생산되는 과정을 통해 학교와 학교 운영자의 신뢰도는 추락하였다. 이처럼 격렬한 수난의 과정에도 불구하고 퇴비 냄새 가득한 시골 광야 같은 곳에 세워진 기독교대안학교가 여전히 생존하고 있는 것만으로도 나는 하나님의 크신 은혜를 말해야 하리라.

사람을 세우는 것이 무엇보다 중요하다는 말을 무수히 듣고 또 가끔 생각하기도 하였으나, 이토록 어두운 방식으로 절감하게 된 것은 손가락으로 꼽을 정도였다. 도무지 사람을 알 길이 없었다. 신뢰도가 확연해 보이는 자일수록 더 신뢰하기 어려울 수 있다는 사실이 슬프고 두려웠다.

사람을 찾아라

초등과 중등 과정을 통합해서 끌어갈 만한 교장을 찾기 시작했다. 이미 명문 대안학교로 알려진 곳에서 사역한 경험이 있는 목사들과, 선교적 기업경영과 다음세대 교육을 위해 전문적인 지식이 있는 명문대 겸임교수 등을 만나게 되었다. 그들과 동역할 수 있기를 열망했다. 하지만 어떤 분은 매우 짧은 시간만으로도 교사들과 소통이 어려워 낙마하였고, 다른 분은 서로의 조건이 맞지 않거나 상황이 애매하여 결정할 수 없는 경우였다. 여러 상황을 통해서 나는 교사들의 현실과 고통, 그리고 교장의 책임과 입장 모두를 이해하려다 모든 것이 혼란스러워지는 것을 경험하기 시작했다. 매사가 혼란스러워지니 이사들의 발언이 강경해지기 시작했다. 특히 기업을 경영하는 이사들은 교장의 입장을 더 잘 이해하려 했고, 나는 조금은 더 교사들의 입장을 두둔하려 했다. 긴장이 쌓이고 있었다.

나는 결국 어떤 자리에 어떤 적절한 인물이 배치되어 자연스럽고 효율적으로 사역하기까지는 얼마나 많은 시행착오가 있어야 하는가를 배우고 있었다. 동시에 내가 학교의 이사장으로서는 얼마나 적절하지 않은 자인지, 학교 일을 책임 있게 끌고 갈 힘이 얼마나 없는지를 명백하게 자각하기 시작했다. 교회를 생각하면 평화가 임했지만, 학교를 생각하면 고통과 후회가 밀려왔다. 학교는 작은 명분을 줄 뿐, 재정적으로나 목회적으로 지나치게 많은 손실을 가져오는 장애물처럼 여겨졌다.

하나님이 보내신 교장이어야 했다. 하지만, 누가 하나님이 보내신 사람이란 말인가? 교장 없이 한 학기를 보내야 했던 교사들과 아이들, 학부모들을 볼 면목이 없었다. 게다가 그 와중에 중등 학부모들을 중심으로 특정한 몇몇 교사들에 대한 비토가 점점 구체화되고 있었다. 주로 아이들 성적과 관련된 불평이 쌓이면서 시작된 분위기였는데, 학부모들은 당장의 턱없는 결과로 인해 매우 불안해하였고, 교사는 당장의 효과를 내는 학원의 방식과 달라서일 뿐 장기적으로는 더 잘하게 될 거라 설명했다.

학부모들의 말이 이해되었고 그들의 입장에 설득되었다. 아이들에게 더 없이 미안했다. 게다가 이사회는 학부모들의 말에 힘을 실어 주었다. 하지만 웬일인지 나는 교사들을 좀 더 믿어야 한다는 생각을 떨칠 수 없었다. 갈등은 점점 날카로워지고 있었으므로 나는 이 총체적인 갈등으로부터 도망치고 싶었다. 모든 것을 내려놓고 숨고 싶은 마음이 다시 일어났다.

첫 단추에서
다시 시작해야 한다

생각할수록 첫 단추부터 잘못 끼웠다는 생각을 지울 길이 없었다. 학교를 시작하지 말았어야 했는가? 혹은 다른 방식으로 시작했어야 했는가? 하지만 이미 우리에게 맡겨진 70-80여 명의 학생들을 첫 단추라 여기고, 바로 여기에서부터 우리의 생때같은 아이들을 어떻게 제대로 키워낼 것인가를 염려해야 하지 않겠는가?

내면의 소리들이 너무 시끄러웠다. 교장의 부재라는 현실, 교사

대답하는 공동체

들에 대한 학부모들의 비토와 이사들의 공감, 학부모들에 대한 공감, 이사들에 대한 신뢰를 겸한 두려움, 교사들에 대한 연민, 아이들에 대한 죄책감 사이에서 나는 아침에는 쏟아져 내리는 거대한 우박에 얻어맞는 고통을 느꼈고, 밤에는 거대한 바위 밑에 깔린 듯 답답함으로 버거워했다.

결국은 학교 설립의 비전을 확고하게 붙들지 못한 것이 문제였다. 마치 예수님을 잘 믿고 공부도 잘하고 유능한 인재를 키워줄 것처럼 막연하게 '근거 부족한 희망'을 불어 넣었던 것이 문제였다. 학생 모집이 우선이라는 압박감으로 그동안 교장들은 입학설명회에서 장미꽃 만발한 정원 같은 그림을 보여주려 애썼다. 나도 같은 이유에서 애써 말리지 않았다. 기독대안학교의 그림을 정직하게 보여주기보다, 어쩌면 내가 나서서 장밋빛 희망을 그리도록 했던 것 같다.

우리같이 열악한 환경에 있는 시골의 기독대안학교는 어떤 시설이나 교사진의 객관적 학벌이나 체계적 지원으로는 공교육에 대하여 결코 우위를 점할 수 없었다. 공교육에서는 결코 할 수 없는 무엇이 선명하게 드러나야만 했다. 기독교 세계관에 따른, 예수 복음 중심성에 따른, 확고하고 명확한 비전과 그에 대한 성실하고 진지한 실천만이 시골 기독대안학교의 존재 이유를 느끼게 할 수 있었던 거였다. 이 가장 본질적인 가치에 치열하기 전에 처음부터 너무 낭만적이었다.

학교가 단지 교회 안에 있다는 사실만으로, 매일 아침 QT를 하고 일주일에 한 번 채플을 열고, 교과목에 성경공부가 있고 교사 1인당 학생 수가 10명 내외라는 사실만 가지고서는 기독대안학교의 존재 이유를 충분히 입증할 수 없었다. 기독대안학교가 서는 길은 그야말로 교사 한 사람 한 사람이 아이들의 영적 부모가 되어야 하는 거였다. 그렇게 할 수 있도록 학교가 확실하게 교사들을 훈련하고 뒷받침해주어야 하는 거였다. 동시에, 부모들이 함께 할 수 있도록 힘을 다해 학부모들을 격려하고 도전하여, 아이들을 위한 부모교육에 집중하도록 했어야 했다. 이 세 가지 측면 모두에서 우리는 너무 미진하였다.

무엇이 진정한 문제인가?

우리는 진작에 교육을 위한 다섯 가지 기둥을 정하고 실천하자고 마음을 모았었다. 말씀으로 사는 사람, 조화로운 실력, 섬기는 리더십, 정직한 소통, 건강한 몸과 마음. 주제 하나 하나에는 다 의미와 고귀함이 있었으나, 한결같이 추상적이었다. 무엇이라도 명확하게 확인하기 어려운 애매한 것들이라 이현령비현령이 되기 십상이었다. 그 와중에서 아이들의 학습능력에 대한 객관적 평가를 요구하는 소리가 불거져 나왔던 거다.

'성적'이라는 단어는 실적, 결과, 업적으로 가득한 세상에서 얼마나 우월한 어휘인가? 우리 모두는 '성적'의 우위성 앞에서는 할 말을 찾을 수 없었다. 하지만 동시에 내 안에서도 성적과 결합된 논리가 맴 돌기도 했다.

성적 지상주의가 우리 모두의 심각한 문제인 것이 분명하지만, 성적 지상주의의 부정적 측면을 강조하는 자들이 가질 수 있는 안일함은 그 이상으로 심각한 문제가 될 수 있다는 사실도 인정해야 하지 않겠는가? 어떤 면에서 보면 성적은 성적이 아닌지도 모르지 않는가? 거기에는 성실한 수고와 땀, 바른 보살핌의 열매 같은 것들이 필히 포함될 수 있지 않는가? 그런 의미에서 성적을 무시할 수는 없지 않은가? 그런데 우리 아이들의 현실을 보라. 전국 평가기준에 비추어 상당히 뒤처져 있다는 증거가 나왔고, 아이들 개인에 따라서는 오히려 입학할 때보다 외려 성적이 더 떨어지는 경우들도 적지 않다는 결과가 있다고 하지 않는가?

이런 생각의 뒤죽박죽 속에서, 나는 학교의 위기에 대한 불안과 두려움에 거의 삼켜질 지경에서 무책임하게도 모든 해결을 이사회에 위임하겠다고 선언했다. 하지만 막상 인사권을 위임받은 특정 이사에 의해 교사들이 대책 없이 해고되는 상황을 접하게 되자, 나는 다급해진 나머지 어떤 정식 절차도 없이 오히려 인사권을 가진 이사를 돕는 교사에게 해고를 통보했다. '그만 좀 하라'는 식이었다. 충동적인 통보였고 충격적인 결과였고 갈등은 극에 달하게 되었다. 전적으로 나의 허물이었고 무례함이었다. 하지만 그 충동적인 행동과 더불어 마음에는 이상한 확신이 임했다. 나는 결국 학부모들이 교사들을 더 이상 신뢰하지 않는 한 학교는 존재할 이유가 없다는 쪽으로 마음을 정했다. 그에 따라, 학부모들이 교사들을 신뢰하지 못해 자녀들을 학교에서 다 빼내더라도, 지금까지 학교를 믿고 헌신했던 대다수의 교사들과 함께 가겠다고 선언했다. 폐교를 하게 되면 하고, 책임을 지게 되면 지겠다고 결정했다.

이사회에는 또다시 깊은 충격의 물결이 일었지만, 대다수 이사들은 연약한 나를 감싸주었다. 틀림없이 크게 흔들렸을 상황에서도 묵묵히 자리를 지켰고 변함없는 마음으로 나의 결정을 지지해 주었다. 다시 마음을 모으고 대화를 시작하는 관대한 인내심을 보여주었다. 학교는 이들의 인내와 교사들의 다짐과 함께 다시 시작하고자 무릎을 꿇었다.

어떤 설명을 하더라도 우리는 떨어지는 성적 앞에서 모든 게 와르르 무너질 수 있는 연약한 자들이다. 우리는 그런 연약함을 인정해야 한다. 동시에, 정신을 차리고 무엇이 진짜 문제인지를 찾아야 한다. 우리는 이 문제의 해결을 위해 교사와 아이들의 접촉면에 있어서 촘촘하지 않은 부분들로부터 다루어가기로 하였다. 기독학교 교사들은 그야말로 열정과 사랑으로 가득한 목양자가 되지 않으면, 복음을 몸으로 사는 교사가 아니면 이 학교가 여기에 존재할 이유가 없다는 사실을 확인하기로 했다.

기독교 대안학교의 교사들은 아낌없는 복음의 목민관들이 되어야 한다. 동시에 그렇게 할 수 있는 교사들을 세우고, 교사들이 그렇게 할 수 있도록 지속적으로 지원하고 교육하는 과정이 있어야만 한다. 우리는 다시 현재의 교사들이 그렇게 할 수 있는 성품과 인격, 실력을 갖추었다는 사실에 믿음을 쏟기로 결정했다. 학부모들은 다시 신뢰를 회복하기 시작했고, 아이들은 여전히 교사들과 학교를 사랑했다.

예수복음이
중심이 되는 교육

그 해 가을, 한 성도를 통해 부천에 있는 대안학교의 교감 출신 부부가 교장 후보자로 추천되었다. 이사회는 매우 우직하고 성실해 보이는 남편과 지혜롭고 산뜻해 보이는 아내를 함께 부부교사로 채용하는 것에 다소 부담을 느꼈으나, 교장의 양보할 수 없는 부임 조건이 부부가 함께 사역하는 거였으므로 다소 소극적으로 이 부부를 채용했다.

부임 이후 이들이 보여준 헌신과 성실한 수고는 감동 그 자체였고 교사들과 이루는 상호 존경과 애정과 신뢰는 남달랐다. 이들의 수고와 남은 교사들의 지극한 희생적 헌신을 통해 유치원과 초등학교는 자리를 잘 잡아갔고, 중등 과정은 현저한 성장을 거듭하면서 이제는 오히려 중등 과정에서 초등 과정과 유치원을 조금이라도 도울 수 있는 성장에 이르게 되었다.

2018년 현재 유치원에서 고등 2학년까지 재학중인 학생들은 120여명이고, 교회는 이들을 위해 공간을 더 확보하기 위해 2018년도 안에 뒤편 운동장에 교실 12개가 들어가는 공간을 추가로 건축하기로 결정했다.

이제는 교회와 학교, 이사회와 교사들, 그리고 학부모들 모두에게 예수복음이 중심이 되는 교육에 관한 믿음이 확고해졌다. 아이들은 학교를 지극히 사랑하고 밝고 구김살 없는 모습으로 부응하고 있다. '세상에 뛰어들어 세상을 변화시키는 예수님의 사람', '세상을 두려워하지 않고 복음적 확신과 기쁨으로 세상에 충돌하는 예수님의 사람'을 키워내는 것이 우리가 이 땅에서 행할 수 있는 가장 위대한 일이 된다는 사실을 우리 모두가 잘 알게 되었다. 이를 위해 예수를 알게 하고, 예수와 예수께서 행하신 일의 아름다움을 알게 하고, 그 매력에 빠져 사랑하게 되는 아이들을 양육하려 한다. 이제 입학설명회에서는 근거 없는 희망적 기대치를 높이려하지 않는다. 다만, 예수향남기독학교가 추구하는 방향과 목표를 명확히 설명하려 애쓸 뿐이다.

epilogue

대답하는 공동체는
예측할 수 없다

동기를 다시 묻다

교회는 대답하는 공동체다. 하지만, 하나님께 대답하는 것인지 다른 무엇에 대답하는 것인지는 언제나 혼란스럽다. 따라서 동기에 대한 질문은 여전히 진행형이어야 하고, 그것은 결과의 어떠함에 의해 설명될 수 있는 것처럼 생각되지 말아야한다. 우리는 당장의 결과로 동기의 순전함 여부를 설명하려는 유혹을 늘 받지만, 그것은 유수한 사도들과 고결한 신앙의 선배들의삶에 대한 적절한 해석의 도구일 수 없다. 결과란 언제나 당장의결과와 궁극적인 결과 사이에서 깊은 간격을 가지기 때문이다.

동기에 대한 질문에는 경지와 완성이 없다. 그것은 다만 하나님과의 진실된 소통의 문제다. 그리하여 동기는 또 다시 질문과 대답의 영역으로 들어간다.

한 지역교회가 서는 데는 반드시 개척 목사 혹은 개척 멤버들의 동기가 있다. 개척 목사로서 '자기 존재감 확인'은 가장 흔하고 값싼 동기다. 그것은 '대답하는 공동체로 존재하는' 교회 개척의 동기일 수 없고 개척의 동기가 되어서도 안 될 것이나, 어찌 그 강렬한 유혹의 덫에서 벗어날 수 있으랴. 내가 어떤 목회자인지, 지금까지 살아오면서 추구해온 나의 마음의 방향과 방식이 현장 목회에서 어떤 그림을 그리게 될 것인지 알고자 하는 열망의 실체는 무엇일까? 그것은 마치 막연하지만 열렬한 낙관적 희망을 담아 복권을 손에 쥐고 있는 자의 떨림 비슷한 것인지도 모른다.

목회의 진정한 여정은 어쩌면 그 초라한 열망의 손아귀에서 벗어나는 과정이리라. 또한 그 욕망의 흔적들을 하나씩 지워나가는 과정이기도 할 것이다. 그것은 생각할 수 있는 것보다 훨씬 더한 정도로, '교회가 얼마나 성장했느냐, 얼마나 그럴 듯한 결과들을 낳았느냐'와는 별 상관이 없을 것이다. 결국 하나님과 목사 자신 사이의 이야기이다. 그가 외적 성장의 규모와 현실적 안정성 여부, 그리고 얼핏 보장된 듯 보이는 공명심을 여전히 누리는 것으로 목회의 기쁨을 삼는다면, 그는 이미 우리가 생각하려는 '개척의 참된 동기'의 범위 밖으로 처음부터 벗어났던 사람인 것으로 확인되는 것이다.

개척의 동기는 '항상성'을 전제한다. "개척할 때는 정말 순수했는데, 교회가 성장하면서 교만해지기 시작하더라"는 식의 흔한 해석에는 모순이 담겨 있다. '순수'란 '항상성'을 향한 열망 같은 것이어서 '순수'에서 벗어나는 것을 죽음보다 두려워하게 만드는 치명성을 가지고 있기 때문이다. 따라서 교회가 성장하면서 교만해지기 시작했다는 말은 옳지 않다. 그는 처음부터 순수해 보이는 방식의 교만과 개인적 성취의 열망을 자기도 모르는 사이에 가지고 있었던 것이 틀림없다.

교회는
하나님의 이야기이다

우리는 자신의 부족함이 뚜렷이 드러나는 무수한 상황 속에서도 그리스도의 순수로 돌아가게 하시는 은혜로 인해, '이젠 너무 커져서 더 이상 누구도 말할 수 없다'는 말을 듣게 되는 자리까지는 결코 가게 하지 않으실 하나님을 믿는다.

어찌 순전하신 예수께서 거하시는 성전, 그의 몸 안에서 그런 변절이 일어날 수 있을까? 예수를 자기 밖으로 몰아내지 않고서는 결코 '교만'이나 '공명심을 즐기는 탐욕'이나 '안정성에 목숨 거는 욕망'에 삼켜진다는 것은 가당치도 않을 것이다. 예수님은 우리를 십자가로 이끄시고, 그 길의 눈부신 아름다움을 보게 하시지 않았는가? 예수님은 우리가 움켜쥐고 끌어 모으고 누리려는 '힘의 추구'에 얼마나 가혹한 비참함이 있는지를 온 몸으로 알게 하시지 않았는가?

하지만 우리 안에는 순수의 항상성보다 불순의 항상성이 더 강렬하다. 한편으로는 존재감을 향한, 다른 한편으로는 예수님의 순전함을 향한 우리의 갈망과 몸부림은 쉴 줄 모른다. 다행히 사이에 끼인 그 갈망과 몸부림은 우리 안에서 욕망을 향한 지속적인 추구를 불가능하게 한다. 그 지점에 도달하고자 할 때 우리는 개척의 동기에 관한 이야기를 시작할 수 있을 것이다.

일개의 존재가 교회가 되는 여정을 적고자 한 이유는 그것이 하나님의 이야기라는 것을 알게 하셨기 때문이고, 그것을 말하고 싶었기 때문이다. 교회는 처음부터 하나님의 이야기였다. 우리는 대개 '내 안에 선한 것이 없다'는 진술에 전적으로 공감하지만, 그것은 언제나 현재의 결과에 따라 의미가 달라진다. 그 진술이 자신의 초라함에 대한 처절한 발견과 함께 새어나올 때와 자신의 성공적 삶의 결과를 자타에 의해 공인받을 수 있는 조건 아래 있으면서 외쳐질 때는 같기 어렵다.

내 안에 선한 것이 없다는 진술은 때로는 울음과 슬픔의 이야기이지만, 때로는 자랑과 거드름의 이야기가 된다. 울음과 슬픔의 이야기 속에서 우리는 하나님의 이야기를 만나지만, 자랑과 거드름의 이야기 속에서도 우리는 자신의 이야기를 만난다. 따라서 그때 교회는 더 이상 하나님의 이야기가 되지 못하므로, 진실로 교회가 하나님의 이야기가 되려면 교회는 '내 안에 선한 것이 없다'는 진술을 울음과 슬픔 속에 진술할 수 있는 공동체로 여전히 남아 있어야 한다.

대답하는 공동체

거룩은
상처를 안고 견디는 세월

　　나의 지나온 시간들은 나의 연약함과 초라함이 초
대한 수치와 부끄러움으로 가득하다. 현재의 그럴 듯한 결과로 그
것들을 짐짓 잊으려 할 때마다, 나는 하나님의 이야기에서 벗어나
허풍의 허무를 경험한다. 나의 여정에는 내가 어느 정도 밝게 기대
하고 예측한 대로 성취된 일들도 있었지만, 한편으로는 내가 결코
기대하지 않았으며 결코 그렇게 되지 않기를 바랐으나, 결국은 '그
렇게 되고 말았던' 거칠고 어두운 시간들도 많았다. 그 일들은 밖
에서부터 나를 향해 충돌한 시련 혹은 시험으로 시작했지만, 사실
은 내 안에서 그것들을 초대한 결과를 발견하는 걸로 끝이 났다.

　　압살롬의 배신은 결국 그의 고통과 분노와 억울함과 죄스러움
을 배신한 아버지 다윗의 냉담함과 두려움이 초대한 자연스런 결
과였듯이, '그'가 나에게 그렇게 과도하게 분노했던 것은 결국 내
안에 감추어졌던 분노가 그로 하여금 그렇게 분노하게 만들었기
때문이다. 그가 나를 버리고 어느새 배신한 것은 내 안에서 그를
배신한 배신이 그로 하여금 그렇게 배신하게 만들었기 때문이다.

　　'거룩은 상처를 안고 견디는 세월'이라는 문구를 적어 책상 뒤
게시판에 붙여 놓은 지 세 해가 지났다. 말씀을 묵상하는 중 문득
떠오른 말을 적은 것이었으나, 본의 아니게 그 말에는 고스란히
나의 고통스러웠던 시간들, 깊은 고통으로 내 안에 선명한 흔적들
을 남긴 예리한 조각칼의 몸짓이 있다. 그 말을 쓰고 종종 읽음으

로, 그 후로 다시는 숨조차 못 쉬게 되는 거친 시간이 없기를 바랐으나, 그건 막연한 갈망이었을 뿐이다.

나는 내 의지를 제어할 수 없다. 나는 억울함과 분노의 마그마에서 분출하여 성대를 지나 잇새를 뚫고 충동적으로 나오는 불같은 말을 막을 수 없다. 그에 따라 강도와 횟수가 잦아들 수는 있겠으나, 앞으로도 나는 자신에 대하여 장담할 수 없다.

따라서 교회는 나의 이야기이면 안 되는 게 분명하다. 교회는 오직 하나님의 이야기여야만 한다. 이를 위해 나는 오직 하나님의 말 걸어오심에 귀를 기울여야 한다. 그리고 단순하고 행복하게 대답해야 한다. 하나님은 당신의 이야기를 친히 또 촘촘히 기록해가실 것이다. 그리하여 나는 단지 듣고 움직이는 자의 자유를 확보하고, 그 여백 안에 머무르는 기쁨을 누릴 수 있다.

계획하고 예측하고
상상할 수 없는 영역

한 기독교방송과 인터뷰하는 중 예수향남교회를 정의해달라는 질문을 받았다. 나는 깊이 생각하지 못한 채 단지 '예측할 수 없는 교회'라고 답했는데, 안전하고 합당한 대답이었다. 참으로 하나님께 대답하는 공동체로 걷고자 한다면, 우리는 예측할 수 없어야만 한다.

'현재의 순간과 알 수 없는 미래 사이에 놓인 심연은 죽음이라

대답하는 공동체

는 미지의 현실에 참여하는 방식으로 타자(스스로 되갚을 수 없는, 고아와 과부와 나그네와 가난한 자)의 얼굴과 만남을 이룰 때 비로소 메워질 수 있다'고 했던 철학자 레비나스의 논지에 기댄다면, 우리는 단지 오늘 하나님이 보내시는 뜻과 하나님이 만나게 하시는 사람과 하나님이 허락하시는 일, 하나님이 보게 하시는 세상 안에서 진실된 대답으로 타자들과의 만남을 계속할 뿐이다. 그것은 계획하고 예측하고 상상할 수 있는 영역이 아니므로, 내일을 위해 오늘을 소모시키지 않는다. 그 자리가 바로, 내일 일을 염려하지 말아야 하는 이유로, 내일을 내일이 책임질 것이기 때문이라 하신 예수님의 말씀에 부합하는 자리다.

나는 이 시간이 고통스럽고 행복하다. 나의 연약함으로 인해 고통스럽고 하나님의 신실하심으로 인해 행복하다. 그리하여, '말은 이전과 같아도 의미는 달라진 다른 말'을 하고 싶어진다. 회개하고 싶은 거다. 회개함으로 기대되는 어떤 변화, 나의 행복지수를 높일 만한 어떤 상황의 변화가 없더라도 그냥 회개하고 싶다. 공로가 되지 않고 경건의 수단도 되지 않는 진정한 회개를 하고 싶다. 그렇게 하여, '예측할 수 없는 교회'의 모든 이야기들을 주님의 몫으로 온전히 돌려드리고 싶다.

성장이 멈추더라도, 그럴 듯한 말을 늘어놓을 근거가 없어진다고 해도, 내가 주님의 몸인 것만으로, 주님께서 그의 약속 안에서 나와 또 우리와 함께 계신 것만으로도 지극히 기뻐할 수 있는, 그런 의미에서 오늘을 살고 싶고 예측할 수 없는 교회 안에 머물러 있고 싶다. 가라고 하실 때 갈 곳을 몰라도 가고 싶다. 단지 대답하고 싶다.

'예측할 수 없음'에 하나님의 영광이 있고 무한을 향한 여지가 있고 예측되는 내일에 묶이지 않는 자유가 있다. 대신 모험이 있고 불안이 있고 두려움이 있고 때로는 고통이 있다. 하지만 매일 대답하는 자는 대답하는 공동체로 존재하려는 열망을 통해, 내일에 대하여 아직 알게 하시지 않는 하나님에 대한 믿음이 내일에 대하여 알고자 하는 욕망에 대한 믿음보다 커지는 은총을 누린다. 그 은총이 임하는 순간 모험은 하나님의 모험이 되고 불안과 두려움과 고통은 견딜만한 양식이 된다. 이 복된 여정에 기쁨과 즐거움으로 함께 하고 있는 아내와 사랑하는 성도들이 반갑고 고맙다.